西部地区文化
与文化产业发展研究

XIBU DIQU WENHUA YU
WENHUA CHANYE
FAZHAN YANJIU

周泽超　周榆涵·著

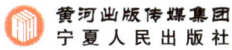

黄河出版传媒集团
宁夏人民出版社

图书在版编目(CIP)数据

西部地区文化与文化产业发展研究/周泽超,周榆涵著. —银川:宁夏人民出版社,2018.11
ISBN 978-7-227-06989-8

Ⅰ.①西… Ⅱ.①周… ②周… Ⅲ.①文化事业—建设—研究—西北地区②文化事业—建设—研究—西南地区③文化产业—产业发展—研究—西北地区④文化产业—产业发展—研究—西南地区 Ⅳ.①G127

中国版本图书馆CIP数据核字(2018)第264504号

西部地区文化与文化产业发展研究	周泽超 周榆涵	著

责任编辑　姚小云
责任校对　白　雪
封面设计　伊　青
责任印制　肖　艳

**黄河出版传媒集团
宁夏人民出版社** 出版发行

地　　址　宁夏银川市北京东路139号出版大厦 (750001)
网　　址　http://www.yrpubm.com
网上书店　http://www.hh-book.com
电子信箱　nxrmcbs@126.com
邮购电话　0951-5052104　5052106
经　　销　全国新华书店
印刷装订　宁夏银报智能印刷科技有限公司
印刷委托书号　(宁)0011637

开本　880mm×1230mm　1/16
印张　14.75　　字数　260千字
版次　2018年11月第1版
印次　2018年11月第1次印刷
书号　ISBN 978-7-227-06989-8
定价　56.00元

版权所有　侵权必究

前　言

文化是人类文明的结晶,是一个民族世世不衰的血脉,是人民生活的精神家园。党中央、国务院始终把文化建设放在党和国家全局工作的重要战略地位,高度重视运用文化引领前进方向、凝聚奋斗力量,团结带领全国各族人民不断以思想文化新觉醒、理论创造新成果、文化建设新成就推动党和人民事业向前发展,不断丰富和满足人民日益增长的文化需求,取得了令人鼓舞的成就。

本书是在作者主持的两个国家级课题基础上进行重新修订而成的著作,分为上下两篇。上篇围绕宁蒙陕甘四省(区)毗连区文化圈建设进行了构想和研究,文化圈理论最早是由德国学者拉采尔1882年提出,经过一个半世纪的发展演变,特别是拉采尔的学生弗洛拜缪斯促进了文化圈理论的再发展。他认为,文化的类似性不仅在个别文化形态中存在,而且还可以在两个完整的文化丛或文化圈中发现。所以,民族及其文化的迁徙和移动不仅与个别文化形态有关,而且也和整个文化圈的彼此相类似有关。他对于西部非洲和美拉尼西亚的调查和比较研究,发现在历史发生上的关联现象常常不限于弓箭等武器或其他文化要素,而是在很多文化现象上,如生产技术、使用器具、衣食住行、社会组织、婚姻丧葬、信仰禁忌、神话故事、艺术娱乐等很多方面,几乎涉及人类生活的全部文化要素。正是这种文化发生上的关联和相类似的普遍性形成了"文化圈"。他采用"数量标准"方法创新性地提出了文化圈建设的量化标准,即在两地区之间相类似的文化要素的数量越多,两地区之间的历史与文化的关联就越能够得到确认。从而使文化圈理论从一个切断面的概念,形成完整性的文化圈的理论和方法,为后继者的研究提供明确的样板和模式。

宁蒙陕甘四省(区)毗连区共涉及17个地级市,人口约为2828.23万,有回、蒙古、撒拉、东乡等少数民族,地处黄土高原与鄂尔多斯高原之间,拥有丰富的自然资源和文化资源。社会经济与人文历史有许多相似之处,曾经以一个政治板块出现在历史上。近年来,毗连区依托自然资源发展地方经济的同时,以文化建设为抓手,大力发展特色文化和旅游文化,一大批历史文化资源和景区得到开发和开放,取得了社会效益和经济效益双丰收。为了进一步整合毗连区资源,形成区域优势板块,毗连区各级党委和政府从2008年起,先后在银川市、石嘴山市、庆阳市召开3次"毗连区联席会议",专门探讨经济、文化一体化发展问题。"毗连区联席会议"的最大成果是导引出文化旅游圈的构想,在文化建设方面达成了文化圈发展格局。这是继国务院批准的"京津唐——环渤海经济圈""长三角经济圈""珠港澳经济圈"之外,在西北内陆地区内生型的"宁蒙陕甘四省(区)毗连区经济、文化圈",对于建设区域经济一体化,形成区域文化圈建设具有重要意义。

下篇围绕西部地区文化产业发展展开了研究。党的十九大提出:"坚定文化自信,推动社会主义文化繁荣兴盛,健全现代文化产业体系和市场体系,创新生产经营机制,完善文化经济政策,培育新型文化业态"。西部地区正处在创新发展、提质增效的关键时期,对于文化产业来说,也需要摸清底数,找准思路。西部地区文化资源丰富,是文化宝藏的富集地区,经过多年的发展,已经形成了以下特点:一是文化与旅游互为补充、交融发展,带动相关产业快速发展,成为西部地区支柱型产业之一。二是文化产品更加丰富,市场认知度更高,文化消费市场逐步成熟。三是一大批传统手工艺、一大批非遗产品得到挖掘和传承,形成新的文化产业发展的增长点。但是,由于文化产业涵盖内容庞杂,产业发展形式有诸多约束性限制,文化企业在把握文化产业的发展方向上还有不到位、不尽然、不掌握的状况,地方政府对文化产业的投融资方面也存在畏手畏脚、纸上刻画的局限性,造成西部地区文化产业核心竞争力不强,文化产业人才标准说法不一,文化产品缺乏明确市场定位,文化与旅游融合发展的手段单一等问题,还不能将资源优势转化为产业优势,需要西部地区花大力气不断探索适合本地区文化产业发展之路。

目 录

上篇 西部地区文化研究

第一章 文化圈概论 / 003
    第一节 文化圈理论基本概述 / 003
    第二节 宁蒙陕甘四省（区）毗连区文化圈形成机理 / 015

第二章 国内外文化遗产保护与文化圈建设的实践与启示 / 023
    第一节 人文资源保护的若干理论问题 / 025
    第二节 联合国教科文组织文化遗产保护制度 / 032
    第三节 欧美国家文化遗产保护的实践与经验 / 036
    第四节 日本文化遗产保护的实践与经验 / 043
    第五节 韩国文化遗产保护的实践与经验 / 045
    第六节 我国台湾地区文化资产保护制度 / 046
    第七节 我国文化遗产保护的实践与经验 / 051

第三章 宁蒙陕甘四省（区）毗连区文化圈建设成就 / 063
    第一节 宁蒙陕甘四省（区）毗连区文化圈建设的变迁 / 063
    第二节 宁蒙陕甘四省（区）毗连区文化圈建设的主要成就 / 091

第四章 宁蒙陕甘四省（区）毗连区文化圈建设存在的问题 / 109
    第一节 政府协调机制进展缓慢 / 109
    第二节 特色文化带动战略尚未形成 / 110
    第三节 文化产业支撑作用不明显 / 115

第五章 宁蒙陕甘四省（区）毗连区文化圈建设的对策 / 118
    第一节 提升对文化圈建设的认识 / 118
    第二节 以特色文化引领文化圈建设 / 120

第三节 构建宁蒙陕甘四省(区)毗连区文化圈发展格局 / 122

下篇　西部地区文化产业发展研究

第六章　文化产业基本理论 / 129
  第一节　文化产业基本理论研究 / 129
  第二节　文化产业与文化事业的逻辑关系 / 144
  第三节　文化产业特征 / 151
  第四节　国外文化产业投融资经验 / 156

第七章　西部地区文化产业发展状况和发展优势 / 162
  第一节　西部地区文化产业发展总体状况 / 162
  第二节　西部地区文化产业发展优势 / 166
  第三节　分行业发展状况 / 171

第八章　西部少数民族地区文化资源及其产业化现状 / 177
  第一节　西部少数民族地区文化研究 / 177
  第二节　西部少数民族地区文化资源概况 / 183
  第三节　西部少数民族地区文化资源产业化现状 / 189
  第四节　西部少数民族地区文化产业发展重点 / 192

第九章　西部地区文化产业发展的路径及对策 / 220
  第一节　当前较为成功的路径 / 220
  第二节　西部地区文化产业发展对策 / 223

参考文献 / 229

后　记 / 232

上篇　西部地区文化研究

　　文化是一个国家、一个民族的灵魂。文化作为国家软实力的象征,也投射出社会发展的价值取向和人们的精神追求,体现出一个国家经济发展水平以及对外影响的能力。千百年来,西部地区依托丰富的自然资源,养育了千百万各民族儿女,也形成了丰富的区域文化,构成了独具特色的文化展示力和文化吸引力。如果把西部地区作为一个整体、一个圈层来看待,其中的宁蒙陕甘四省区毗连区最具有文化圈的特性,并且形成了文化相似性、文化认知性、文化圈层性的特点。上编内容正是围绕宁蒙陕甘四省区为样本,通过对文化圈的理论与实践研究,提出了西部地区文化资源的挖掘、非物质文化遗产的保护、产业化发展的路径选择,具有较强的理论性和实操性。

上编　西南地区文化研究

第一章 文化圈概论

第一节 文化圈理论基本概述

一、文化圈理论的形成

文化圈理论最早出自德国学者拉采尔在1882年的人文地理学代表作《人类地理学》全二卷和1891年出版的《民族学》全三卷。他在书中系统论述了人类及其文化的地理分布,特别是在区域文化的地理分布方面进行了创新性的研究。他认为:文化和生活习惯是通过介入方式从一个中心向四外扩散的结果。他的这一结论是通过以下方法得出来的:一是"地理方法",运用这种方法追踪考察各种文化元素的分布情况,并把它们绘制成分布地图,从而确定它们为调查对象,然后以此为根据再判定它们的传播路线。二是强调调查研究论据的重要性,各种文化的相似性和历史的发生密切联系起来,解释文化传播的真相。把民族文化发生的历史关联在一定地区具有的普遍现象,命名为"文化圈"。三是用"形态标准"对文化类似形态进行评估。拉采尔的文化圈方法论并不是凭空想象出来的,他通过对非洲历史的调查研究,揭示了这种文化传播的真相。他在追踪文化要素的分布时,发现了其中相类似的文化形态能够影响到很远的地区,认为,每一个民族都有各自的历史性,因此研究这些民族及其历史的遭遇十分必要,在大多数情况下,这些历史是民族迁徙的结果。民族及其文化在迁徙过程中相互接触并相互影响,这种影响的程度就形成了人类文化。

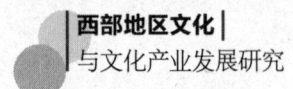

二、文化圈理论和方法的再发展

文化圈理论的再发展得益于拉采尔的学生弗洛拜缪斯的贡献。他认为,文化的类似性不仅在个别文化形态中存在,而且还可以在两个完整的文化丛或文化圈中出现。所以,民族及其文化的迁徙和移动不仅与个别文化形态有关,而且也和整个文化圈的彼此相类似有关。他对于西部非洲和美拉尼西亚的调查和比较研究,发现在历史发生上的关联现象,常常不限于弓箭等原始武器或其他文化要素,而是在很多文化现象上,如生产技术、使用器具、衣食住行、社会组织、婚姻丧葬、信仰禁忌、神话故事、艺术娱乐等很多方面,几乎涉及人类生活的全部文化要素。正是这种文化发生上的关联和相类似的普遍性形成了"文化圈"。通过量化标准,即在两个区域之间相类似的文化要素的数量越多,两个区域之间的历史与文化的关联就能够得到确认。这个"数量标准"的应用,同时也是对拉采尔的"形态标准"的确认并强化了文化圈理论依据。

三、文化圈理论的丰富和应用

丰富文化圈理论并把它应用到民族学或民俗学中去,是文化史民族学派的格拉伯纳和安科尔曼所确立的。他们运用上述文化圈理论与有关"标准"的方法,在1904年的德国柏林人类学会大会上发表了《大洋洲的文化圈和文化层》《非洲的文化圈和文化层》两篇学术演讲,引起了轰动。他们对大洋洲、非洲的文化圈以及文化圈前后顺序的文化层之间,进行了历史与文化关联的论证,提出了把时间序列单位层次化作为客观标准,把这种时间顺序关系上分类的文化圈叫作"文化层"。1911年格拉伯纳出版的名著《民族学方法》认为:一是文化圈是一个地理空间,其中包括一个文化丛,文化丛中还包含有若干文化成分的许多部分,分别扩散在这个地区空间中,但是并不一定包括全部文化要素在内。二是认为最好独立的文化丛,也可以是不独立的,在一个地区传播的特殊文化成分不多,也可以成为文化圈。三是他认为在一些相关的文化丛中只要统计出一连串可以认为是标准的文化丛,实际上就可以叫作文化圈。四是认为文化圈只表明地理上外显的文化关联,它的内容则是文化丛。五是文化圈本身并不迁移,而移动的或被介入的只是文化圈中的文化成分。六是认为两种或两种以上的文化在文化特别相关的情况下,会同时在某个地区出现并长久存在下去,这种多数文化现象同时出现的实证,应当是重要的标准。七是在文化移动中,当一种文化和其他文化丛混合在一起传入某一地区时,该地区还没有出现文化成分时,至少表明那种文化并没有整体迁移。

四、文化圈理论与方法的顶峰

将文化圈理论和研究方法推向高峰的是20世纪40年代维也纳学者W.施密特。他对于南美、东南亚、澳大利亚文化的研究,大力推进了文化圈理论与方法的发展。其所发表的《南美的文化圈和文化层》的学术演讲,对完善文化圈理论起到了重要作用。他的代表作《文化史民族学方法手册》一书成为文化圈理论的经典之作。正是这部代表作全面确立了文化圈等于文化层这种层位化的四种方法论标准:一是混合文化圈比独立纯粹的文化圈更具有创新性。二是在混合文化圈中,融合度高的文化圈比融合度低的文化圈历史久远。三是当两个文化圈相接触,一方割断另一方时,在其割断地区,发挥割断作用的文化圈要比被割断的文化圈新颖性。四是在两个文化圈完全重合的情况下,从零散的文化要素的残存可以得知其原有的文化圈更加长久。

以上四个标准把分布在全球各地区的各种文化放在空间并存的条件下对文化圈进行确认的,而不是把这种文化圈放在文化层的关系上追寻它们之间的历史关联;是把这种标准作为文化的传播和创新文化的混合发挥重要作用的种种发展过程加以确认的,而不是把人类文化作为单向直线的内在进化阶段加以认识的。这就发展了前人的理论与方法,凸显了文化圈的内容,明确了文化地理空间的意义。他还认为:同一个文化圈可以在两个地区存在,其中一个地区有整个文化圈的文化成分,或者只有某一个神话有相关性,就可以认定为同一文化圈。两个文化圈的相关也就是两个地区文化的相关。在方法上,他始终强调用数量标准和性质标准来认定文化圈的方法。一个是对不同地区相类似的文化要素的数量多少作出认定,不是把毫不相干的文化成分凑合而成的多与少,而是依据形态标准作出的相关性认定的数量。另一个是对有相关性的若干文化成分在其文化范畴和文化内容的含义上作出认定,从而研究文化圈中的整个文化,包括人性需要的各种文化范畴,以及这种文化圈在各地的形成、发展和向其他地区的移动,或与其他地区个别文化成分有相关性的内容或地理空间的表现,等等。他在理论上突破前人的创新之处就在于:既强调文化圈的特点表现在它的持久不变,强调必须有较大族群持久不变的基本文化为基础。强化了文化圈的地理空间,同时又强调了文化圈的独立性,突出了文化圈有独立整体的文化丛,移动的文化要素并不一定都是个别文化的单一成分,而是整个文化圈的移动,是一个文化中全部文化范畴的整体移动。用现代概念来阐释就是指物质的和非物质的所有的文化在不同的地区形成历史的关联。他的研究结果证明:人类文化传播越广,民族之间的相互影响就越大,从而使不同的文化圈之间从远古到现在的历史关联得到认定,使各种民族的文化成为全人类共享的文化遗产。

近年来,我国学者对文化圈的理论进行了广泛的研究,具有代表性的有"文化圈是具有共同文化因素的、物质文化和精神文化各个方面的复合体。文化圈有小、中、大之分,语言文化圈为小文化圈,文字文化圈为中文化圈,人类文化圈为大文化圈。所谓复合体,应该是在生产技术、生活习俗、历史传统、艺术类别等等物质文化与精神文化的各个方面的自然复合"(范梦,1998)。我国学者还对自然环境对文化圈的形成进行了深入研究,提出了"自然环境对文化的孕育不无关系,例如自然环境、气候等等,造就了人们不同的文化性格。这些因为自然环境影响而形成的文化性格就构成文化圈"(张佳颖,2007)。这些概念基本符合我国学者对文化圈研究的表述习惯,并为广大学者所接受。

值得关注的是中国学者还将文化圈理论应用到区域文化和非遗保护当中,如"在义化圈理论视阈下可以发现,青岛城市发展史上德国时期的建设,给青岛带来了西方文化圈中的一些新鲜元素。经过近百年的发展,青岛城市文化逐渐成形,在人文价值、文明理念、建筑风格、重商主义、语言习俗、饮食风尚等诸多方面体现出中西合璧的典型特征"(吕幸福,2012)。通过对松辽平原和山西田野的实地调查,提出"新兴产业文化圈正在全面割断并摧毁传统文化圈,因此,在抢救、保护人类口头与非物质文化遗产过程中,全面准确地应用文化圈理论和方法清理面临破坏和濒临灭绝的文化遗产,高度评价人类文化创造的不朽价值,在快步跨入新世纪的未来文明的创建中更具有十分重要的历史意义和现实意义"(乌丙安,2005)。

文化圈通常具有地域性和时间性两重含义,所谓地域性是指一个文化圈常包括部落及民族,往往是数个民族群的总合。而时间性则指在同一地理环境内,可以出现代表不同年代的文化圈重叠,称为文化层。除此之外,文化圈更为重要的意义还在于它强调对文化中有相关性质的文化现象的观照。因此在某一文化圈内的文化必然有其约定性,换言之,就是其文化中特有的区别于其他文化的特质。而它不仅是判断某一文化是否起源于该文化圈的标准,也同样决定着人们对文化的认识。每一种文化都与不同时期、不同地域的人相对应。文化的产生和发展必然受这一人群的制约,与他们的风俗习惯、生活环境、民族感情、心理形态、审美追求等因素相适应,表现出内在的稳定性。虽然文化的发展会受到外来因素,如经济、政治等方面的冲击,以至出现相互融合的现象。但它在文化的发展过程中或是被逐渐消化、吸收,或是被民族文化系统的自行调节机制修复,如我国汉、唐两代是文化大融合的时期,但很多当时流传进来的外域文化,已经被消化、吸收,而成就了中国的传统文化。

文化圈理论还包括文化圈和文化层两方面内容。文化圈是一个地理上的空间概念,是指具有相同的文化特质、文化丛的众多文化群体所构成的区域;文化层是一个时间概念,是指一种文化内的历史发展历程,或者一种文化在一个文化区域或文化发展序列中所占据的历史位置。文化圈与文化层分别构成文化的空间向度与时间向度,彼此相互依存,相互包容,又相互转化,共同体现了人类文化生存与发展的内在时空特征。文化圈标志着文化层的空间布局,文化层则标志着文化圈的时间演化。文化圈的提出有益于我们能更好地从宏观上把握人类文化的空间布局以及各个不同的空间单位的文化形态与特征,用实证资料来说明文化形态的起源、相似或差异;文化层则对于我们认识和了解人类文化的产生和发展,比较、研究、鉴别各个民族文化延续具有重要意义。

文化圈(Sphere of Culture)的概念是以文化的分化为根据的。历史上,文化的发展一直是一个不断分化和整合的过程。一方面,由于地域、种族、社会和历史进程本身等诸多因素的制约,文化的发展必然在区域和种族划分的基础上,形成具有相对独立性、自主性、稳定性和特殊文化性格的"文化群落",另一方面,一个拥有先进文化优势的"文化群落",会成为核心文化,不断向外扩散,并与其他"文化群落"发生多方面的交流、碰撞,造成各种不同特质的文化的交汇和融合,使各群落原有的文化发生变异。正是在文化的分化与整合的辩证统一的过程中,形成了各个"文化群落"的共性和个性。由于文化发展中的整合趋向,若干"文化群落"以核心文化为轴心,形成具有某种共性的文化圈,而与其他文化圈相区别,由于文化发展中的分化趋势,处于同一文化圈中的各个文化群落或群落集团,又有各自独立的特点,从而形成具有鲜明个性的亚文化圈。

在文化学领域,文化圈属于区域文化学的研究课题。而这一研究已经经历了一个很长的过程。在古代学者中,就已经引起了很大的兴趣。我国先秦时代已经有所谓"夷夏之辨"。孔子已经明确按典章、制度、习俗、仪节等文化特质的不同来区分诸夏与夷狄。他曾说"夷狄之有君,不如诸夏之无也"[1]。古希腊的希罗多德曾在《历史》一书中详细比较了希腊与异邦(特别是和东方)在文化上的差异。

在近代文化学研究史上,德国学者巴施提安(A.Bastian)在1860年首次提出文化区域的概念。后来在《论地理区域学说》中,他深入说明了区域文化的形成原因是环境因素和历史进程的共同作用。1871年,泰勒(E.B.Tylor)出版《原始文化》一书,着重研究民族的文化特质,试图找出各种特定文化类型"在地理与历史中的分布状况,以及它们彼此之间存在的关系"[2]对从欧洲到澳洲土人的各种民族区域文化做了分类比较。从这时起,虽然在文化学研究中出现了种族文化决定论和地理文化决定论两大派别,但对"文化范型"(本尼迪克特·R.Bendict,1934年在 Patterns of culture 一书中首次使用的概念)的讨论,仍然是民族—地域的综合分析。事实上,关于区域文化的研究总是和民族文化的研究结合进行的。例如,汤因比(在《历史研究》中将人类六千年的历史分成七十个文

---

[1] 孔子.论语·八佾.
[2] [英]格林·丹尼尔.最初的文明:关于文明起源的考古研究.引自中国西部现代化发展研究专辑.河北人民出版社,1999:5.

明，其分类方法实质上仍然是民族—地域文化的综合划界法，诸如西方文明、伊朗文明、印度文明、希腊文明、苏美尔文明等等，都是以明显的地理区域为首要标志的。

马克思主义创始人早在西方文化人类学创立之前，就已经注意到文化的区域分化现象。恩格斯在1844年的《英国状况》一文中就提出研究不同的民族性对哲学文化的深刻影响问题。他分析了英、德、法三个国家哲学文化的特点并把他和英吉利、德意志、法兰西三个民族的特殊性格联系在一起。指出："不相信自己能消除对立因而完全听从经验，这是英国人的民族性所固有的特点，这成为英国哲学文化的一种长期延续的认识论特征。"①马克思在讨论古典的古代和亚细亚的古代之后，特别讨论了希腊文化的特殊性。他指出："有粗野的儿童，有早熟的儿童。古代民族中有许多是属于这一类的。希腊人是正常的儿童"②。因此，可以说，恰恰是马克思和恩格斯最先倡导了民族—区域文化的比较研究，而这种研究在马克思晚年的人类学研究中，占有特别重要的位置。由于资本主义的发展，传统的封闭的地域被打破，世界进入了全面开放的时代，各种区域—民族文化体系之间的交往和碰撞、冲突已成为一种显著的时代特征。不同文化的交汇（对立和融合）不仅是一个纯文化问题，而且带有深刻的政治意义，在一个国家的社会大变动时代，这一问题会演变为重大的社会政治问题。例如，在1825~1860年的俄国，由于资本主义的长足发展，围绕俄国社会发展道路问题就出现了斯拉夫派和西方派的文化大论战：前者主张全面接受西方价值观念，实行全面的西方化政策；后者主张俄罗斯特殊论，提出村社的趋同观念以对抗西方的个人中心主义。在同一时期，日本在明治维新前夕也爆发过"兰学派"（西方派）与国学派之争。在近代中国，围绕中国前途与命运而展开的中西学之争始终未曾停止，出现过"中体西用""全盘西化""中西会通"等各种主张，成为中国社会大变革在思潮上的集中反映，时至今日，这一论争仍在继续。反过来说，由于资本主义社会在当代的矛盾日趋尖锐，西方文明弊端已经暴露无

---

① 恩格斯.英国状况.马克思恩格斯全集.第一卷.681.
② 马克思.政治经济学批判导言.马克思恩格斯选集.第二卷.114.

遗,由于对西方价值观念的疑虑和不满,在西方则出现了东方文化热。研究了上述历史背景,我们就会明白,以东西方文化的比较为主体的比较文化研究,为什么会成为当代文化研究的一个突出的热点。这不仅是在理论上只有对文化的区域分化进行深入的探讨才能把握文化的世界历史演进规律,而且因为这一问题本身就是近现代世界历史发展的一个主题。正因为如此,文化圈的这一概念正如经济圈的概念一样,不仅具有丰富的学术内涵,而且具有深刻的时代意义。也正是由于这个原因,尽管对区域文化类型的划分标准有各种不同的看法,但对人类文化史上的大文化圈的基本类属关系的见解大体上是一致的。按照季羡林教授的意见,人类文化包括东方文化和西方文化两大体系群,东方文化群有中国文化、印度文化和闪—含(伊斯兰)文化三个子群,西方文化群实质上只有希腊—罗马—西方文化一个子群。这里我们暂时不必去区分文化的不同解释,但是每地区域文化或者每个文化圈的特点,即使从直观上看,也是十分明显的。因此决不能用某一种文化的尺度作为基准去划分文化圈(如西方中心主义)。苏联学者 O. N. 吉奥也夫指出:"把民族的或区域的文化排列成高低次序是不正确的,每个民族对人类共同文化都能作出特殊的贡献,但这却不是在一个单一的范畴基础上,按照所选定的某个文化的标准作出的"①。问题在于找出各个文化圈固有的本质特征,即美国学者斯图尔特(J. H. Steward)所说的"文化核心(Cu Ltural core)"。事实上,一个文化圈特质的形成,是有一系列条件的,而对这些条件的把握,也就为确定划分文化圈的标准提供了根据。在我们看来,文化圈的产生和发展是受下述条件制约的:一是地域条件。自然地理环境是文化圈形成的重要前提。虽然地理环境的作用不像地理环境决定论者如亨丁顿(E. Huetin)所说的那样绝对,但地理条件对文化的深刻影响却是不容置疑的。马克思认为:"在文化初期,第一类自然富源具有决定性的意义"②,并指出,古代东方诸大河流域优裕的自然条件,造成了东方大土地所有制,这是古代亚细亚生产方式及其文化的基础"早熟的儿童";土地贫瘠、资源缺乏的海洋国

---

① [苏联]C. A. 托夫列夫.汤正方译.外国民族学史.中国社会科学出版社,1983:139.
② 马克思,恩格斯.国际述评.马克思恩格斯全集.第 7 卷.人民出版社,1965:264.

家希腊,却产生了自耕农民自由的小土地所有制,在此基础上形成了古典的希腊文化"正常的儿童"。宁蒙陕甘四省(区)毗连区处于黄土高原的腹地,四周被腾格里沙漠、巴丹吉林沙漠、毛乌素沙地包围,文化形态受地域影响明显,主要表现在:一是农耕文化突出,呈现出经济活动依赖农业的特色。一方面经济活动围绕农业展开,另一方面受农耕文化影响,文化形态呈现出小农意识严重,思想保守等特点。二是由于以农业生产为主,土地已经成为生存、财产、身份以及家庭可持续发展的象征。对土地的留恋使广大农民固着在土地上,对于任何的迁移、改变的事物接受程度缓慢。三是区域条件。区域性包括两个方面:一方面该区域的自然历史属性,即生活习惯对文化的形成具有一定影响,另一方面,该区域的社会历史属性却是文化圈形成的重要基础之一。五四以来,我国学者对所谓"国民性"的研究也从一个侧面表现了区域性与文化的关系。一般说来,区域性对一个文化圈的影响,最突出的是表现在核心文化的形成上。但在同一文化圈的演化过程中各地方的生活习性对该文化圈内的文化冲突与交汇、融合,也始终起着潜在的制约作用。四是社会条件。从本质上说,文化的特质主要是由社会的物质生产方式和社会经济生活决定的。马克思正是从这一点出发区分了古代东方和古代希腊两种不同文化类型的。甚至西方学者所作出的农业社会文化、商业社会文化、工业社会文化的分类,虽然并不科学,但也在一定程度上反映了他们对文化的社会经济根源的认识。韦伯(M.Weber)认为,在确定文化区域的独特性及其起源时,"必须承认经济因素所具有的根本重要性"[1]。同时,在经济基础以外,各种政治、法律、伦理要素形成一种传统,它在历史的演变中逐步沉积下来,不管一种文化的形态、内涵、传播空间、承载主体发生多大变化,传统却顽强地延续下来。

  在研究文化的时空分布特征时,我们也发现文化具有圈层性质:一方面,不同的文化都有一定分布区域,即所谓文化圈,另一方面,各文化圈内外既存在相互浸润叠加的现象,又存在镶嵌共存的现象,从而形成了各种地缘性和时间性的层次结构。文化层次现象指认同融合进程中某一文化区域内几种文化形态

---

[1] M.韦伯.文明的脚步,上海三联书店,1988:14.

的相互浸润叠加和镶嵌共存的现象。严格地说,任何一个国家和地区不可能是单一型文化。文化圈层研究对于认识各地区文化起源和传播,文化特点形成的时空条件,各文化要素在地区内的综合作用,以及展望该地区文化发展前景等方面均有积极的作用。

文化圈层现象形成原因涉及的问题十分广泛,一般包括自然地理环境、人类社会发展进程和人文环境三个方面。自然环境对人类文化圈的形成产生巨大的作用,下面我们以自然环境为例对文化圈的形成方式做一分析。首先,自然环境对文化分布的影响。自然环境对文化分布的影响是显而易见的,自然地理环境的影响可以从两方面去理解。一方面,江河湖海和沙漠、山脉等往往是文化区域的分界线,河流流域大多是一个文化单元。另一方面,则是不同的自然地理环境造成了不同的文化生态。其次,自然环境与文化区域分界。生活习惯和生产方式是文化圈层的基本分野的指标。从人类学的角度看,生活习惯和生产方式的形成是十分漫长的演变过程,这种演变过程与自然地理环境有着密切的关系。气候、水质、地形、土壤和动植物群落一直影响着人类文化和发展。它们在人类形成以前就具有地区差异,因而对正在形成的人类起着制约作用。在探讨自然地理环境对人们生产、生活影响的同时,还应该将其追溯到人类形成之前,从而引出"前人类期"和"前人类动物"的概念。前人类动物指人类诞生前处在进化链主干的动物,达尔文进化论学说描述了前人类动物的地区差异。运用分子生物学理论勾勒的生物进化圈和构筑的生物进化亲缘关系图,显示了前人类动物进化关系。传统的进化理论认为,生物进化的某个阶段产生了猿猴,随后就有了人类的种群。大约5000万年以前,猿猴或人类远祖在进化过程中与其他灵长类动物分离。远在此前,前人类动物的人类远祖近亲已具有不同的地区差异,这种地区差异应该随着时间的推移而愈见明显。到了猿人时期,人类的人种差异应该已初具雏形。世界人类出自同一猿人系统的说法曾受到肯定。其实,这种情况是不可想象的。尽管世界各地发现的早期猿人年代上限不尽相同,但从它们的发展进程分析,决非出自某一共同祖先。虽然至今尚未揭示世界各地早期猿人具有诸如肤色等显示现代人种的地区特征,但已初步了解到各地区早期猿人生理差异。如长期被认为是世界最早古猿化石埃及法尤姆发现的原上猿(约3000万年以前),和最近报道的更早的古猿化石"小阿尔及利亚猿"就有很大的不同,仅就体重而论,后者仅为150~300克的小猿。"小阿尔及利亚猿"是法国梅里利埃第二大学的考古学家马克·高丁诺和阿尔及利亚奥兰大学的穆罕杰德·莫赫勃比,在阿尔及利亚境内的撒哈拉大沙漠中找到三颗牙齿的化石,通过论证鉴定而被科学界正式命名的。自然条件对"史前人类动物"的区域差异有决定性影响,达尔文进化论对此已有精辟论述。自然环境条件对人们的生产、生活方式的影响是显而易见的。据报道,现今非洲和太平洋诸岛仍生活着蓝色人种、黑色人种、红色人种,以及身高不及0.5米的侏儒人种,据初步研究,这些人种的肤色(乃至血液)都与当地的特殊自然条件有关。自然条件对肤色、体重身高的影响不仅表现在人种层次上,也表现在同一民族的不同区域的个体上;不仅表现在漫长的进化过程中,也存在于较小的时间尺度内。如中国华南居民"有较黄的皮肤及较宽的鼻子",应与自然环境的气候有关系,甚至"闽南与粤东往南洋的迁民","其皮肤较深于家乡的居民。特别是在南洋生长的热带的气候与温度,对于皮肤似亦发生相当的影响"①。再次,自然环境与文化生态。人类诞生之后,文化地理分布差异受自然环境的制约这一规律仍然存在。自然地理环境对造就文化心理的作用不容忽视。如中国北方草原大漠和连绵起伏的山原,为北方民族提供了纵横驰骋的广阔场所。与平原丘陵区优越的生活条件不同,从而形成了具有强烈反差的文化心态:中原内地尊先崇古,内圣外王,重义轻利就是鲜明例证。自然环境对语言文化的影响也是存在的。如自然地理各要素的地貌、气候和生物分布就对方言词汇的形成有很大的影响。据史载,匈奴人受华夏族的驱迫进入北方旷原区以后,他们的视野和思维内容发生了深刻的变化,影响到他们的语言。广袤的高原地貌和"天苍苍,野茫茫,风吹草低见牛羊"的草原景观,使人们的胸怀豁达,体会自然的伟大。他们把祁连山称为"撑犁",意即"天",这种命名应该是周围旷原地貌景观在匈奴人头脑中反映的结果。据称,现存17个古匈奴词汇中,有7个是与北方大沙漠区的自然地理有关的。气候对方言的影响也不容忽视。如岭南

---

①陈达.南洋华侨与闽粤社会.商务印书馆,1937:61.

少雪无冰,对冰与雪概念模糊,因此北方人所称的冰棍、冰棒在两广一些地方称为雪糕、雪条。又如洗澡,地处热带的广东称为"冲凉",这与该地区炎热时间长,人们经常用温凉水冲洗身体使皮肤散热快感到凉爽舒服有直接联系。生物分布是不同自然带的主要标志,不同地区有着不同的生物群落,从而给方言词汇提供了丰富的题材。如古匈奴语中有"阏氏"一词,意即单于之妻。《史记·匈奴列传》索隐称阏氏即燕脂,指匈奴地区所产的一种名为"红兰"的菊科植物,可作妇女化妆品,引申为匈奴"第一夫人"之称。又如诗云:"参差荇菜",颜子推《颜氏家训·书证》篇云:"荇菜,江南俗呼为猪莼菜,或呼荇菜……而河北俗人多不识之,博士皆以参差者是苋菜,呼人苋为人荇,亦可笑之甚。"民俗文化受自然条件的影响更为显目,地貌影响民俗,山区、平川和水乡习俗存在明显差别。就葬俗而言,悬棺葬、洞穴葬只能形成于山区,树葬只能流行于林区,而水葬则绝不可能出现于沙碛之地。就古代服饰而言,中国北方广阔的畜牧区和山林狩猎区要求行动敏捷,又须适应弯弓射箭或骑马奔驰,要求衣襟短窄,穿着利索精悍,加以皮毛资源丰富,质地多为裘褐。中原都会多要求衣带生风,服饰华丽,且又丝锦较多,服装多视文绣宽飘为上。崇尚习俗也与之有关。南方百越盛行文身,据说"文身,刻画其体,内墨其中,为蛟龙之状,以入水,蛟龙不害也"。《说苑·奉使》也称"剪发文身,烂然成章,以象龙子者,以避水神也"。蒙古高原开阔平旷,崇日、尚东便成为其民俗文化的一部分。气候对民俗地区差异的影响是显而易见的,中国东北、漠北寒温带地区,气温很低,衣食住行等民俗文化内涵与南方大有殊异。仅以屋室为例,肃慎、挹娄时民居大多夏巢冬穴,至勿吉、靺鞨时为半地穴居室,其地面部分矮小,形制如墓冢,而主体部分在地下,以木梯出入。女真时,虽然民居已脱离半穴居状态,但为了御寒,室内四壁均构筑火墙火炕,寝室其上。干湿状况也影响居室民俗文化的分布。黄河以北雨水稀少,传统房屋多以平泥为顶,黄淮以南则屋皆脊顶,便于泄水。而草原沙漠,因"逐水草而居",故以蒙古包、帐篷为居室。华南热带雨林区的滇南、海南等地,至今仍保存的干栏式居室建筑以及因此而形成的民俗文化,则是由当地的降雨状况和湿度条件等决定的。河海水文也对民间习俗的地理分布有影响。如先秦时,邺地的河伯娶妇陋习充满迷信色彩,尽管这种习俗并非该处独有,但决不会在山区存在,只有在水患频繁的地方才有形成这种迷信习俗的可能。又如东南沿海的妈祖崇拜习俗,也是与特殊的自然条件有关,这种崇拜只能分布于沿海地区。生物资源的分布同样影响着民俗文化分布。以崇尚习俗为例,对某些动物的崇拜就与物种的分布有关,崇虎习俗只能在分布有虎的大山存在,长白山挖参习俗也只分布于当地的特殊环境之内。闽台等地崇蛇,也与当地蛇多,蛇的活动场所多,蛇对人类威胁多的自然环境有关系。衣食住行习俗与生物资源更有直接联系。以饮食而论,中国北方多麦,以面食为主;南方多稻,以米饭为主食。故而北方民间饮食多以变动主食花样为讲究,南方则以改善副食菜肴为追求。洞庭湖盛产鱼鳖,谚有"无鱼不成席"之说。最具巴陵风情的"全鱼席"取料均为道地所产。北方牧区多牛羊,待客无不以奶酪酥油为之。以器物而论,大兴安岭林区盛产桦木,以桦皮为居室、为器皿。竹器、竹雕以及与此有关的民俗文化也是产竹之处所有,自然环境对人才的孕育也不无关系。①

第二节　宁蒙陕甘四省(区)毗连区文化圈形成机理

一、毗连区文化圈的形成

宁蒙陕甘四省(区)毗连区(以下简称毗连区)位于西北内陆黄土高原的腹地,总面积近 30 万平方千米,人口 2761.39 万(2016 年人口统计)。千百年来,毗连区文化圈受自然环境、人文活动、经济社会发展等因素而形成。历史上,毗连区的文化圈与经济圈的形成虽然并不同步,但在经济结构和发展模式上却有着惊人的相似。虽然毗连区在历史上曾有过类似党项羌族建立的西夏王朝政权,出现多民族政权强盛时期,但始终没有成为中国传统文化的核心,究其原因,是由于毗连区的生态环境逐步恶化,许多地方已经不适于人类居住,同时,当时的人们治理自然环境的意识较差,只能"逐草而牧,随流而息"②,从先秦开始,中国文化的重心

---

①林惠祥.台湾蕃族之原始文化.社会科学研究所专刊,1930(3).
②杨堃.民族学概论.中国社会科学出版社,1984:84.

逐步南移,到宋朝时已在长江两岸形成了"江南文化"。这并不是说,文化的南迁造成毗连区的文化"空巢化",而是经过若干年间,各民族文化之间的相互碰撞、交汇和融合,最终形成独具特质的区域文化圈(见图1)。

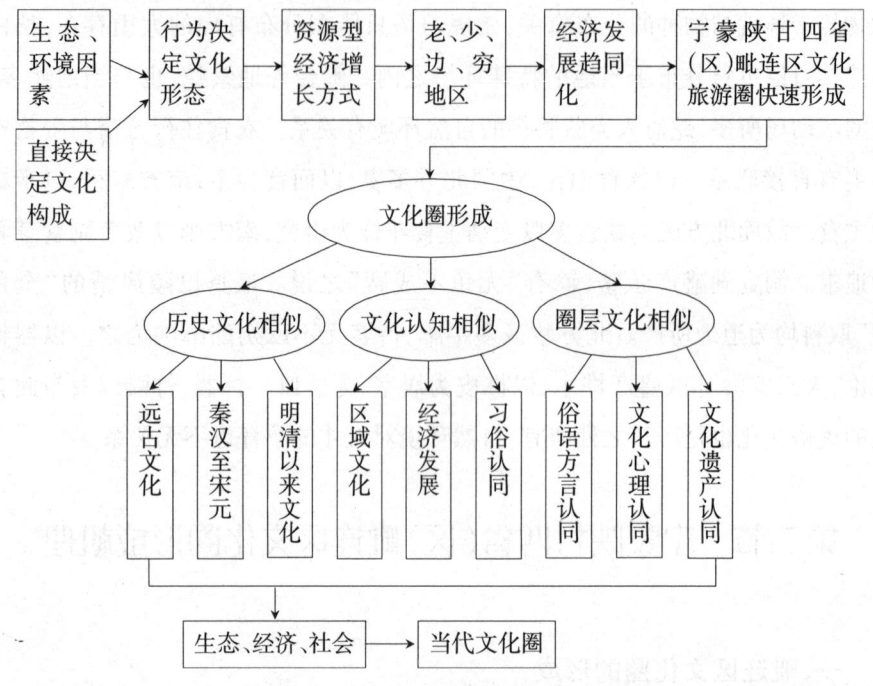

图1　宁蒙陕甘四省(区)毗连区文化圈形成机理

在中国传统文化的主导性影响下,毗连区的人们通过本土文化圈内各种子文化的相互作用,经过不断碰撞、对立、同化、融合,逐渐形成毗连区文化圈。这种因自然环境的相连而造就出的文化圈演化过程可以粗略地分为三个历史阶段。

第一阶段:区域文化形成时期

公元前21世纪到5世纪左右,在中国核心政权经历从奴隶制向封建制的转变过程中,毗连区内生活的各民族主动或被动地接受了中原儒家文化,随着大量移民的迁入,草原开垦成了耕地,牧民变成了农民,戈壁建起了城郭,房舍取代了毡房……这种变化是在大规模开荒、修渠、造路间完成的,从秦始皇修郑国渠开始,到唐末,在近千年的历史演进中,历代王朝在毗连区的广大地区修建有六辅渠、白渠、秦渠、汉延渠、唐徕渠等水利工程,将原来干旱荒漠的"斥卤不毛"之地变成了"塞北江南"。经济生活方式的变化也改变了人们的文化习俗,不论是哪一个民族占据这一塞北的富庶之地,都会将本民族世代传承的崇拜、信仰、习惯、追求、憧憬等等融入到亦农亦牧的生产活动中,目前仍在毗连区普遍流传的"秦腔""花儿""坐唱""道情"等表现形式,正是文化圈的人们共同认知的文化形式。

第二阶段:区域文化发展时期

从7世纪到19世纪初,是中国封建社会从鼎盛走向衰落的时期,也是毗连区多民族共同发展、繁荣并最终走向统一的时期。由于中国的封建社会及其文化在唐朝达到了空前的繁荣,因此在这一时期,整个毗连区文化圈内出现了"内向性"的倾向,即多民族共存的格局基本形成,但在文化认知上却又是"内向统一的"。① 无论是西夏王朝的称霸一方,抑或是宋元时期的伊斯兰教的传入,最终都与中国传统文化相融合并得到发展。比如,西夏文字有许多神秘传奇之处,被誉为人类文化的奇迹。但是,无论西夏文字怎样独特,并没有脱离出汉字系统,最多是汉字的变异而已。② 这说明西夏王朝的出现仅仅是中华民族统一大家庭的一个偶然事件,并不代表整个历史长河的必然趋势;甚至说,割据中的西夏王朝脱离开中央政权就无法存在。又如,宋元时期从中东、西亚传入中国的伊斯兰教,不论以何种方式传入中国,经过短暂的磨合期之后,最终与中国传统文化相融合,创造出世界上独一无二的"信仰伊斯兰教的回族"。这些典型事例说明,这一时期的毗连区在文化的内涵上并未脱离开中华文化大家庭。从这一点上来说,这一时期的毗连区文化既与中国传统文化密切相依,又有别于传统文化,形成了自身的特色,应当说这是毗连区文化圈构成的基本要素之一。

第三阶段:区域文化激变时期

19世纪下半叶到20世纪上半叶,这一百多年间是西方资本主义侵入东北亚地区,引起本地区固有的文化发生激烈变化的时期。资本主义经济关系打破

---

①安学斌.少数民族非物质文化遗产研究:以云南巍山彝族打歌为例.民族出版社,2008:6.
②中国通志委员会.宁夏通志·民族宗教卷.中国社会科学出版社,1984:8.

了原有的自然经济的桎梏，资产阶级的民主政治和意识形态向传统的封建关系提出了严峻的挑战。而旧的封建主义的社会关系和新的资本主义的社会关系之间的对立，首先就表现为东西方文化之间的撞击与冲突。从"师夷制夷"到变法维新，直到把马克思主义与我国实际相结合，这条社会发展的道路，尽管对不同国家来说，内容和形式均有重大差异，但有一点却是共同的，那就是力图把西方先进的文化和传统文化的精华结合起来，既不全盘抛弃固有文化的优秀传统和特质，又勇敢地吸纳西方文化的优势和长处。

中国在鸦片战争以后，经过太平天国运动、洋务运动、戊戌变法和辛亥革命，直到五四新文化运动，整个民族反复思考的一个主题就是如何把西方先进的文化接收过来，从而找到一条民族复兴的道路。直到中国共产党成立后，这个主题更突出地摆在中国的马克思主义者面前。毛泽东说过："所谓'全盘西化'的主张，乃是一种错误的观点，形式主义地吸收外国的东西，在中国过去是吃过大亏的。中国共产主义者对于马克思主义在中国的应用也是这样，必须将马克思主义的普遍真理和中国革命的具体实践完全地恰当地统一起来，就是说和民族的特点相结合……中国文化应有自己的形式，这就是民族形式"。[①] 在民主革命阶段，以毛泽东为代表的中国共产党人正确地提出并解决了这个问题，从而取得了新民主主义革命的胜利，在社会主义时期，中国共产党人又经过长期的探索，总结了正反两方面的经验，终于找到了一条建设中国特色社会主义的正确道路。

那么，毗连区文化圈的文化特质究竟是什么？

由于毗连区处于中国内陆地区，深受中国传统文化思想的影响，在鸦片战争开始后的一百多年间，虽然经历了清王朝的覆灭、中华民国的兴起、西北诸马军阀的严酷统治，但从内容上说，总体上保持了源自中国文化的某些带有根本性的传统精神。其最突出的表现是：民族群体意识较为强大，封建意识（男尊女卑、家族思想等）较为严重。重视人际关系，以人际协调发挥集团优势实现社会目标，等等。这些文化意识特点，贯穿在毗连区整个社会结构之中，使其经济体

---

①毛泽东.新民主主义论.毛泽东选集.第三卷.人民出版社,1991:707.

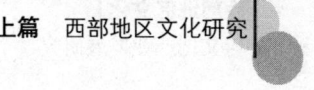

制、政治形式、管理模式、社会风貌无不刻上鲜明的区域文化的烙印。

从形式上说,由于毗连区地域广阔,民族众多,经济活动形式较为复杂,区域文化表现出一种独特的内在的张力:既有非凡的兼容性,又有顽强的独立性。毗连区文化圈历来是多种民族、多种文化的交汇场所。从古代说,除了本区内部各种文化的交汇外,各种外来文化如佛教文化、伊斯兰文化杂糅其间,相互碰撞融合,最终形成了一种新的文化形态:如,佛教文化与儒家、道家文化结合形成的三教合一文化,以及回族文化等对毗连区的区域文化发展产生过极其深刻的影响。可以说,毗连区的文化形态始终是具有多元性的文化。事实上,作为毗连区的核心文化的中国文化一个根本特点就是极强的同化能力,可以说,这体现了这种文化本身的一种内在的开放性质,也说明中国文化的包容精神。同时,毗连区的区域文化具有长期稳定的独立自主性,它在长期的历史演变中始终不失或者无法失去自身的文化本色,这也恰恰和它的兼容性分不开。文化的兼容性和同化能力,造成了文化的内在选择机制。在与外来文化的冲撞中,通过比较、认同、筛选、吸纳、融合,在适应历史发展的过程中,调整结构、改变形式、更新内容,从而保持传统文化的基本精神。毗连区区域文化的这种发散性和收敛性的统一,正是这种文化具有长期的相对稳定性的内在原因。

二、毗连区文化圈的基本特征

毗连区文化圈的研究,是一个宏大的综合性课题。从时间跨度上说,它既是历史的,又是现实的,从空间范围上说,它既是区域的,又是全球的;从研究内容说,它既涉及文化本身,又涉及文化的社会基础,从研究方法说,它既是分析的,又是综合的。应当说,这是一个跨度很大的课题,同时又是有重大现实意义的课题。

我们认为,毗连区文化圈的研究必须突破以下几个难点:

第一,毗连区区域文化的总体地位问题。要确定毗连区区域文化在中华文化体系中所处的地位,首先必须搞清楚毗连区区域文化的整体特征,而这就需要对中国已有的几大区域文化进行系统地比较研究。但是,迄今为止的比较文化研究或限于东西方两大文化体系的对比,或限于两种民族文化如中日、中印等的对比,从本国区域文化角度进行的对比(至少从宁蒙陕甘四省区域文化出发进行的对比),基本上是个空白领域。毗连区文化圈的形成与发展在中国文化史上具有重要的地位,在历史上留下了浓重的墨迹,可以说中国唐宋以前的任何重大历史事件都与毗连区有着千丝万缕的联系,至今影响着毗连区的各族人民群众。应当说毗连区文化圈在中国文化史上占有极其重要的位置:一是毗连区的文化形态独具特色,自成系统。在毗连区的广大区域里,无论是史前人类活动的遗迹,还是各民族之间的相互争斗、认知、融合,都具有文化展示的功效,是中国历史上独一无二的文化画卷。如果需要书写一部中国文化史的话,少了毗连区的文化章节,那么,这样中国的文化史是不完整的。

从研究内容上说,对区域文化圈的研究或对中国西北内陆地区文化圈的研究并不为人们所关注,除了需要在浩如烟海的历史资料中探访文化的轨迹外,更重要的是对文化圈范围内的文化形态进行很好的把握,而这种把握的支撑来自多学科的熟练应用。

第二,毗连区区域文化的内在结构问题。毗连区区域文化是多源头、多侧面、多层次、多方向的综合体。尽管可以肯定中国传统文化是毗连区区域文化的核心或本底,但这仅仅是就区域文化的发生学角度而言的。不能认为毗连区区域文化的共同特质和中国传统文化的属性是完全同一的,否则就把文化圈和中国文化混为一谈了。这里有一个共性和个性的关系问题。我们必须通过对毗连区文化圈的各个子文化进行比较研究,进而概括出区域文化的一般特征。深入研究一下就会发现,这些子文化之间的共同性是深深潜藏在彼此之间的深刻差别之间的。例如,从传统上说,儒家思想更多的是和道家思想结合在一起,儒家的入世进取常常以道家的清静无为作为补充,而在毗连区的一些公众意识中,儒家思想却往往和佛教思想、伊斯兰教思想结合在一起,宗教思想和意识较为浓厚。因此,全面分析毗连区文化圈中各种文化的异同,从共性中发现个性,是一件十分艰苦的工作。

第三,毗连区区域文化的历史演变问题。一种文化演变的原因大致有二:内因是构成文化基础的社会经济、政治关系发生了质的变化,外因则是外部文化的侵入。毗连区在两千多年里发生了多次重大的变化,这种因多民族求生存求发展的历史过程中发生的碰撞而产生的变化,则是毗连区区域文化特质在历史上的发展和变异。同时,外来文化如佛教文化、伊斯兰文化,不同程度地改变着毗连区域文化的形态。这里有两项必须做的工作。一是在不断变迁的区域文化形态中,寻求贯穿其中的传统。这种传统"是整个文化中根深蒂固的大本大源,不可能加以全面否定,连根拔除"。① 但是,要想在毗连区当代文化中寻找历史文化的痕迹,揭示一脉相承的文化传统,是需要花大力气进行深入分析的。二是探索区域文化传统的演化轨迹。不能认为文化特质是一成不变的。区域文化的特质在保持基本精神不变的前提下,无论在结构要素和性质功能等方面,都会有所更新。例如毗连区各地区努力挖掘的文化资源,就绝不是毗连区历史文化的再造或翻版,而是具有鲜明的时代特征。但是,要真正揭示由毗连区区域文化特质形成、发展和变异的历史线索,显然不是一件轻而易举的事情。应当看到,从先秦开始,历朝历代通过屯田和移民的方式对毗连区进行了不间断的开发,这种开发对毗连区的文化发生和发展起到决定性的作用。事实上,毗连区的文化是随着移民的到来而兴起,随着移民的迁移而变化。特别是中华人民共和国成立以后,毗连区出现了几次大规模的移民潮,对毗连区区域传统文化冲击较大,非物质类文化资源消融较快,基本形成了对自然资源如煤炭、石油等资源的大规模、不间断开发,而对文化资源的挖掘和开发就显得迟缓,这是应当引起毗连区地方政府关注的。

正是基于以上的分析和判断,可以得出毗连区文化圈的基本特征:一是毗连区的文化生成受地理环境的影响巨大,形成了独特的地理文化形态。由于毗连区地处黄土高原腹地,周边为腾格里沙漠、巴丹吉林沙漠和毛乌素沙漠所包围,黄河是唯一赖以生存的水源,黄河冲积而形成的大小不一的平原就成为一个个生态绿岛镶嵌在毗连区的广大区域内,不但构成了毗连区的主要地域形态,也决定着毗连区的文化形态。尽管生活在黄河绿岛上的人们有着各种各样的追求,但文化的底蕴却是相同的,思维方式受黄河绿岛的影响较大。由于黄河绿岛的物产较为丰富,因此,在黄河绿岛上生活的毗连区各族人民的温饱问

---

① 陈达.南洋华侨与闽粤社会.商务印书馆,1937:61.

题较为容易解决。无论在历史上,还是现实社会中,毗连区较少出现类似"闯东北""走西口"之类的人口大规模外迁,相反,从秦汉至今的两千多年以来,来自全国各地的不同人群不断迁入毗连区,却较少出现外迁的现象,久而久之,安土重迁,故土难离的文化认知心理就构成毗连区文化的主流。二是具有较强的文化包容性。虽然毗连区地处自然环境较为恶劣的黄土高原腹地,但矿产资源较为丰富,石油、天然气、煤炭、稀土、各种稀有金属矿藏储量巨大,是国家重要的能源建设基地之一。中华人民共和国成立后,国家有组织、有计划地从全国各地调集了大量产业工人和科研工作者进驻到毗连区,实现能源大会战。经过几代人的艰苦努力,毗连区已经形成以资源为核心的产业结构,例如,宁夏的石嘴山,甘肃的白银、庆阳、金昌,陕西的榆林、延安,内蒙古的鄂尔多斯、巴彦淖尔等地,都是在围绕资源开发过程中成长起来的城市。这些城市因资源而兴,因资源枯竭而转型,文化也在这种转型过程中出现了变异。这种变异的直接表现就是毗连区更具有文化的包容性和开放性,各种文化在这里不断交汇,形成了文化融合的奇观。三是有着天然的文化认知情结。目前,毗连区的文化已经形成了"老乡情结+地域文化"的形态,即父辈的原籍得以延续,子女之间相互认可,而原有的乡土文化也得到尊重,甚至出现了相互融合的现象。这种"老乡情结+地域文化"的形态就构成了毗连区文化圈建设的基础。

第二章　国内外文化遗产保护与文化圈建设的实践与启示

国外对文化圈的建设与保护主要是通过对人文资源的保护推进的。这里我们重点关注联合国相关组织、欧美国家、日本、韩国以及我国台湾地区在人文资源保护方面的经验,这些经验既包括价值取向方面的理论性经验,也包括实际操作方面的技术性经验。主要表现在:一是国家力量的保护,二是民间力量的保护。前者又分为立法保护和行政保护;后者又分为来自于专家学者的力量保护和来自于普通民众自发的保护。形成以下几方面的特点:一是以立法来规范政府的保护行为。二是普通民众依靠自身的力量对人文资源进行保护的现象比较普遍。这种民众性力量的保护通常是以一个村庄或者一个群落为单位,然后全体都参与进来对人文资源进行保护、开发和利用。三是国家力量与民间力量相结合对人文资源进行保护。建立起较为成熟的人文资源保护规则的国家或地区,国家往往给民间的保护力量以非常大的发展空间,并进行有意识的培养。不仅如此,国家还往往与来自民间的个体形成合作关系,共同保护、开发和利用人文资源。

通过对国外人文资源保护经验的比较研究,发现人文资源的保护成果相对突出的国家或地区无一例外地重视保护规则的健全和完善,并且一个国家或地区所制定的先进、成熟的规则往往会影响到别的国家或地区。在这些规则中,以下几个方面受到了大多数国家和地区的共同关注:第一,重视政府的作用。在人文资源保护制度体系中,政府承担起人文资源保护的责任,比如保护范围的确定、舆论的宣传、对民众的引导等等。第二,重视传承。传承机制的核心主要在于传承人,较为成熟的传承制度一般都设定了关于传承人的激励和约束机制,内容主要围绕传承人的权利和义务两个方面进行。第三,重视人文资源的整体性保护。进行整体性保护的主要内涵在于关注人文资源之间的连带性和统一性。这种整体性保护思想不仅贯穿在物质性与非物质性人文资源各自的保护领域内,还贯穿在物质性和非物质性人文资源之间,讲求物质和非物质人文资源的有机统一。第四,重视人文资源的开发和利用,简称"活用"。人文资源的活用能够让人文资源得以融入新的时代元素而延续其鲜活性,从而能够适应民众在不同阶段的新需要,活用人文资源的观念越来越得到各个国家及地区的认同,并且在一些国家和地区已经取得较好的效果,其经验也不断地在别的国家和地区得以传播。

正是因为建立了对文化遗产保护的完整体系,才能够形成若干个具有典型意义的文化圈,例如,北美文化圈、欧洲文化圈、日本文化圈、韩国文化圈等,具体可以细分为美国沿大西洋文化圈、欧洲莱茵河——鲁尔工业区文化圈、东京文化圈和大阪文化圈、韩国首尔文化圈等。这些文化各具特色,不但对文化产业和文化旅游业影响巨大,而且推动了经济发展,在文化圈基础上,形成了若干个经济圈,极大地促进了本国的经济社会发展。

我国目前的人文资源保护措施中也体现了上述精神。一是"政府主导"的保护工作原则已经在相关文件中得到确立;二是对传承人的保护也得到了高度的重视;三是我国在对人文资源的整体性保护方面做了有益的尝试,比如生态文化博物馆的建立、人文村落的整体性保护等等;四是地方政府热衷于人文资源的开发和利用,从中央到地方,从政府到民众,对人文资源价值的挖掘一直是被关注的焦点。也就是说,比较我国同其他国家和地区对人文资源的保护经验来看,各自所关注的主要方面具有共通性,并且因为日益受到彼此的影响而更为趋同。

第一节 人文资源保护的若干理论问题

一、重视人文资源保护

（一）什么是人文资源

研究宁蒙陕甘四省（区）毗连区文化圈建设必须从毗连区人文资源的保护入手。按照费孝通先生的观点，所谓人文资源就是人工的制品，包括人类活动所产生的物质产品和精神产品，它和自然资源一样，只是自然资源是天然的，而人文资源却是人工制造的，是人类从最早的文明开始一点一点地积累、不断地延续和建造起来的。它是人类的历史、人类的文化、人类的艺术，是我们老祖宗留给我们的财富，构成人类可持续发展的文化基础。人文资源在一定意义上来说也可以称为文化遗产。

文化遗产之所以被当作人文资源来看待，是人的认识扩展和深化的结果。文化遗产长期以来一直是在文化固有的原本意义上而言的，它是大众创造的结果，是传统人文精神的载体。正是这些一点一滴汇聚而成的文化遗产，才构成了毗连区千百年来生生不息的文化圈，也为文化产业发展提供取之不尽、用之不竭的充足资源。

（二）文化遗产的"人文价值"分析

《辞海》中这样解释"文化"："广义指人类在社会实践过程中所获得的物质、精神的生产能力和创造的物质、精神财富的总和。狭义指精神生产能力和精神产品，包括一切社会意识形态：自然科学、技术科学、社会意识形态"。从这里可以看出文化的三个层面：器物、制度和观念。其中，观念文化是体现文化的典型，狭义上的文化即是指观念文化。有学者这样总结文化："从根本上说是人类创造的精神成果的结晶"[1]。2003年10月联合国教科文组织第32届大会所通过的《保护非物质文化遗产国际公约》，将"非物质文化遗产"定义为："被各

---

[1] 季羡林.中外文化比较.引自中国文化书院讲演录第二集.三联书店，1988（1）.

群体、团体、有时为个人视为其文化的各种实践、表演、表现形式、知识和技能及其有关的工具、实物、工艺品和文化场所。其包括以下方面：口头传说和表述，包括作为非物质文化遗产媒介的语言；表演艺术；社会风俗；礼仪、节庆；有关自然界和宇宙的知识和实践；传统的手工艺技能等"。从上述非物质文化的内涵和外延中可以看出，非物质文化都有一定的外化表现形式，而且相当一部分非物质文化遗产有物质载体。应当说，物质文化和非物质文化在对人的精神的反映上具有同质性。因此，人们按照自己的目的和价值取向去生产产品、发明技术、创造物质和精神成果，从而把人的精神贯注其中，把人的关于真、善、美的理解，把人的价值观和理想倾注其中，将人的生存状态体现出来。创造这些成果的同时，人们不断地改造着主观世界，让自己向理想中的"人"进化。但是，人类改造自然界同人类改造自身并非完全同步，科学的进步和人文的退化在现代社会的鲜明对照就是证明。因此，现代人寻找"失落的人文精神"的渴望日益强烈。

（三）文化遗产的"资源价值"分析

所谓人文资源，是指人类通过文化的创造，留下来的、可以供人类继续发展的文化基础。这里的"继续发展"，我们可以将其理解为"自我价值的发挥得到更宽阔的拓展"和"发展新的人文精神"。前者是增强人类改造外界的力量，后者是指人类改造自我的发展。毗连区人文资源的利用，一方面有助于依托文化的"共识"形成文化圈，从而推动经济发展，增强人的外在力量，另一方面将引进现代化的竞争规则，这种规则使得毗连区的人民价值观和自我理想被重塑，个体的价值和地位得到重新审视，平等的观念深入人心。这意味着现代化的人文精神将在我国西部地区得到确立。

"人文资源"也就是"文化资源"，原本作为精神目的和结果的文化获得了工具的意义。相比自然资源和文化资源，我们赞同如下观点，"在这个人文化了的世界里，人们每天要面对的、要较量的不再是自然，而是文化。以往人们是通过自然来创造文化，而现在的人们则是通过'文化'来'重构文化'。……在人们通过'文化'来'重构文化'的今天，人们发现我们面对的不仅仅有自然资源，还有以前人们不太注意到的人文资源。也就是说，以往的资本经济，所要开发和利用的对象主要是自然资源,而当今的知识经济所要开发和利用的资源,很大的一部分将要包括人文资源。这不仅仅是源于人类文化上的需要,也同样是源于人类生活上的需要,以及市场经济上的需要"。"人们将会越来越注重非物质产品的生产,也就是所谓文化产品、信息产品的生产,以往作为意识形态而存在的文化如今也成了一门产业。在未来的社会发展中,文化产业和高新技术产业一样,将成为社会发展中的重要支柱产业之一。于是,作为文化产业所要开发和利用的对象——人文资源的重要性也就越来越凸显出来了"。

我们认为,文化产业化是毗连区人文资源开发和利用的一个表现,这种产业化在市场经济的作用下,是受市场规则支配的,文化产品的运作明显是一种市场化的运作模式。从这个意义上说,"文化遗产"对于人文精神的重构和再生产有着重要的作用。有学者对文化遗产的重构现象做了这样的描述:"旅游业对毗连区的介入,一方面给当地带来了许多新的经济增长点,同时也给当地的自然环境和人文资源带来了不少的破坏,而且还迅速地重组了当地的文化传统,而新的文化也在这重组中得以再建"[①]。

很多文化遗产在特定环境下的精神内容已经被更新,从而只剩下一些外化的形式。比如在演出仪式的过程中,表演性多于神圣性,形式的讲究强于情感的流露。尤其是当商业性的因素结合进来以后,文化遗产原有的精神内涵已经不再具有作为人们生活方式的价值观含义。尚需进一步论证的是,毗连区现代文化空间的形成,是否在取代原生态文化的同时真正确立了现代文化,是否重塑了新的人文精神并为人们所内化。但无论这种"现代化"进行得如何,这种文化商品化的现象尤其为寻求人文精神传统的人所担忧。文化进入市场,带来的结果是,市场规则将成为人文资源开发和利用的潜规则。市场的运作有自己独立的规律,其利益追求并非与现代人文精神的建立这个根本的目标完全一致。文化承担的最终功能是为一个民族供给共同的人文精神,从而形成民族认同感,而市场规则所追求的个体价值和个体利益容易阻碍这种共同精神的形成。在这里,我们无意扬弃文化而贬损文化产业,需要重申的是,毗连区文化圈的重

---

① [德]格罗塞.艺术的起源.商务印书馆,2002.

构,正是毗连区人们经过现代化洗礼后所产生的"寻根"渴望,这种对文化的渴望就构成人们既在走向富裕的同时,也在追求人文精神的慰藉的表现。

二、"文化遗产"双重价值带来的深度困惑

"文化遗产"的"人文价值"与"资源价值"是有密切联系的。对"人文资源"的解读,应当是以人文为基础,以资源为重点。如果没有人文价值,则"文化遗产"不能获得资源的价值。但是,人文发展的规律和资源利用的规律有着很大的差别。在这两种不同规律的支配下,两种价值的彰显并非同步。这种不同步导致人们在人文资源双重价值之间的困惑。其中,"非物质文化遗产"作为人文资源最敏感、最特殊的部分,典型、集中地体现着"文化遗产"作为"人文资源"时其人文价值与资源价值所带给人们的困惑。

(一)非物质文化遗产的特征——"活态性"和"民间性"

从非物质文化遗产的内涵和范围来看,其特征主要有两个:一是活态性。非物质文化遗产是有灵魂的,这个灵魂指的是创造并传承它的特定社区的共同的价值观。因为非物质文化是人们千百年来传承的文化表现形式,它的存在必然依靠传承主体即社会民众的参与。另外,活态性还决定了非物质文化处于不断地变化和发展当中,它们在与自然、现实、历史的互动中,不断发生变异和创新。因此活态性是非物质文化的基本属性。二是民间性。非物质文化遗产是在民间自主形成的。民众是非物质文化的主体,也是非物质文化存在的驱动力。这说明,原生性的非物质文化遗产由一定区域的民众创造并代代传承,这些创造并传承的文化是非物质文化遗产的重要表现。

由以上特征可以看出,物质文化表现为静态,它们通常已经远离产生它的生态环境,从而很难让人们感受、解读其传递出来的文化意义,而非物质文化的载体是人们具体的活动过程,具有活态性、民间性、生活性和生态性,它生存于民众的真实生活当中。在这个意义上,非物质文化遗产更易为大家所感知,从而更能唤醒人们的文化意识,甚至表现出民族认同感。因此,在某种程度上,相较于物质文化遗产而言,非物质文化遗产对于人文精神的传承具有更为重要的意义。

(二)非物质文化遗产蕴含的人文价值与资源价值的冲突

非物质文化遗产在文化遗产中相当明显和深刻地体现着"传统人文精神"的同时,非物质文化产品正是依靠其中蕴含的深厚"人文精神"而获得极大的资源价值,并且越来越为市场所证明。《国务院办公厅关于加强我国非物质文化遗产保护工作的意见》中指出:"非物质文化遗产既是历史发展的见证,又是珍贵的、具有重要价值的文化资源。我国各族人民在长期生产生活实践中创造的丰富多彩的非物质文化遗产,是中华民族智慧与文明的结晶,是联结民族情感的纽带和维系国家统一的基础"。可见,非物质文化遗产的资源价值从政府的角度已经得到了肯定。

市场经济中的商业行为对非物质文化遗产的巨大冲击,使脆弱的非物质文化遗产加快变异和消亡。因为非物质文化遗产的无形性相较于物质文化遗产要脆弱得多、难以保存,一经市场规则支配下的开发和利用,其中蕴含的"传统人文精神"很容易被淡化甚至贬低。伴随现代化过程中一系列问题的产生,在人们进一步认识到"人类的品质和性格中的本能并不必然随经济、技术的发展而衰减"时,人们越来越强烈地呼吁传统人文精神中真、善、美力量的价值回归,呼唤和谐社会的建设。对于毗连区的非物质文化遗产中蕴含的人的淳朴、智慧、善良和深厚的集体主义和谐思想等传统人文精神,更加被"现代化病症"困扰的人们所追求。有学者认为,"无论是东方还是西方,人们对传统的依恋往往源于对现代化的反思"①,所以很多人渴望保留原生态意义上的非物质文化遗产,以留住原汁原味的传统人文精神,非物质文化遗产成为人们寻找失落的精神家园目的重要依托。

随着时代的变迁,毗连区人民的价值观和理想已经有了全方位的变化,并且渴望进一步改变其落后的生存现状,渴望加快现代化的进程。非物质文化遗产拥有的资源价值,为毗连区人民的现代化注入了动力。

由此,非物质文化遗产蕴含的"人文价值"和"资源价值"在非物质文化遗产的保护和利用上表现的冲突让人们陷入深度的困惑之中。从规则的视角来

---

① 宋奕.人类学空间视角的文化遗产研究.城市文化资本.2009(7).

看,保护"传统人文精神"的规则要求保护创造和传承非物质文化遗产的特定环境;而发掘其"资源价值"的规则中主要是市场的规则,市场规则要求一个有利于商业运作的市场环境,这种市场环境并不一定与创造和传承非物质文化遗产的特定环境相一致,现实中更多的情况是不一致。在这种情况下,代表两种价值追求的两种规则难以兼顾到非物质文化遗产蕴含的双重价值的保护。因此,用法律规则来确认两种价值并进行平衡便成为必然。

三、非物质文化遗产保护立法的紧迫性问题

从法律的角度看,我国现有的人文资源的法律保护绝大多数仅限于对文物的保护。这一保护首先是法律,包括宪法。基本法律、专门法律和国际公约,如:全国人民代表大会1982年公布施行的《中华人民共和国宪法》第二十二条规定:"国家保护名胜古迹、珍贵文物和其他重要历史文化遗产";全国人民代表大会常务委员会1982年公布施行并于2007年重新修订的《中华人民共和国文物保护法》,则是根据宪法的这一规定而制定的,另外,我国已经签署的保护世界遗产的国际公约有:《保护世界文化与自然遗产公约》《关于禁止和防止非法进出口文化财产和非法转让其所有权的方法的公约》《国际统一私法协会关于被盗或者非法出口文物的公约》《关于在武装冲突情况下保护文化财产的公约》等。其次是行政法规,如:《风景名胜区管理暂行条例》《国务院关于进一步加强文物工作的通知》《中华人民共和国水下文物保护管理条例》《中华人民共和国考古涉外工作管理办法》《中华人民共和国文物保护法实施细则》《中华人民共和国文物保护法实施条例》《国务院关于加强和改善文物工作的通知》《国务院办公厅关于西部大开发中加强文物保护和管理工作的通知》等。再次是地方性法规,全国各省、市、自治区根据《中华人民共和国文物保护法》,都已制定并颁布了相应的地方法规。最后是行政规章,它具有很强的针对性,比较详细具体,便于执行操作。

可是,文物仅仅是文化遗产的一部分,它是静态的文化遗产。而作为文化内涵,一些有物质载体的非物质文化遗产可能被以"文物"的方式加以保护,但是,一方面这远远不能满足非物质文化遗产保护需要,另一方面,以静态保护的

方式来对动态性的非物质文化遗产进行保护,这本身就存有悖论。因为非物质文化的活态性,其本身要求在生活中被动态地、整体性地加以保护。

2005年3月26日,国务院办公厅《关于加强我国非物质文化遗产保护工作的意见》(〔2005〕18号)中指出:"我国非物质文化遗产所蕴含的中华民族特有的精神价值、思维方式、想象力和文化意识,是维护我国文化身份和文化主权的基本依据。"可是,对于如此重要的文化遗产,我国却没有足够的制度供给。为此,我国加快了相关立法工作的步伐。1998年开始,全国人大教科文卫委员会先后赴众多省区就非物质文化遗产保护工作开展了大量调研,并会同文化部、国家文物局召开了立法座谈会和国际研讨会。2002年8月,文化部向全国人大教科文卫委员会报送了民族民间文化保护法的建议稿,全国人大教科文卫委员会成立法案起草小组,并于2003年11月形成了《中华人民共和国民族民间传统文化保护法草案》。2004年8月,十届全国人大常委会第十一次会议批准我国加入联合国《保护非物质文化遗产国际公约》。据此,全国人大教科文卫委员会又将上述草案名称调整为《中华人民共和国非物质文化遗产保护法草案》,并成立了专门小组,协调各方加快该部法律的立法进程。在这一过程中,全国人大教科文卫委员会还积极促进和推动一些地方立法机关如云南、贵州、福建、广西等省区出台了相关地方法规。2005年3月,国务院办公厅颁发了《关于加强我国非物质文化遗产保护工作的意见》。这是国家最高行政机关首次就我国非物质文化遗产保护工作发布的权威性指导意见,明确提出保护工作的重要意义、目标和方针,建立保护制度、工作机制等。可喜的是,《中华人民共和国非物质文化遗产法》已由中华人民共和国第十一届全国人民代表大会常务委员会第十九次会议于2011年2月25日通过,并对非物质文化遗产的概念从法律角度进行了界定,明确指出:"本法所称非物质文化遗产,是指各族人民世代相传并视为其文化遗产组成部分的各种传统文化表现形式,以及与传统文化表现形式相关的实物和场所"。根据全国人大的统一要求,各地方结合本地区的实际,也先后制定了非物质文化遗产保护条例。但是,在实施过程中,由于对非物质文化遗产的认识差别较大,相关学术的、实践的研究严重滞后,因此,在非物质文化遗产的保护方面争论较大,界定不统一,是当前非物质文化遗产保护的最大

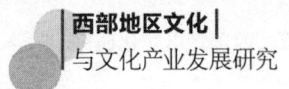

问题。

毗连区人文资源法律保护的核心是非物质文化遗产的法律保护,当前,非物质文化遗产的法律保护面临的种种问题实际上最深刻、最根本地反映出"毗连区文化遗产"转换成"毗连区人文资源"后所带来的问题。其中,"人文精神"是矛盾的焦点。从根本上讲,物质文化和非物质文化都是人文精神的反映,两者的法律保护具有共通性。不过,一方面因为物质文化遗产通常表现为有形性,从而较非物质文化遗产更易于保护,我国立法也相对比较健全,而非物质文化遗产却往往具有无形性,因此被称为"活文化",这也就加大了保存和保护的难度;重要的是,非物质文化遗产作为观念文化,反映的是一个民族最核心和本质的文化,其保护非物质文化遗产是毗连区人文资源保护中的核心。

第二节 联合国教科文组织文化遗产保护制度

联合国教科文组织(UNESCO)是1945年11月16日成立的专门负责教育、科学和文化事务的联合国机构,截至2005年10月3日已有191个缔约国。UNESCO的目标不仅是在遭受破坏的国家建设教室或公布科学发展,而且通过教育、科学、文化和传播的手段在人类思想中建筑和平。

在文化领域,UNESCO的中心目标是为人类社会可持续发展保护文化多样性,重点是通过综合方式保护和维护人类文化遗产。其中,文化遗产包括有形文化遗产和非物质文化遗产等所有形式的文化遗产。UNESCO在文化领域内的活动和关注的重点也主要围绕保护文化遗产和文化多样性展开,其中包括文化遗产的认证和宣布、不同文化间的对话、文化与发展的关系、文化产业、文化与旅游等。UNESCO较早开展了对有形文化遗产的保护,于1972年通过《保护世界文化和自然遗产公约》,并专门成立"世界遗产中心",主要通过认定"世界遗产名录"等形式促进缔约国对各种文化遗产和自然遗产的保护。

从20世纪70年代开始,经缔约国提议,UNESCO开始关注对非物质文化遗产的保护,鉴于非物质文化遗产本身及其保护的特点及难点,UNESCO 2003年10月17日通过了《保护非物质文化遗产公约》,形成了对文化遗产的全方位保护,分别规定了保护物质文化遗产和非物质文化遗产的基本制度,体现了世界各国对于文化遗产保护的基本认识和相应制度建设的重视。

一、与非物质文化遗产保护有关的几个概念评析

"非物质文化遗产"又称为"无形文化遗产"其英文是 intangible cultural heritage,中文译为"无形文化遗产"或根据法文和西班牙的转译,可以译为"非物质文化遗产"。UNESCO 给出的非物质文化遗产公约中文官方文本使用概念是"非物质文化遗产",在我国相应的概念也称为"非物质文化遗产"。

二、非物质文化遗产的定义

UNESCO 的非物质文化遗产公约(以下或简称"公约")第 2 条在定义"非物质文化遗产"时,采用了解释和列举两种互补的方式,以避免理解的歧义和可能引发的争论。这是缔约国多年磋商的结果,综合考虑了各方的观点。例如,公约规定的主体不仅涉及社区和团体,也涉及个人,就是参考和吸收了来自一些发展中国家代表的意见,因为在一些情形下随着其传承人的去世,一种非物质文化遗产也可能面临消失的危险。

公约把非物质文化遗产解释为:"被各社区、团体、有时为个人视为其文化遗产的各种实践、表现、表达、知识、技能以及相关的工具、实物、工艺品和文化空间。"该定义其实是一种列举式的循环定义,把文化遗产定义为被传承主体视为文化遗产的事物,给出的实质性内容并不多,公约为此进一步解释了文化遗产的创造、传承和作用:"非物质文化遗产代际相传,为社区和团体就其对环境、与自然的相互作用和历史的反应被不断创造出来,赋予他们认同和延续的感觉,并因而促进对文化多样性和人类创造力的尊重。"公约还对非物质文化遗产做了进一步限定:"本公约仅考虑符合现存国际人权文件,符合社区、团体和个人之间互相尊重需求,和符合可持续发展需求的非物质文化遗产"。

当前,在世界各个民族、社区或团体所创造的非物质文化遗产中,存在众多与现代科学、技术、人道、人权等不相容的知识或实践,例如巫术和祭祀等,如果现代人不能对此有所鉴别和区分,反而在非物质文化遗产名义下对它们进行维

护、保护和发展,显然会违背公约宗旨,甚至是开历史的倒车。我国的部分保护实践也已涉及此类问题,应对此长期坚持。因为不是任何传统的文化实践活动或知识都值得尊重、维护和保护,一定要防止反科学、不人道和违反基本人权的传统知识或实践借非物质文化遗产名义复活,否则反而会是现代人的悲哀。因此,对非物质文化遗产的保护不是绝对的,不是任何传统文化要素都能得到保护。

三、非物质文化遗产的范围

鉴于定义使用的语言的模糊性,公约进一步以列举形式阐明了非物质文化遗产的内容范围,包括:(1)口头传统和表述,包括作为非物质文化遗产载体的语言;(2)表演艺术;(3)社会实践、礼仪、节庆;(4)有关自然和宇宙的知识和实践;(5)传统手工艺技能。

这几方面是非物质文化遗产的主要内容,范围非常广泛。第(1)项包括语言和利用语言完成的表述或表达,如神话、传说、诗歌、史诗、民间故事等。第(2)项包括传统民歌、音乐、戏曲、戏剧、歌舞等。以上两项基本属文学、艺术、语言表达和表演,除语言外,在现代知识产权法体系中基本属著作权法范畴。第(4)项包括如各种农、林、牧、渔、狩猎、航海、气象、冶金、纺织、食品制作等知识和实践。第(5)项包括如针织、编织、染色、刺绣、雕刻、酿造、剪纸、陶瓷等工艺品的制作等工艺技能,这两项基本属传统科技知识的范畴,在知识产权法体系中基本属专利和技术秘密的范畴。第(3)项包括各种节庆、仪式和风俗等。基本属社会实践、社会生活和公共活动范畴。此外还有"文化空间",即一个民族实践和传承其非物质文化遗产的空间,如庙会和节日庆典等。

四、非物质文化遗产的特点

分析各种形式的非物质文化遗产,可看出其具有如下特点:一是从一代传承至下一代;二是一直由传承社区和团体根据他们的环境与自然的关系和他们的历史而不断创造;三是为传承社区和团体提供认同感和延续感;四是促进对文化多样性和人类创造性的尊重;五是与国际人权文件要求相符;六是与社区间相互尊重的要求和可持续发展的要求相一致。这些特点中有一部分与物质文化遗产相一致,但更多的是非物质文化遗产自己的特点。若用一句话来概括,可以认为非物质文化遗产是为传承民族或一定区域提供文化认同感和文化延续的载体。通过保护和维护非物质文化遗产,能够维护多种文化并存,从而保护文化多样性。

五、非物质文化遗产的认定标准

关于非物质文化遗产或其代表作名录的认定标准,公约交由政府间委员会制定和由缔约大会批准后执行。至今虽尚未见到委员会颁布相应的认定标准,但从公约规定的非物质文化遗产特点也可基本推出认证非物质文化遗产或其代表名录的标准应包括传承性、连续创造性、能够提供文化认同感和延续感、能够促进对文化多样性并重、能够与国际人权文件要求相一致、能够支持传统文化的可持续发展等。

为保护人类的口头和非物质文化遗产,UNESCO 从 2001 年到 2005 年共认证了三批共 90 件"人类口头和非物质文化遗产杰作",来自 107 个国家,其中 2001 年颁布的第一批共有 19 件(包括我国的昆曲艺术),2003 年的第二批共有 28 件(包括我国的古琴音乐艺术),2005 年的第三批共有 43 件(包括我国新疆的木卡姆说唱艺术和我国与蒙古国合作申报的蒙古长调)。这些非物质文化遗产杰作都是在世界各地较有影响的文化遗产。根据规定,公约一旦实施,UNESCO 将不再认证和宣布口头和非物质文化遗产杰作名单,以前宣布的名单纳入非物质文化遗产名录。但这也并非意味着以前认定杰作的标准会当然适用于对非物质文化遗产名录的认定。

尽管如此,考察 UNESCO 在认定和选择"人类口头和非物质文化遗产杰作"时使用的标准仍是有益的。根据 UNESCO 规定的"杰作宣布规则",能够入选"人类口头和非物质文化遗产杰作名录"的文化遗产应至少满足如下几个标准:第一,应是一个活的文化形态,即不应该是已经消失的或失去生命力的文化形态;第二,表现出人类创造天赋;第三,能够为传承社区提供文化认同感;第四,应处于被损害或消失的危险之中;第五,申报文件还应注明有效的维护和保护

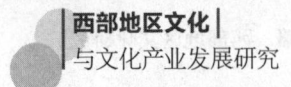

措施以及计划,因为入选杰作名录本身并不能够为非物质文化遗产本身提供任何保护。这些条件也都可用于非物质文化遗产代表名录的筛选。

根据这些标准和非物质文化遗产公约的规定,已有专家总结出能够入选"非物质文化遗产名录"的非物质文化遗产应具有如下条件:一是非物质文化遗产保护对象应当具有珍贵的历史、艺术、科学和文化价值;二是独特的,能够体现民族、社区文化特征;三是存在于一个民族、社区或团体的生活和记忆中;四是应处于濒危状况,需要及时抢救和保护;五是应符合人性,能够顺应文化发展,促进民族团结和社会进步。

我们认为,这些标准或条件应是能够入选非物质文化遗产名录的文化遗产所应具备的。我国《国家级非物质文化遗产代表作申报评定暂行办法》规定,我国国家级非物质文化遗产名录入选的标准是:具有独特的文化价值与民族价值、濒临灭绝和具有完整的保护规划。比较而言,虽然我国的暂行办法规定尚不完整,用语也较为抽象,但可作为过渡时期的一种执行标准,等时机成熟时再加以完善。

第三节 欧美国家文化遗产保护的实践与经验

一、欧美国家文化遗产保护的历史沿革

(一)欧洲文化遗产保护的历史沿革

总体而言,欧洲的文化遗产保护始于文物建筑保护。经历了战后70余年的发展,欧洲的遗产保护已由保护可供人们欣赏的艺术品发展到保护各种作为社会、文化见证的历史建筑与环境,进而也延伸到保护与人们当前生活休戚相关的历史街区及至整个历史城镇。由保护物质实体发展到非物质形态的城镇传统文化等更加广泛的保护领域的现象,反映出人类现代文明发展的必然趋势。

欧洲现代意义上的历史建筑保护工作始于20世纪70年代,1975年"欧洲建筑文化遗产年"运动促进了《建筑遗产欧洲宪章》的出台,与此同时,"欧洲建

筑遗产代表大会"提出"全面遗产保护"的概念并在其后发表了《阿姆斯特丹宣言》。目前"全面遗产保护"的内容已成为《欧洲建筑遗产保护公约》,又称《格兰那达公约》和《欧洲考古遗产保护公约》(又称《马耳他公约》),这两个公约在欧洲历史文化遗产保护实践中具有重要的影响,从欧洲的众多缔约国可见一斑;此外,这也说明了历史文化遗产保护在欧洲的普及程度。

《格兰那达公约》的第1条和《马耳他公约》的第1条都认为:"考虑到宽泛的文物、建筑和建筑与考古遗产地区的定义,这些文物、建筑和建筑与考古遗产地区是每个国家出于保护和保存的目的所选择的,以表示'保护种类'的特别重要性;所采用的手段也是宽泛的"。

《格兰那达公约》还将建筑遗产分为以下三个种类,并分别进行了定义,即"具有显著的历史、建筑、考古、艺术、科学、社会和技术方面意义的文物(包括建筑和结构)、建筑群和遗址"。在《马耳他公约》中也明确规定考古遗产"应当包括位于地上或者水下的建筑、结构、建筑群、已发掘的遗址、可移动的物体和其他范围之内的文物"。这种遗产除了被认为是"欧洲整体记忆的资源和历史、科学研究的工具"以外,并没有其他特别的意义。

《格兰那达公约》的各缔约方已经履行了公约规定的最基本的"对建筑遗产制定的法定措施进行保护"的义务。这些公约规定的遗产保护包括了遗产维护清单、完全保护政策的采用、在决策过程中建立各个层面的协商与合作机制(包括文化学会和公众)、财政经济支持的规定、非营利协会和保证人的培育以及促进涉及建筑遗产保护的各行各业的培训。另外,这种保护对欧洲保护政策的合作与实践经验的交流予以了肯定。

《马耳他公约》也注意到了大都市开发工程的增多使得有必要寻找恰当的考古遗产保护方法,包括法律和财务机制。1992年修订的《马耳他公约》各方缔约国已经承担了设计监督和保护措施的义务、促进完整保护政策和在各缔约方之间的公众意和合作以及促进信息共享。

1997年10月,在斯特拉斯堡举行了欧盟部长理事会第二次峰会,欧洲议会的各个成员国的政府首脑重申了"对欧洲文化、自然遗产保护,以及促进遗产意识的重要性"。峰会采用的"行动计划"决定有必要发起一场以"欧洲共同遗

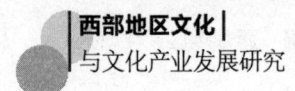

产"为主题的运动——以"已存在于政府、教育文化机构以及工业行业之间的保存的和预期的合伙关系为基础尊重文化多样性"。

(二)美国文化遗产保护的历史沿革

美国是一个典型的移民国家,为了形成认同的国家观念,必须用并不悠久的历史和纪念物等来凝聚人心;通过保护文物遗产让一般民众认同美国的精神和生活方式。所以,美国早期的历史文化保护与爱国主义密切相关,与该项内容相关的文化资源成为最重要的保护对象,如大力保护为自由和国家独立而牺牲的英雄的史迹,独立战争、南北战争的战场,名人故居,等等。

美国国内的学者认为,美国的文化遗产保护大致经历了以下几个阶段:一是 1920 年以前,主要以单体建筑的保护为主,为维护纪念性文物的历史景观,对周围建筑的高度实行严格控制;二是 20 世纪 30 年代至 60 年代前半期,为文化资源保护的初期,30 年代,各地方政府开始制定保护相关的法律;三是 1966 年《国家历史保存法》的制定到 80 年代前期,为历史文化遗产保护的稳定发展时期;四是 20 世纪 80 年代后期以来,对环境问题有所放松,一些与保护有关的经济优惠政策也被取消了;五是 20 世纪 90 年代以来,文化资源保护和再利用问题再度引起高度重视。

在美国联邦层面所进行的文化遗产资源保护活动的重大事件包括:

1895 年,设立纽约州自然景观、历史性场所和构建保护信托基金。

1906 年,颁布《古物保护法》。

1916 年,成立国家公园管理局。

1931 年,颁布《查尔斯顿老城及历史地区区划条例》。

1935 年,颁布《历史遗迹和建筑法》。

1947 年,设立历史古迹和建筑保护联邦委员会。

1949 年,创设历史保护国家信托基金。

1966 年,颁布《国家历史保存法》和《国家博物馆法》。

1970 年,颁布《国家环境政策法》和《环境质量改善法》。

1971 年,开展国家历史保护周活动。

1977 年,颁布《国家邻里政策法》。

1979年,颁布《考古资源保护法》。

1980年,国家信托基金设立"国家主要街道中心",以帮助小城市保护历史性市中心区。

1981年,国会通过《经济返还税法》,该法规定个人所得税的25%可以用于历史建筑的维修保护。

在美国各州层面上也有许多相关立法。根据《国家历史保存法》的规定,美国各州已经建立了"州历史保存办公室"来执行各项联邦保护计划,比如《国家历史性场所登记表》所列财产的提名和对寻求联邦税收优惠许可项目的审查等。近年来,越来越多的州开始采取综合性的保护计划,包括通过立法保护历史性和文化资源、维护、激励、教育和技术支持等。各州所制定的相关保护法规并没有采用统一的模式和内容,但绝大多数州采取授权地方当局发布历史建筑物的保护和保存命令的特权的方式。目前,越来越多的州通过其他领域的相关法律来约束能够影响到历史和文化财产的政府行为,如环境保护法、考古保护法等。一些州还根据联邦《国家历史保存法》第106条的审查程序和联邦《运输部法》第4条第f款的规定制定有关法律,如明尼苏达州的《环境权法》第116条第B款第四项规定,除非没有"慎重可行的替代场所,不得毁坏历史资源;而新墨西哥州的《史前和历史遗址保存法》第18条第8款第1项至第8项规定,州必须执行任何可能的规划来保存和保护历史资源,以及使得损害最小化"。

实践中,最有效的历史财产保护立法通常产生在地方层面,而不是联邦或者州层面,因为这些层面的法规更倾向于规范能够影响私有或公有文化资源的具体活动。"通过历史保存法令,当地司法管辖使得原本对历史资源特性进行不可修复或毁坏的活动发生了改变"。目前,全美范围内制定大约2000个地方层面的历史保存法令。

(三)南美洲有关国家文化遗产保护的历史沿革

巴西1985年的《公益民事诉讼法》是一部规定对"造成环境、消费者、货物、艺术权利、美学权利、历史游览的权利和风景价值损害"提起公益民事诉讼的法律。该法第5条规定,公共部门、政府和民事团体可以就损害提起民事法律诉讼,即使其不是诉讼当事人一方,也因其作为法律的看护人,公共部门仍须以第三方的身份加入诉讼;如果民事团体放弃诉讼,公共部门应取而代之进行诉讼。

智利1961年1月13日颁布了关于禁止出口具有考古学、人类学、古生物学意义的物品的第52号最高法令;1969年11月12日颁布了第17236号法律,该法的目的包含促进国家文化遗产的实际运用和传播;1970年1月27日颁布了第17288号关于国家纪念物的法律等。智利建立了按照历史纪念物与公共纪念物和考古纪念物分类的国家立法保护,既涵盖了可移动的历史文化遗产,又涵盖到不可移动的历史文化遗产。但碍于资料和语言的限制,无法如同对欧洲的部分国家和美国的相关制度的研究一样,进行全面的考察,只能在介绍欧洲和美国部分国家的情况时结合介绍和比较这些美洲国家的特色性保护制度。

二、欧美国家对文化遗产、文化资源等概念的使用和界定

虽然欧洲各国所使用的术语并非完全一致,但仍然存在许多类似之处。欧洲多数国家法定的措施和定义均与前述《格兰那达公约》和《马耳他公约》两个公约中的陈述类似,例如:

捷克1987年通过的关于国家文化遗产保护的第20号法令使用了"文化遗产"的概念,并给出了一个比较广泛的定义。第2条规定:(1)根据本法,捷克共和国的文化部宣布文化遗产是可移动或不可移动的实体,或满足以下条件:一是从革命、历史、艺术、科学、技术等角度看,具有杰出价值的、能展示出人类在多领域活动中的创造力和工作的、记录人类从远古到现在的发展历史、生活方式、社会环境的文件,二是与重要人物和历史事件有直接联系的。(2)符合条款(1)的群体都是文化遗产,即使它们中的某些项目不是文化遗产。例如,捷克文化部一般把一个项目的整体确定为文化遗产,即不仅包括它外面的城墙,也包括内在的建筑成分、它的内部以及与该项目相关的艺术性装饰。一项文化纪念物的划定还包括所占的土地、院子、花园、边界墙、附属建筑以及其他建筑物等,尽管其中某些部分本身并不具有文化遗产的价值。可见,在捷克,文化遗产被定义为从古代时期到现在为止的不可移动与可移动的项目或项目群,为民族文化文物。

在德国,1992年图林根州的《历史遗迹保护法》第2条对文化遗迹进行了

界定，文化遗迹为"为了公共利益，基于历史、技术、传统或城市规划等原因与保护村落的历史文化而施以保护的物体、物体的复合体或部分物体"。德国的图林根州定义"文化文物"包括实体、实体群、实体部分、地面文物、考古文物。该州的这种规定也仅仅标志了其保护水平，在实际中，保护部门只优先保护某些文物。在德国其他州也存在这样的情况。

在西班牙，法律规定的"不动产"遗产包括文物、遗址、公园、考古遗址和地区、环境法律中使用了"历史遗产"这一概念，如，1985年的《西班牙历史遗产法》第1条第2款规定："西班牙历史遗产由具有艺术性、历史性、人种学、古生物学、科学和技术价值的可移动财产和不可移动财产组成。西班牙历史遗产还包括历史文献、书目性遗产、考古遗址遗迹以及具有艺术、历史或人种学价值的天然遗址、园林等。"相似的定义还能够在自治地区的遗产保护法案中找到。这些法案都提到了被保护文化项目在历史、建筑、考古、民俗、科学和技术等方面所具有的意义。上述这些法律均采用了"历史遗产"这一术语，而排除了其他如"文化遗产""艺术遗产"或者"历史艺术遗产"等相似术语。原因在于尽管其控制的遗产范围较先前的有关法律广泛得多，但并未覆盖整个文化遗产领域。而事实上，还有一些其他美好的艺术形式存在于历史遗产法案保护范围之外，如音乐和文学。尽管只有上述理由，但"历史遗产"这一术语的使用还是被那些更喜欢使用"文化遗产"一词的人所批评。在他们看来，后者作为这方面的术语是与国际规定接轨的。这样的观点也反映在大部分已经发布的自治地区法案中，用"文化遗产"的概念取代了"历史遗产"的概念。

在丹麦，现行的法规是1997年11月13日颁布的第845号《联合法案》，即《列入目录的建筑物、建筑物保护和城市环境法案》。该法案第1条声明其目的在于："保护在建筑、文化历史和环境等方面具有特殊价值的古老建筑物，包括那些能体现人类建设、工作等生产环境及其他能体现社会发展显著特征的建筑物。"该法第2条第2款进一步界定了一项保护命令，包括"以庭院、广场、人行道、花园、公园以及其他相似形式出现的建筑物的直接环境，以及从某种程度上形成被保护建筑物的一部分"。可见，丹麦采用的定义是指列入目录中的建筑物或价值性略低一级的建筑物，但与当地的规划机制或建筑价值鉴定体系相关性较大的实体。考古遗产被分为古代文物、近代文物和水下文物。对古代文物的保护与《丹麦自然保护法案》(1992年1月3日颁布的第9号法案)规定的对自然的保护是相似的,明确了对文物及其环境的保护。此外,该法规也提供了对文化与自然风貌的观的保护。该法在附录中对受保护的古代文物所涉及的范围作了说明,并把文物分为三类:(1)容易辨认的传统古代文物,如古墓、考古巨石纪念物和废墟等。除去完全被土壤覆盖的废墟,所有的古代文物可自动获得保护,不论其是否注册过。(2)其他难以辨认的古代文物,如水坝、堤岸、桥梁和道路建筑物等。只有这些文物的所有者从环境与能源部得到承认这些文物存在的通知后,它们才得以受到保护。(3)比较新近的文物和与大众信仰、历史传统及和民俗相联系的文物。只有这些文物的所有者从环境与能源部得到承认这些文物存在的通知后,它们才得以受到保护。上述第二种与第三种文物的区别在于存在第二种中对在文物周围100米之内地带的保护,这种保护是在无法根据第三种文物种类进行保护的情况下实施的。对水下文物和历史失事船只残骸的保护是根据《自然保护法》第14条进行的。它对所有建筑结构和在丹麦领水内具有百年以上历史的失事沉船,从海岸或者基准线开始的24海里内的大陆架地区过去被界定为领水。是否对失事船只残骸进行保护主要依据它们自失事起至今的时间,然而对古代文物的保护虽然没有固定的时间限制,但是《自然保护法》第12条的规定可以参照适用,第12条规定被保护的文物应该至少在100年以上。当然,也存在部分不足100年的纪念物受保护的情况。

在英国,建筑遗产(列入名单中的建筑物)分为三个等级(一般而言必须在30年以上),而考古遗产则被定义为列入清单中的古代文物(具有考古价值的地区,现在多半已被规划体系的保护方法所代替)。

在美国,"遗产资源"也称为"文化资源",是一个经常用来指范围广泛的考古遗址、历史建筑物、博物馆、历史海难和传统文化场所的通用术语。《美国考古资源保护法》及其配套法规所定义的"考古资源"和《美国国家历史保存法》及其配套法规所定义的"历史性财产"通常属于上述分类。

上述国家关于文化遗产、文化资源的术语及其界定存在显著差别,但大多数国家借助法律通过概括性立法定义来保护最广泛意义上的"文化遗产、文化资源"——不可移动遗产、可移动遗产已成为一种共识。

第四节　日本文化遗产保护的实践与经验

　　日本的国家文化政策分为"二战"前和"二战"后的不同时期,"二战"前日本的文化是由国家实施的文化管理政策,除限制国民自由的艺术、文化活动外,还阻挠民众自发的文化活动。"二战"后,日本吸取了战前的文化政策的教训,不再提"文化政策",取而代之的是"文化行政"。"文化行政"一词的本意是国家对艺术、文化的援助。1980年以来,日本积极建设、普及文化设施,20世纪90年代始,"文化政策"一词重新被人们广泛运用。下面将日本文化政策分为战前、战后和现在三个阶段,回顾日本文化政策的历史性演变。

一、"二战"前的文化政策

　　"二战"前,日本围绕天皇实施的文化政策,基本将日本全国的文化思想控制起来,由于日本是单一民族的国家,思想的控制也比其他多民族国家容易,为了侵略别国的需要,日本事实上已经形成了侵略、掠夺别国而发展自己的文化圈层思想,这在世界文化发展上是罕见的。

　　日本在1871制定的《古器旧物保存法》《古社寺保存法》和1929年制定的《国宝保存法》等有关文物保护方面的法令,都是为战争服务的。因此,日本在"二战"前的文化圈建设就是战争文化圈建设,根本不值得效仿和提倡,相反,研读这一段文化历史,更应当从中找出日本利用文化如何演变成侵略文化的教训。

二、"二战"后及当代的文化政策

　　"二战"以后,日本从战争文化思维转变为民本文化思维,文化开始走入寻常百姓家。1945年8月15日,日本天皇刚刚宣布投降的第二天,日本政府在美国的监督下开始整顿体制,在文部省社会教育局开设了艺术课。1946年始,为振兴艺术文化为目的举行了能够提供艺术场所的艺术节——"艺术祭"。为保护文化财而建立的主要文化设施有东京、京都、奈良国立博物馆,此外还建立了国立近代美术馆、国立西洋美术馆。这些措施形成了公共文化服务体系,为全日本文化圈形成奠定基础。20 世纪 70 年代后半期,日本的文化人梅棹忠夫提出"教育是充电,文化是放电"的思想,对教育与文化分别对待,使日本的文化走向多样化,文化旅游、动漫游戏、文化产品等等都是从这一时期开始兴起并走向世界。2001 年日本政府制定了"文化艺术振兴基本法",在法律中首次明确了文化政策的对象和文化的相关权利。从该项法律来看,在日本已形成了援助艺术有关的法律体系,推动日本文化圈建设。

三、日本的文化财保护制度及其经验

在日本,"文化财"保护的主管部门是文部省下属的文化厅,下设文化财保护部传统文化课以及文化政策部。早在明治四年(1871 年),根据当时日本社会急剧西化的状况制定了《古器旧物保存法》,经过一个多世纪的不断补充和完善,日本的文化财保护措施已经形成了一个较完整的体系。

1950 年,日本制定的《文化财保护法》进一步明确了文化财保护的目标,《文化财保护法》尽管只是一部日本国关于文化财保护方面的法律法规,却将日本各府县的文化紧密连接在一起,形成文化的有机整体,达到独具特色的文化圈建设,对于人们观念的更新,曾发挥过重要作用。

在日本,人们将传统文化统称为"文化财",即所谓"文化财富";对于那些创造重要文化财的艺人们更是尊重有加,统称为"人间国宝"。这些概念的提出,极大地提高了日本整个社会对于传统文化遗产的高度重视,那些长期被社会所忽略的民间艺人也由此获得了相当高的社会地位。这种无形的激励机制,极大地促进了传统文化的传承。这种做法对联合国教科文组织产生过相当大的影响,2003 年在巴黎通过的联合国教科文组织《保护非物质文化财公约》,就是在日本《文化财保护法》的基础上为国际无形文化财《物质文化遗产》保护工作制定的特别条款。从日本的经验中,人们对于传统文化财有了一个更为全面、更为透彻的认识,同时也更为深刻地理解了"人"在文化财传承过程中的重要性,这便是日本对人类文化遗产保护工作的特殊贡献。

第五节 韩国文化遗产保护的实践与经验

一、"文化财"概念的界定

受日本影响,韩国在文化遗产的保护方面,也广泛使用"文化财"这一用语。韩国学者认为,"文化财"作为民族的共同体产物,具有体现韩国民族整体性的最高精神价值,同时,从文化上又具有人类最普遍的性质,因此是具有保存价值的全人类所共有的文化资产。

20世纪60年代初,韩国制定了《文化财保护法》上。该法第2条第1款规定:"本法所称的'文化财'是指人为地、自然地形成的国家的、民族的、世界的遗产中,以下所列的具有较大的历史、艺术、学术、景观价值的东西。(1)有形文化财:建造物、典籍、遗迹、古文书、绘画、雕刻、工艺品等有形的文化产物中具有大的历史的、艺术的或学术的价值的和相当于此的考古资料;(2)无形文化财:话剧、音乐、舞蹈、艺技术等无形的文化产物中具有大的历史的、艺术的或学术的价值的;(3)纪念物:①寺址、古坟、贝塔、城址、官址、窑址、遗物包含层等史迹地和特别能纪念的设施物中具有大的历史的、学术的价值的;②风景名胜地中具有大的艺术的、景观的价值的;③动物(合栖息地、繁殖地、移来地)、植物(合其自生地)、矿物、洞窟、地质、生物学的生成物及特别的自然现象中,具有大的历史的、景观的或学术的价值的;(4)民俗资料:关于衣食住、文化信仰、年中行事等的风俗、习惯和使用于此的衣服、器具、家屋等,理解国民生活的推移所不可或缺的。"可见,韩国《文化财保护法》通过概括性的、抽象性的判断基准,试图在更广的范围内把握文化财的概念。

由于建设文化国家是韩国宪法确定的国家的目标之一,所以国家便负有保护和培育国民的文化生活的责任和义务。于是,文化国家原理通过国家的文化课题或责任实现,与国家的文化政策产生不可分割的关系。作为理想目标的文化国家是国民在所有的生活领域享有高品质生活及除去所有不合理因素的面向发展的社会。

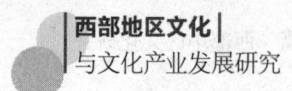

二、韩国文化财保护的经验

1948年,大韩民国政府成立后,着手进行新的国家秩序创建工作,同年7月12日颁布了新的宪法,并开始了各个领域的立法工作。在文化遗产的保护领域,为了适应现代社会发展的需要,有效地保护民族文化遗产,制定统一的、新的文化财保护法就提到了议事日程。在借鉴国外文化财保护立法经验方面,韩国首先考虑到了日本的经验。尽管长达35年的日本殖民统治曾给韩国人民带来了深重的灾难,但是如理性地考虑,两国的文化背景相似,而且由于光复前殖民统治时代韩国的文化财保护立法几乎完全受日本文化财保护影响,故对文化遗产在观念上具有很多共同的认识。恰巧,日本战后为了文化遗产的保护,制定了综合性的文化遗产保护法律即《文化财保护法》,积累了新的文化财保护立法经验。于是,韩国在深入研究日本的《文化财保护法》的基础上,大胆借鉴其经验,制定了韩国历史上第一部关于文化遗产保护的综合性法律《文化财保护法》。在该部法律中,韩国不但接受了日本《文化财保护法》提出的"文化财"概念,同时还对日本《文化财保护法》提出的"有形文化财""无形文化财""民俗文化财"等全新的概念以及在此基础上建立起来的新的分类体系几乎全盘接受。

韩国文化财保护法出台以后,随着韩国社会经济发展的需要,不断进行修改,在此过程中,继续借鉴包括日本在内的其他发达国家的经验,并逐渐地本土化,发展成为韩国特色的文化财保护法律制度。

第六节　我国台湾地区文化资产保护制度

我国台湾地区将文化物质遗产和非物质文化遗产统称为文化资产,并于1982年颁布了《文化资产保存法》,因此,研究台湾地区文化圈建设和文化资产保护制度就要围绕这部法律进行考察。

一、台湾地区文化资产保护制度的沿革

文化资产的保护,主要指保护文化资产的政策与法律制度。我们的探讨虽然

以法律制度为核心和重点，但是法律制度往往是基于政策而形成的。换句话说，法律往往是政策稳定的表现形式。一个政策如果经过反复论证，趋于稳定并且具有以法律的形式固定下来的必要时，政策往往就在这个时候转化为法律。当然，需要说明的是，一旦政策稳定化为法律，那么法律反过来会对政策的贯彻起到推动和保障的作用，并且，将会对新的政策的产生起到一定的指引和约束的效果。毕竟政策与法律比较起来，其稳固性要弱一些，而机动性更强一些。

台湾《文化资产保存法》是在古迹保存运动中发展起来的，是乡土建筑保存运动者团结起来与政府博弈的结果。通过一系列的古迹保存运动，台湾地区的文化资产保存开始进入法制化阶段，其文化资产保存法律制度也不断地处于修订当中。随着民主进程的推进以及民众自觉性意识的提高，台湾地区的文化政策开始注重民众的参与以及尊重民众权利，而这些文化政策的倾向均在台湾的《文化资产保存法》上有所体现。

台湾地区文化资产保护法制体系包括台湾的"宪法"、法律和行政法规、行政性规范文件三类。台湾的"宪法"中有关"基本国策"与"机关权限"的规定是法律和行政法规制定的基础。在与文化资产保护有关的"基本国策"中，"宪法"从原则上肯定多元文化；在具体方针上，规定"中央、省与市县教育、科学、文化经费"的最低线，并且这些经费应当优先编列；另外，"宪法"还规定了国家应保障教育、科学、艺术工作者生活以及依国民经济的进展随时提高其待遇等等。在法律这一层级上，主要有《文化资产保存法》《地方制度法》《土地法》《都市计划法》《区域计划法》《国家公园法》《都市更新条例》与《建筑法》等，除了《文化资产保存法》外，其他法律在涉及文化资产时，都有相关的保护规定。对于行政法规与行政性规范文件，台湾地区制定了《文化资产保存法实施细则》《古迹土地容积转移办法》《古迹制定审查处理要点》《古迹保存奖励要点》《古迹范围内拍摄影片及录制节目要点》《日常管理及维护注意事项》《防灾措施注意事项》等等；另外，地方各市也制定有地方性法规及其文件，比如：《台南市私有历史建筑物减免地价税及房屋税自治条例》《台北市市定古迹及纪念性建筑物制定作业要点》《台北市古迹管理维护要点以及新竹市市定古迹评价审议作业要点》等等。在这一系列制度中，《文化资产保存法》及其实施细则始终处于核心地位，它是"宪法"抽象规定的具体化，又是下位法制定时的基础。

二、对台湾地区文化资产保护制度三对核心关系的剖析

通过对台湾地区文化资产保护制度的考察，我们认为，台湾地区的文化资产保护制度的理念与具体制度紧密围绕以下三对关系的处理上：一是本土与外界的关系；二是政府与民众的关系；三是保护与开发的关系。

（一）本土与外界的关系

所谓本土与外界的关系，其实就是文化遗产保护研究中学者们提及的"文化民族主义"与"文化普遍主义"之争。文化民族主义强调文化遗产与特定民族、特定地域环境不可分割的关系，文化遗产是历史上特定族群所创造的，其对于该族群的意义是外界所不能深切感悟的，而特定族群以及该族群拥有的特定环境对于文化遗产价值的维护与阐释是非常必要的；而文化普遍主义强调特定族群的文化是世界文化的一部分，是整个世界的精神财富，因此其精神价值具有普世性。在这种情形下，怎样判定文化遗产的世界性以及民族性，成为文化遗产研究学界多年来的一个争议焦点。

那么，我们应当怎样来认识"文化民族主义"与"文化普遍主义"，又应当怎样选择呢？文化民族主义以文化遗产与文化认同的关系为中心，主张"民族依靠文化认同来维系，抽象、无形的文化认同须具体之文化遗产来体现。特定族群与其文化遗产应有紧密的关系，该民族有权生存在由文化遗产构筑的环境中，享受文化，认同文化，传承文化。文化遗产也应留在原处，一方面该族群人民与后世子孙得以接近适用，另一方面，维持文物与周边环境之关系，由此带来的知识与资讯有助于对文物历史的了解"。而文化普遍主义理念认为，"文化遗产固然对某特定民族意义重大，从人类共同遗产的角度观察，此文化遗产不仅属特定的民族，也属于全人类。因此其所在地点并不重要"。文化遗产是全人类的共同遗产，不专属于某一民族，也并非只有这个民族能够欣赏，因此"争议的重点不是文化遗产的所在，而是如何能确保文化遗产能够流传后世"。

虽然文化遗产具有的普世性价值为国际上所认同，但是这并不足以说明"文化遗产与特定环境具有难以分割的关系"的说法错误。相反，"文化遗产属

于全人类"的实质在于强调特定文化虽为特定族群创造,但是其作为世界范围的文化遗产的一个组成部分,对于文化之间的相互交融具有重要的作用,是世界多元文化不可或缺的一元,其意义与价值可以高及世界范围内不同族的人。确认文化遗产的普世性价值的真正目的在于重视世界多元文化的必要性与重要性,在于让人们达成这样一种开放的共识,即某个特定族群保存自己的文化遗产的意义不能狭隘地理解为只是为了发展自己本民族的文化,维系文化认同,还应当在更高的层面去理解,即对文化遗产的保护其实也是在为世界多元文化作出贡献。也就是说,对文化遗产普世性价值的认识在于肯定多元文化价值并鼓励不同文化之间的交流。联合国教科文组织(UNESCO)1972年巴黎第17届会议通过的《保护世界文化和遗产公约》前言中提出:"考虑文化遗产实为构成文明和民族文化之一大基本要素,只有尽可能充分掌握有关其起源、历史和传统背景的知识,才能理解其真正价值。"无疑,文化遗产原生地的民众具有先天的优势,因此,文化交流离不开文化遗产所在地的特定民族的支持。1999年国际纪念物与历史场所委员会(UNESCO)在墨西哥举行的第12届年会中通过的《国际文化观光宪章》就特别强调文化遗产所在地的本地居民对于文化观光事业以及文化交流的重要性。因此,文化遗产的普世性价值与其民族性在本质上并不是对立的、相反,我们认为其应当是统一的。文化遗产应当留于原生地进行保护,但是特定的民族应当具备一种开放的心态积极推动文化交流。在这个交流的过程中,当地民众应该充当积极性的角色。这样一方面能够最大限度地维护文化遗产的文化价值与意义的完整性,以便让全社会真正感受到最本真的文化遗产价值,另一方面对于创造了文化遗产的大众而言,这是对他们相关的精神性权利以及物质性权利的尊重。

  台湾地区《文化资产保存法》的立法目的从过去的"充实国民精神生活,发扬中华文化"转变为"充实国民精神生活,发扬多元文化",我们认为这是台湾地区《文化资产保存法》理念的重大转变。其走出"文化自我"的禁锢,以一种开放的多元文化理念来看待文化资产保护事业。但是,"文化资产保存法"中也同时规定了"将国宝、重要古物运出国外,或经核准出国之国宝、重要古物,未依期限运回"的罚则。也就是说,文化资产是禁止非经政府意志许可而流出本土以外的。不仅是我国台湾地区,世界绝大多数国家与地区,都坚定地认定文化的精神意义虽然可以惠及不同民族,但是其载体却是属于特定民族的,并且特定文化的精神意义对于特定民族而言,也是最重要和不可替代的,世界上几乎没有哪个国家或地区放任自己民族的文化遗产流散于别处。其实,从史实来看,西方国家的博物馆以及私人收藏者在各种原因下持有大量第三世界国家的文物,所谓的"文化普遍主义"很大程度上是为这种持有进行正当化修饰的借口。因此,我们认为应当明确一点,文化遗产的精神价值与意义是世界上各族群的人们都可以享受并借以提高和完善自己的精神财富,而文化遗产本身却是属于特定民族和国家的,其对于特定民族和国家的重要性意义不可替代。因此,我们主张从不同的角度汲取文化普遍主义与文化民族主义的精髓,从而形成一个既开放又坚持基本原则的理念。我国台湾地区坚持对文化遗产的民族性与世界性之间的关系、本土与外界的关系的处理,应该说是基本到位的。

(二)政府与民众的关系

这里的政府与民众关系,是指在文化遗产保护上政府的权利和义务与民众的权利和义务的分配。文化遗产的保护被很多人误解为仅是政府的任务,权利与义务都归属于政府。其实,尽管政府在文化遗产保护中的角色不可替代,但是文化遗产的保护却无疑是一个社会性的、与民众中的个人或者集体紧密相关的问题。

认识政府与民众的关系的前提是解决"谁是文化遗产拥有者"的问题。类似的疑问已经有学者在考察了我国西部地区的非物质文化遗产的保护状况后提出"请关注非物质文化遗产的拥有者"的认识,其认为:"我们在关心非物质文化遗产的同时,还必须关心承载着这些非物质文化遗产的人们,关心他们的生活,他们的想法。他们目前所面临的处境"。

其实,我们并非只需要在"非物质文化遗产"方面注意文化遗产的拥有者问题,在政府主管机关行使保护所有文化遗产的公共权利时,都是一个非常关键的并且是先决性的问题。厘清"文化遗产的拥有者"的问题是尊重拥有者权利的前提,对于私有文化遗产而言,私人拥有文化遗产的所有权,当其权利因为社会利益而作出牺牲时,出于公平以及对私有权利的尊重,对于私人的这种为社会作出的牺牲,政府应给予一定的补偿,并且对于政府的相关决策过程,应当有一个较为公允的制度来规范。台湾地区目前的《文化资产保存法》开始重视民众的权益,但是,"在社区民众的参与以及经营管理和维护方面,尚在起步阶段"。总之,我们认为,应当强调民众的参与权、话语权以及决策权,对于文化遗产这样具有社会性的事业,民众不仅不能缺席,这也就是我们强调厘清文化遗产的拥有者、正确认识在文化遗产保护问题上政府与民众关系的目的所在。

(三)保护与开发的关系

文化遗产的经济价值越来越受到人们的关注,其开发和利用已经成为一个趋势。开发与利用犹如一把"双刃剑",适当的开发和利用有利于文化的交流,有利于人们亲近文化资产,而这正是保护文化资产的目的。同时,开发和利用还可以解决保护文化遗产的经费问题,不仅缓解财政压力,而且还有助于民众的生活质量的提高。然而,开发不当以及过度开发也成为文化遗产保护面临的重大问题,其不仅不利于保护文化遗产,更有贬损之嫌。台湾地区对文化资产的开发观念相对比较保守,并没有过多鼓励开发和利用,而是强调保存。但是,实践证明,单是强调文化资产的保存很不利于文化资产意义的交流与弘扬,还会给国家财政增加沉重的负担,也不利于调动民众保护文化资产的积极性。因此,台湾地区近年来借鉴日本活用文化遗产的经验,值得大陆文化部门借鉴。

第七节 我国文化遗产保护的实践与经验

我国文化遗产的保护来自于国家和民间两种力量,其中,国家力量主要包括立法和行政政策两个方面。而民间保护也来自于两种力量:一是来自于民间的保护,如专家、学者、高等院校等自发的努力;二是来自于大众的力量,即民众集体尤其是基层人民对于文化遗产的保护。我们之所以这样分层讨论,是因为我们认为来自于不同主体的力量在应然层面上应当呈出良性互动的状态,但是在现实层面上,还有很长的路要走。在我国的实践中,各种力量在文化遗产保护中究竟呈现何种格局,我们应当怎样来构建国家与民间良性的互动关系,是我们所重点关注的内容。

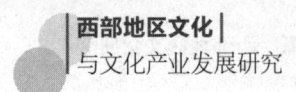

一、我国国家保护文化遗产的实践与经验

我国在文化遗产的保护实践上，主要包括两个方面：一是规则的确立，二是政府的保护计划以及实施。需要说明的是，"规则"的涵盖面广于"以立法的方式确立的规则"。我国《立法法》规定："法律、行政法规、地方性法规、自治条例和单行条例的制定、修改和废止，适用本法"，"国务院部门规章和地方政府规章的制定、修改和废止，依照本法的有关规定执行"。也就是说，《立法法》并没有涉及政府所制定的所有政策，如行政规范性文件等。而事实上，我国文化遗产的国家保护在相当程度上是依靠非立法性质的政策进行的，尤其是对于统一保护立法尚属空白的非物质文化遗产而言更是如此，在没有统一立法的情况下，除了一些地方进行了地方性立法外，政府的非物质文化遗产保护实践所依据的多是政府的规范性文件，如各种意见、通知以及办法等。鉴于此，我们不用"立法保护"这样狭隘的表达，而采用"政策的确立"这样的用语，因此我们下文的分析，也不严格区分政策的性质，而是从功能上进行分析，主要看其达到了什么效果以及有无改进之处。至于政府的保护计划及实施，主要是指政府对文化遗产尤其是非物质文化遗产的抢救和保护工程计划及其实施状况，主要体现政府依据文化遗产保护政策而付诸的实际行动。我们认为，无论是政策的确立还是政府的实施行为，都属于广义上的国家保护文化遗产的实践。

（一）政府保护文化遗产的计划及实施状况

在文化遗产保护政策的引导下，政府成为保护文化遗产的主导力量。这种力量主要体现在政府对重要文化遗产的确认以及实施保护上。我国《文物保护法》将文物进行了分级，而具体的落实工作由各级政府来承担。到目前为止，国家文物局已经先后公布了六批国家重点文物保护单位、三批历史文化名城以及两批历史文化名镇（村）。相较于非物质文化遗产的保护而言，我国对文物进行保护的历史相对较长，政府保护工作的开展也比较有序，加上保护工作的核心是静态性保存，因此难度也相对较小。

文物的保护并非政府公布几批文物保护单位就能达到。文物保护单位的公示只是保护的基础，它有利于使政府明确目标以及引起人们的重视。但是，政府在对文物进行持续性保护的工作中并不一帆风顺。尤其令人担忧的是,在文物的经营方面所存在的问题与我国文物事业存在的其他问题,如盗墓与走私文物现象的存在、文物流通秩序混乱、重大项目决策程序不够完善以及专业人才缺乏等相比,更应当引起我们的重视和关注。文物开发利用过度的现象使得文物遭到严重的破坏,尤其是在整个社会进行经济建设的影响下,"一些地方擅自改变文物保护单位的管理体制,将本应由政府实施管理的文物保护单位转移到企业进行开发经营,甚至向国内外进行招标承包,从而造成了一些影响恶劣的文物损毁事故"。有人指出要警惕文物保护的四个倾向,即文物价值经济化、文物工作产业化、文物管理市场化以及文物产权国际化。

我们认为,在这些倾向的背后,其实是文物的保护与开发经营的关系没有得到很好的认识和处理。我们认为,对文物经营的监管应当构成政府对文物的保护计划及相关保护工程的重要部分,政府应当首先对文物本身的保护与经营形成正确的认识。文物本身并非商品,文物业有其自身的运作规律,因此必须严格区分文物业与旅游业等商业性运作行业的关系。由于文物业中有可以进行商业运作的部分,并且恰当地商业性运作能够缓解文物保护资金短缺和紧张的问题,因此在文物业中并不是绝对排斥商业性和产业性的行为,而是可以考虑适当运用。无论文物以哪一种方式进行经营,都应当注意两点:第一,由于文化遗产价值与意义的社会性,政府主管部门在对文物确定经营保护方案时,应当遵循公开和公示原则,应当允许社会意见的介入;第二,无论采用何种灵活经营的方式,政府主管机关都应当对文物的保护工作加以持续与有效的监管,并承担相应的责任。绝不能允许政府主管部门"以利为本"去经营或交由公司企业经营文物,舍本逐末的行为以及怠于管理的行为都是主管部门没有尽职的表现,应当承担相应的责任。

相比文物这种有形文化遗产,我国政府对非物质文化遗产的保护面临着更多的困难和尴尬,因此,政府对非物质文化遗产的保护计划及其实施情况也自然成为我们重点关注的对象。根据国家对非物质文化遗产保护的精神和指导性意见,我国政府于2003年1月20日启动了中国民族民间文化遗产保护工程,主要由文化部负责。

由文化部实施的中国民族民间文化遗产保护工程,通过建立遗产代表作名录、遗产传承人和文化生态保护区等方式,对我国浩如烟海的民族民间文化遗产尤其是濒危遗产展开抢救和保护。从 2003 年开始,这一工程着手全国民族民间文化资源的普查和工程开展实施试点,在以往工作的基础上,进一步摸清家底,分门别类,建立我国民族民间文化资源档案库。其坚持"保护为主、抢救第一、加强管理、科学弘扬"的方针,按照政府主导、社会参与、长远规划、分步实施、明确职责、形成合力的原则,坚持立法保护与政策保障相结合,政府保护和民间保护相结合,财政投入与社会资金相结合。

中国民族民间文化遗产保护工程计划从 2004 年实施到 2020 年,其保护对象是:珍贵、濒危的并具有历史价值的民族民间传统文化,包括传统的口述文学和语言文字;传统的戏剧、曲艺、音乐、舞蹈、美术、杂技等;传统的工艺美术和制作技艺;传统的礼仪、节日、庆典和体育活动等。此外,还包括与上述各项相关的代表性原始资料、实物和场所以及其他需要保护的特殊对象等。文化部、财政部下发通知明确指出"保护民族民间文化遗产,是各级政府的重要职责",要求各级政府不仅要落实资金,还要组织力量,统筹规划,加强指导;要调动社会各方面积极性,吸引社会的广泛参与,共同搞好工程建设。通知同时要求,地方各级财政部门要将民族民间文化保护工程纳入财政预算,给予经费保障。各地要因地制宜,成立相应的组织领导和工作机构,负责组织、协调和具体实施这一工程。

2005 年 12 月 31 日,第一批中国非物质文化遗产推荐名录由文化部公布,这表明文化部的民间文化保护工程已经逐渐步入正轨。在该工程的带动下,各级政府与民众对非物质文化遗产的保护意识得到了加强,在政府的推动和主导之下,全民参与进来重视非物质文化遗产,非物质文化遗产的保护和抢救工作取得初步成效。

文化部的遗产保护工程对于非物质文化遗产的保护在起到了雪中送炭的作用,尤其对于我国有着丰富非物质文化遗产资源的西部,特别是毗连区而言,其经济相对落后,民众的基本物质生活需求尚不能得到满足,要腾出精力和经费来保护非物质文化遗产是非常困难的。而保护工程的专项资金为重要的非物质文化的保护和抢救给予了重要的支持。我们也看到,目前的保护工作不能从根本上解决非物质文化遗产保护问题,政府的保护工程遇到许多困惑和尴尬,尤其是在经济欠发达、社会各个层面正在转型的我国西部地区,这种困难和尴尬表现得尤为突出。

宁蒙陕甘四省(区)毗连区蕴含着丰富的非物质文化遗产,是我国非物质文化遗产的重点保护地区之一。经过考察我们发现,对于拥有许多非物质文化遗产的毗连区人民而言,被政府视为只有宝贵文化价值的非物质文化遗产却被视为落后的表现,相比流行、时尚的外来文化,却对自己"落后"的文化而不知所措。在这种情况下,政府和非物质文化遗产的拥有者之间往往形成一种深刻的矛盾:政府和外界群体大力呼吁保护非物质文化遗产,希望非物质文化遗产的创造者和拥有者能够传承、发展珍贵的非物质文化遗产,保护我国璀璨的民族多元文化;而作为非物质文化拥有者来说,却往往正在努力靠近现代流行的文化,并渴望成为现代流行文化群体的成员。其实,保护非物质文化遗产的根本目的在于维系民族认同,增强民族自尊心和自豪感,并且为世界多元文化作出贡献。也就是说,非物质文化遗产的保护工作是否取得实质性的成功,很大程度上依赖于非物质文化遗产对民众生活所产生的影响力大小的考察和衡量结果。只有非物质文化遗产仍与民众的生活与生产相连,为民众内心所认同和依赖,才可以说非物质文化遗产的保护取得了成功。而目前政府与民众的这种错位和尴尬的关系,使得即便是政府启动如此浩大的非物质文化遗产保护工程,仍旧离我们的初衷很远。用"标"和"本"的关系来形容的话,政府工程在"标"上可谓下足了功夫,但是"本"的意义仍未得到从根本上体现出非物质文化遗产本来属性。

从一定程度上来说,非物质文化遗产保护工作所反映出来的尴尬与问题,其实是我国目前整个社会在转型时期所没有解决的问题。在社会转型过程中,社会的分层结构发生越来越剧烈的变化,社会心理和社会秩序的既有稳定性被打破,但是新的结构尚未形成,"旧"的格局还在发挥作用,而"新"又不知在何方。非物质文化遗产中很大一部分属于乡村文化,以乡村生活、生产方式为意义与价值的供给来源,乡村生活是这些非物质文化遗产得以鲜活下去的基础。然而,在目前城乡二元结构的社会现实中,乡村文化正在面临前所未有的冲击。

"农民工进城"的普遍性"成为以乡村生活为背景的非物质文化遗产的传承和发展人群面临前所未有的困境"。其实,"农民工进城"这种表达本身就已经说明"农民工"与"城"之间是有严格边界的,否则怎么会是"进"呢？但是,为什么农民工即使"进"了"城",其仍不被城市文化认同因而其身份仍是在"城"外,我们认为根本原因在于文化体系的差异。农民工不属于城市文化体系,而是属于乡村文化体系,即使是抓住了"发达"的机会,能在物质上与"城市人"同等水平,但是,其内心也很难获得文化认同感和归属感。我们认为,正是在这个意义上,保护非物质文化遗产的意义不仅在于民族的文化认同,还在于群体认同。在这样的情况下,一方面非物质文化遗产具有非常重大的价值与意义,另一方面它们的价值和意义在现代转型社会中尚没有得到发挥。于是,非物质文化遗产保护所要解决的关键问题得以呈现,那就是如何让民众内心认识到非物质文化遗产对于自身的重要性并基于认同和热爱去传承和发展它。

非物质文化遗产的保护问题并非是就遗产本身来谈保护的简单问题,由于其保护的核心在于"人",人与社会紧密相连,因此,社会的问题就与非物质文化遗产的保护发生了纠葛不清的关系。对于毗连区来说,其丰富的非物质文化遗产相当大的一部分都以乡村文化为基础,是非物质文化遗产得以存续的关键所在,这里就有一个如何对待乡村文化的问题。如果乡村振兴能够真正得以"振兴",农民能够留在自己的文化圈里,无论是基于自发还是自觉,在基本满足物质需求后,能够有精力、热情和物质基础去传承和发展非物质文化,那么,非物质文化遗产有望得到较好的保护和发展。以目前乡村文化发展的趋势看,以乡村文化为根基的非物质文化遗产一旦失去乡村生活和生产的根基,"皮之不存,毛将焉附",非物质文化遗产怎能得到根本性意义上的保护和发展。

政府的文化保护工作除了面临上述困境之外,还面临的一个困惑就是非物质文化遗产的开发和经营的问题。非物质文化遗产的根本价值在于其精神价值,但是随着政府与社会的普遍重视,非物质文化遗产成了重要的资源,其创造了许多利益点,这可以为民众带来经济财富。但是,非物质文化遗产作为一种社会性的精神资源,其运行的规律毕竟不同于商业规律,而其一旦被卷入到商业中去,商业的特性与非物质文化遗产的内核就会产生许多不和谐之处,这会极大损害非物质文化遗产的原真性,而原真性恰恰是在保护非物质文化遗产工作中最为关注的。非物质文化遗产的保护不仅要保护与其相关的实物,更为关键的是保护拥有者,而实物的保护需要充足的资金,对拥有者的保护需要满足他们日益增长的各种需要。如果说实物的保存可以在一定程度上实现,那么人的改变却无法阻挡,他们对文化遗产的认识、利用的方式和目的均在商品经济时代背景下发生了剧烈的改变。在这种情况下,依赖于他们的非物质文化遗产也面临着改变的命运。因此,在非物质文化遗产的保护和改变之间,存在着一种深层的难以解决的尴尬。

综上所述,我们认为,政府的民族民间文化遗产保护工程虽然在现阶段起到了较为明显的作用,但是还需要不断完善和优化。"工程"也好,"运动"也罢,总是有结束的时候,但是,非物质文化遗产的保护始终是要永续下去。要让非物质文化遗产获得永续性的保护,从根本上讲,关键在于民众内心对文化遗产本身的认同、欣赏并且引以为豪。而认同、欣赏并且引以为豪的基础是民众对既有生活和文化有较高的满意程度。政府的保护工程可以引导民众认识自己的文化重要性,但是却不能确保民众的满意程度。因此,政府在非物质文化遗产保护工作中不仅要注重保护,还要注重非物质文化遗产得到长久生存发展。

(二)国内外文化遗产保护对毗连区文化圈建设的启示

1. 欧美国家的文化遗产保护实践经验对我国的启示

欧美国家正是通过对文化遗产的保护构建起文化圈的发展模式,这些发展模式对毗连区文化圈建设具有极强的借鉴意义:

第一,重视对文化遗产的保护也就构建起文化圈。实践中,欧美国家的文化遗产概念,包括物质和非物质文化遗产,并在立法中采用抽象概括的文化遗产、物质文化遗产、非物质文化遗产定义,结合必要的具体类型列举实例。

第二,在文化遗产的保护哲学、保护指导思想的定位方面,不再追求主观臆测的修复,而是以保存和维护为主,但对于最重要的文化遗产可以予以适当合理、必要的修复。提倡综合性保护,在综合性保护的基础上可以进行必要的利用,但必须通过相应的评估和行政许可。

第三，应遵循综合保护和整体保护的原则。就非物质文化的保护而言，既要保护非物质文化本身，也要保护它的生命之源；保护非物质文化遗产的整体性原则，不仅表现在空间向度上，也表现在时间向度上；既要重视非物质文化的价值观，又不能忽视其背景和环境；在具体操作过程中要整合和协调各方面的利益诉求；处理好非物质文化遗产的创造者、拥有者和保护者之间的利害关系；尊重文化共享的价值认同和文化认同。

第四，把文化遗产保护的任务列入城镇开发规划中，兼顾保护与开发。树立预防性保护意识，制定明确保护措施和步骤，并建立相应的制度以确保实施得到执行；在城镇规划过程中，尊重历史，尊重相关方面专家的意见。

第五，在具体保护措施方面，全面建立保护与保存目录制度、财政税收支持制度、行政和刑事责任制度、专门性的独立的公共和私人的保护、科研机构制度、完整的文化遗产保护相关职业教育和培训制度。

2. 我国保护文化遗产的经验总结

第一，保护文化遗产的目的在于让文化遗产所具有的价值惠及民众，因此在文化遗产的保存工作中尤其关注民众的可接受程度。对于物质文化遗产的修缮、迁移、重建等涉及文化遗产原状的重大事项，应当尊重民众的意见。

第二，基于近年来文物的经营和管理秩序的现状，政府主管部门在允许范围内对文物实施灵活管理时，尤其应当加强文物保护和经营的持续性和有效性监管，必要时基于重大事项还应当允许民众意见表达。

第三，文化遗产保护是社会性的事业，但是文化遗产的保护在某些时候涉及个人权利的保护问题，尤其是在文化遗产的所有权属于个人时，我们认为政府应当给予必要的补偿，实行一定的补助措施。

对于非物质文化遗产的国家保护而言，其所遇到的困惑相比物质文化遗产的保护就要复杂得多，这根源于非物质文化遗产的特殊性，其中最根本的特殊性是非物质文化遗产与"人"紧密相连，而"人"的复杂性只要进入到非物质文化遗产的保护层面，会变得更为复杂。就国家对非物质文化遗产的保护而言，尽管存在经费紧张、普查困难等一系列问题，但是最为深层的问题在于时代的发展和外来文化的冲击，拥有非物质文化遗产的民众在对待非物质文化遗产的心态上与政府的要求和目标有较大差距。时代的发展使得民众有着比保护、传承非物质文化遗产更为现实的追求，外来文化尤其是流行、时尚文化的影响使得民众在面对自己的文化时变得彷徨和无所适从，甚至在文化跟随上出现了动摇，而这并非是政府能够强行左右的。因此，政府在除了以保护工程这种形式来引导外，还可以考虑更为直接和更为长远的方式来进行：一是鼓励民间保护。政府在确认并保护非物质文化遗产时，尤其应当积极引导民众群体的保护力量。适当地鼓励和组织一些民间群体，并在利益分配上适当倾斜，使非物质遗产拥有者切身感到政府和社会的关注。二是政府在进行自上而下的保护工作时，应当保证使当地民众参与政府的保护工作。民众的参与一方面有利于提高和强化其保护意识，有利于其认同自身的社会角色，从而激发自豪感和责任感，另一方面有利于提高民众的物质生活水平以及生活质量。三是国家在立法上应当积极进行引导。相比政府的保护工程以及相关的保护政策，立法具有相对的稳定性，可以为人们提供更为长远的预期要求。除了在政府职责、保护措施、政策优惠等方面以立法确认之外，还可以知识产权为标志的私权利的完善更能激发民众内心的积极性。当民众意识到自己拥有的非物质文化遗产能够为自己带来法律上认可的利益时，这不仅意味着物质上的受益，还意味着自己的文化受到了尊重，从而自身也得到了肯定。如果立法上确认了民众在非物质文化遗产上相关的财产权利和人身权利并且引导和鼓励民众进行运用，那么作为非物质文化遗产拥有者的民众的保护、传承和发展的热情将会倍加高涨。

二、我国民间保护文化遗产的实践与经验

我国民间对文化遗产的保护一直都没有停止过，尤其是一些学者、科研院所以及学术、艺术团体等文化界一直关注对文化遗产的研究与考察，不仅在社会上起到了呼吁和号召的作用，也是推动和配合国家保护工作开展的重要力量。在全社会对文化遗产进行保护的大环境下，大众也有一些组织起来自觉保护文化遗产的行动，尽管力量比较微薄，但是却代表着一种保护非物质遗产的新动向。我们在此以个案为分析对象，对我国民间保护文化遗产的力量进行分析与解读。

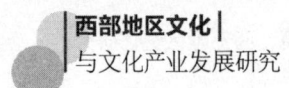

(一)我国民间保护文化遗产的实践

1. 物质文化遗产的民间保护

对于我国文化遗产中以文物为代表的有形文化遗产而言,由于绝大多数为国有,因此政府作为国家的代表,理所当然地肩负起保护的主要职责。但是,我国历史悠久,拥有的文物不计其数,国家的人力、财力和物力都相当有限,尤其对于毗连区这样经济欠发达地区的政府而言,文物的保护更是成为政府财政的一个沉重负担。因此,单凭靠国家的力量来加以收藏、保护和管理并不能满足文物保护的现实需求,这样民间保护力量就成为文物保护的重要途径之一。但是需要特别说明的是,我们必须首先区分这样两个不同的概念,即"文物的民间保护"和"民间文物的保护",这二者有着非常大的差别:"文物的民间保护"包括了"民间文物的民间保护"和"国家文物的民间保护"。按照我国文物保护法的规定,属于集体所有和私人所有的纪念建筑物、古建筑和祖传文物以及依法取得的其他文物,其所有权受法律保护。从这个意义上说,"民间文物的保护"其实包含了"民间文物的国家保护"和"民间文物的民间保护"两个层面。因此"文物的民间保护"和"民间文物的保护"两者之间有重合的内容,而对于"文物的民间保护"和"民间文物的保护"两个概念而言,后者是包含于前者的。我们这里讨论我国物质文化遗产的民间保护,所以我们将分别讨论"民间文物的民间保护"和"国家文物的民间保护"。

2. 非物质文化遗产的民间保护

这里说的"保护"是广义上的保护,不仅指保存,还包括传承、创新、开发以及利用。"保存"让非物质文化遗产具备了存续的基础和前提,"传承"是非物质文化遗产得以永续的保证,而"创新、开发以及利用"是非物质文化遗产在时代的发展中不断得以延续活力的方式。国家由于具备资金和技术的力量,对于非物质文化遗产的保护工作主要是以记录的方式将其"保存",而对于非物质文化遗产的传承、创新等方面,由于非物质文化遗产的大众性特征,民间力量应当占主要地位,也就是说,非物质文化遗产得以永续的基础在于民众的传承和发展。因此,从这个意义上说,民间保护可以说是非物质文化遗产保护的主要力量。

非物质文化遗产民间保护的实践主要来自于两种力量:一是专家、学者、科研院所以学术团体等知识精英的力量;二是普通民众的自发性力量。专家学者除了参与非物质文化遗产的国家保护实践以外,还以自己的方式实施着非物质文化遗产保护的民间性实践。其中,"中国民间文化遗产抢救工程"是一个知识与文化精英进行保护非物质文化遗产实践的典型代表。

从本质上讲,"中国民间文化遗产抢救工程"不是一个纯民间性质的保护非物质文化遗产的组织,因为其主办单位不仅有政府主管机关,甚至其经费主要来源于国家立项拨款、地方财政拨款,社会赞助部分。但是,我们仍将其列入非物质文化遗产的民间保护的内容进行分析,理由在于,在这个工程中,专家学者发挥了巨大的作用,其所扮演的角色不是传统意义上的在政府工作中的参与与建议,而是直接的介入。其中,以冯骥才为代表的民间文艺家协会发出"抢救民间文化遗产呼吁书",号召全社会都来关注和保护非物质文化遗产最为典型。在整个工程的实施中,由于专家学者的不懈努力,这个工程不仅影响了整个社会,也带动了政府对于非物质文化遗产的进一步关注,推动了文化部启动中国民族民间文化遗产保护工程。

(二)民间保护文化遗产的经验总结

通过对有形文化遗产和无形文化遗产的民间保护实践的介绍与分析得出以下几点经验:

第一,民间的保护力量对于我国文化遗产的保护而言,是一种不可估量、与国家保护力量平行的重要力量。保护文化遗产的根本性价值在于让历史得以延续,让社会和人民能够持续地享有文化遗产所具有的精神财富,因此,民间的保护实践无论是从文化遗产本身的保护角度,还是从人民的精神体验的角度而言,都是相当有益的。因此,国家以扶持和鼓励的角度来对待民间对文化遗产保护的实践应该是适宜的选择。并且,在必要的时候,国家可以将民间力量和国家力量进行一定的整合,将民间力量融入到国家力量中去,给予民间力量更为宽广的实践舞台。

第二,民间的文化遗产保护实践可能并非出于单一性的保护动机,其他的逐利性动机在民间客观存在。尤其是对于经济收入水平在整个社会中处于劣势的人们而言,物质性的回报是受到人们高度关注的内容。我们认为,衡量民间的实践是否具有保护文化遗产的正当性,关键在于关注该实践是否在客观上起到了保护文化遗产、加强了对社会的正面影响力的效果。文化遗产的经营本身无可厚非,应当讨论并且应当予以高度关注的是具体的经营方式的问题,适宜的经营方式不仅要考虑文化遗产本身可以承载的利用程度,更应当考虑社会和民众的心理可接受程度。一项实践通常具有多重目的和多重效果,民间保护非物质文化遗产的实践也是如此。

第三,既然民间的实践可能具有多重动机,并且实践方式多样,那么政府除了鼓励和扶持之外,还应当进行必要的引导和规范。不仅目前文物市场一定程度上的混乱和无序需要国家进行必要的整顿,民间对非物质文化遗产的开发和利用方式也应当进行规范。一定程度的政府介入能够帮助民间保护文化遗产的实践朝着良性的方向发展,从而更好地开展保护实践。

总之,总结和介绍国内外物质遗产和非物质遗产的保护历程,目的就是将宁蒙陕甘四省(区)的现有物质遗产和非物质遗产整合起来,形成文化圈,探索"在保护中使用、在使用中保护"的有效机制。如果没有文化资源作为基础,任何文化圈都不可能建立。如何有效保护文化资源,形成可持续发展的文化圈?就要依靠政府和民众共同参与完成。那么,两种力量应当怎样进行配合呢?我们认为,制定相应的制度,形成相应的规则是对物质遗产和非物质遗产的最好保护。制定制度、确立规则包含两层意义:一是为了规范政府的相关行为,主要包括对政府本身负有的保护文化遗产的职责的规定,对民众在政府的保护工作中可参与的途径以及相关程序的规定等;二是为了引导和规范民众的实践行为,既包括对民间经营文化遗产的方式、行为限度、实际效果的要求等的规定,也包括对政府介入民间实践的方式、程序以及程度等的规定。也就是说,无论是对于国家还是对于民众,规则都是一个较为稳定的衡量标准,既可用以衡量对方的行为,更可以衡量自身。尤其是对于民众而言,规则使其在文化遗产的保护和利用方面争取自身权利的根本性武器。我们认为,只有形成良好的政府、民众互动的保护环境,使文化资源得到有序开发和管护,文化圈才能够得到整个社会的认同,才能不断培养广大民众热爱文化资源,自觉保护文化资源,毗连区的文化圈才能逐步建立起来。

第三章 宁蒙陕甘四省(区)毗连区文化圈建设成就

第一节 宁蒙陕甘四省(区)毗连区文化圈建设的变迁

一、地理环境对毗连区文化圈形成的影响

(一)毗连区人口、面积、行政区划

宁蒙陕甘四省(区)毗连区位于北纬 34°～43°，东经 97°～113°之间。处于黄河中上游，黄土高原腹地，巴丹吉林沙漠、腾格里沙漠、毛乌素沙地包围其间。其中，形成了多处缓坡平原地带，连片可耕地达 5000 万亩以上，是我国目前最大的可开发土地资源集中分布地区。

毗连区包括宁夏回族自治区的银川市、石嘴山市、吴忠市、固原市、中卫市；内蒙古自治区的鄂尔多斯市、阿拉善盟、乌海市；陕西省的延安市、榆林市；甘肃省的平凉市、庆阳市、武威市。为了进一步说明宁蒙陕甘四省(区)毗连区社会、经济、文化、自然资源以及生态环境保护的状况，探索这一区域生态文明建设的重要性，我们将具有同质发展状态的内蒙古巴彦淖尔市、包头市，甘肃的金昌市、白银市放到毗连区内一并考察，使毗连区形成整体性、聚集性的特点。这样，宁蒙陕甘四省(区)毗连区就扩大为 17 个地级市(其中:2 个县级市,28 个区,57 个县,16 个旗)，总面积 70.17 万平方公里，总人口 2828.23 万以上；分别占国土面积的 7.4%，总人口的 2.1%。(见表 3-1)

表3-1 宁蒙陕甘四省(区)毗连区人口、面积、行政区划

省区	地级市	县级(个)					常住人口（万人）	面积（万平方千米）	人口密度（人/平方千米）
		县	旗	市	区	小计			
宁夏回族自治区	银川市	2		1	3	6	217.18	0.95	186.1
	石嘴山市	1			2	3	75.9	0.47	159.5
	吴忠市	2		1	2	5	143.7	2.02	69.8
	固原市	4			1	5	154.19	1.44	104.9
	中卫市	2			1	3	112.48	1.7	66.6
内蒙古自治区	鄂尔多斯市		7		1	8	201.75	8.7	19.3
	阿拉善盟		3			3	23.85	27	0.96
	包头市	1	2		6	9	276.6	2.78	93.1
	巴彦淖尔市	2	4		1	7	167.1	6.65	24.23
	乌海市				3	3	55.31	0.18	278.8
陕西省	延安市	12			1	13	220.61	3.7	59.6
	榆林市	11			1	12	335.69*	4.4	76.67
甘肃省	金昌市	1			1	2	46.74*	0.89	51.8
	白银市	3			2	5	185.5	2.21	80.2
	武威市	3			1	4	181.02	3.3	57.5
	平凉市	6			1	7	208.67	1.1	205.2
	庆阳市	7			1	8	221.84*	2.7	93.8
合计	17	57	16	2	28	103	2828.23	70.19	95.77

资料来源：中华人民共和国行政区划简册(2006)，测绘出版社2007年版。人口依据2016年毗连区各市县国民经济和社会发展公报整理得来，其中带*形符号为2014年人口数据。

(二)历史沿革

宁蒙陕甘四省(区)毗连区早在3万年前就有人类居住和活动，留下了大量的史前文化和遗迹，如驰名中外的水洞沟遗址、华夏始祖轩辕陵墓等。秦汉时

期,先后在这一区域设置上郡、朔方郡、安定郡、陇右郡等,是著名的丝绸之路必经之地。魏晋南北朝时期,这一区域先后为匈奴、羌等所占据,建有著名的凉国、大夏国等。唐朝末年至宋一代,毗连区的绝大部分为党项羌人建立的西夏国所占领,其中,宁夏回族自治区的银川市曾是西夏国的都城。元朝时期,这一区域成为蒙古人西征的后勤保障线,河套平原在秦、汉、唐时期大规模开发基础上得到进一步扩大,形成今天的西套(银川平原)、前套(由内蒙古狼山、大青山以南的后套平原和土默特平原组成),成为我国最大的河套平原。明清以后,这一区域设置府县建制,管辖区域基本固定下来;鄂尔多斯、巴彦淖尔为蒙古王公所管辖。民国以后,这一区域为陕西、甘肃、宁夏、绥远(今内蒙古的巴彦淖尔、包头等地组成)管辖。中华人民共和国成立后,毗连区内除陕西的延安、榆林外,宁夏、甘肃、内蒙古的建制多次变迁,直到改革开放以后才形成现在的管辖格局。

(三)自然条件

1. 地貌

宁蒙陕甘四省(区)地处我国地质、地貌"南北中轴"的北段,在华北台地、阿拉善台地与祁连山褶皱之间。高原与山地交错带,大地构造复杂。从西面、北面至东面,有巴丹吉林沙漠、腾格里沙漠和毛乌素沙漠相围,南面与黄土高原相连。地形错落无序,地势南高北低,西部高差较大,东部起伏较缓。地貌复杂,山地迭起,盆地错落,大体可分为:南部为黄土高原、沟壑纵横,有大片的地势较为缓和的塬和坡;东部为鄂尔多斯台地,形成面积较为集中的荒原;中部为黄河冲积平原,形成一望无垠的河套平原;北部为沙漠荒原,沙丘相连,绿洲遍布其间。祁连山、六盘山、罗山、贺兰山等遥相呼应,构成地势上的制高点,平均海拔1000~2000米以上。按地表特征,还可分为南部暖温带黄土丘陵地带,中部中温带半荒漠地带和北部中温带荒漠地带。全区域从南向北呈现出由流水地貌向风蚀地貌过渡的特征。

2. 气候及降水

表3-2 宁蒙陕甘四省(区)毗连区气候、降水情况

省区	地级市	气候特征	降水(年/平均)
宁夏回族自治区	银川市	典型的中温带大陆性气候。四季分明,春迟夏短,秋早冬长,昼夜温差大,气候干燥,风大沙多等。年平均气温8.5℃左右,年平均日照时数2800~3000小时,是中国太阳辐射和日照时数最多的地区之一。	年平均降水量200毫米左右,无霜期185天左右。蒸发量达2000毫米以上。
	石嘴山市	典型的温带大陆性半干旱气候,全年日照充足,降水量集中,蒸发强烈,空气干燥,温差较大,无霜期短。夏热而短促,春暖而多风,秋凉而短早,冬寒而漫长。年平均气温8.4~9.9℃。年最低平均气温-19.4~23.2℃,年最高平均气温32.4~36.1℃。	年平均降水量分布较为均匀,全市年平均降水量在167.5~188.8毫米。年蒸发量在1708.7~2512.6毫米,是降水量的10~14倍,处于干旱半干旱地区。
	吴忠市	属温带大陆性半干旱气候,冬无严寒,夏无酷暑,年降水量在260.7毫米,年蒸发量在2018毫米,平均气温9.4℃。四季分明,日照充足,蒸发强烈,雨雪稀少,昼夜温差大,全年日照2955小时,无霜期163天,是全国太阳辐射最充足的地区之一,特别适宜农作物及瓜果生长。	年平均降水量200毫米左右,无霜期185天左右。蒸发量达2000毫米以上。
	固原市	温带半温湿区至温带半干旱区气候。年平均气温5~7℃,年平均日照时数为2200~2700小时,冬无严寒,夏无酷暑。春季大风、扬沙天气频繁发生,干旱、低温冻害等气象灾害相继发生,冬季干暖现象十分明显。	降雨量260~820毫米,夏季局地冰雹等强对流天气较多,秋季干暖降水偏少,年均降水极不均等。
	中卫市	典型的大陆性半干旱季风气候和沙漠气候。春暖迟、秋凉早、夏热短、冬寒长,风大沙多,干旱少雨。年平均气温在7.3~9.5℃之间,年均无霜期159~169天,全年日照时数2800小时。	年均降水量179.6~367.4毫米,年蒸发量1829.6~1947.1毫米。

续表

省区	地级市	气候特征	降水（年/平均）
内蒙古自治区	鄂尔多斯市	典型的温带大陆性气候。年日照时间为2716.4~3193.9小时。年平均气温在5.3~8.7℃，全年气温日差为11~15℃，年差为45~50℃。	东部地区降水量为300~400毫米，西部地区降水量为190~350毫米，全年降水集中在7、9月。蒸发量大，年蒸发量为2000~3000毫米。
	阿拉善盟	典型大陆性沙漠性气候。风大沙多，冬寒夏热，四季气候特征明显，昼夜温差大。年均温气6~8.5℃，年平均无霜期130~165天。年日照时数达2600~3500小时，年太阳总辐射量147~165千卡/平方厘米。多西北风，平均风速2.9~5米/秒，年均风日70天左右。	干旱少雨，由于受东南季风影响，雨季多集中在7、8、9月。降雨量从东南部的200多毫米，向西北部递减至40毫米以下；而蒸发量则由东南部的2400毫米向西北部递增到4200毫米。
	包头市	半干旱中温带大陆性季风气候。年均气温8.5℃，年最低气温−27.6℃，年最高气温35.5℃，年最大风速11.0米/秒，平均风速1.8米/秒，年日照时数2806小时，年平均相对湿度52%。	年降水总量262.9毫米，年平均蒸发量却高达2032~3000毫米，普遍大于降水量的10倍以上。
	巴彦淖尔市	中温带大陆性季风气候。光照充足，热量丰富；风大沙多，温差大，四季分明。年平均气温3.7~7.6℃，一年之中，年平均日照时数为3110~3300小时之间，是我国光能资源最丰富的地区之一。地处西风带，风速较大，风期较长，是冬春季节的主要气候特征之一，年平均风速2.5~3.4米/秒，年最大风速18~40米/秒。	降水量少，蒸发量大，无霜期短，平均无霜期为126天。年平均降水量188毫米，雨量多集中于夏季的7、8月份，占全年降水量的60%左右。冬春两季雨雪稀少，只占全年降水量的10%左右。年平均蒸发量高达2032~3179毫米，大于降水量的10倍。
	乌海市	典型的温带大陆性气候，全年日照充足，降水量集中，蒸发强烈，空气干燥，温差较大，无霜期短。夏热而短促，春暖而多风，秋凉而短早，冬寒而漫长。年平均气温8.4~9.9℃。年最低平均气温−19.4~23.2℃，年最高平均气温32.4~36.1℃。	年平均降水量分布较为均匀，全市年平均降水量在167.5~188.8毫米。年蒸发量在1708.7~2512.6毫米，是降水量的10~14倍，呈现出干旱半干旱的降水特征。

续表

省区	地级市	气候特征	降水(年/平均)
陕西省	延安市	典型的大陆性温带半干旱气候。四季分明、日照充足、昼夜温差大,年均气温7.7~10.6℃,年均日照数2300~2700小时,是我国光能资源最丰富的地区之一。	年均无霜期170天,年均降水量500毫米左右。
	榆林市	暖温带和温带半干旱大陆性季风气候。年平均气温10℃,气象灾害较多,几乎每年都有不同程度的干旱、霜冻、暴雨、大风、冰雹等灾害发生,尤以干旱、冰雹和霜冻危害严重。	年平均降水量400毫米左右,无霜期150天左右。
甘肃省	金昌市	大陆性沙漠干旱气候为主和南部祁连山高寒气候为辅的特征。地理位置及其他地形地貌较为复杂,南北海拔差达3000多米,气候差异较大。金昌属多日照区,光能资源充足。年均日照时数达2963小时,光资源利用条件优越。	自然降水由东北向西南递增。北部市区平均降水量为119.5毫米,南部高山区年平均降水为300毫米以上,一年中降水多集中在6~8月,占全年的65%,无霜期为135~175天。
	白银市	干旱半干旱性季风气候。年日照时数2500~2800小时。年平均气温为0~10℃,冬夏温差较大。年际温差在30℃左右。	年降水量176~498毫米之间,分布不均匀,北低南高,无霜期169~220天。
	武威市	典型的大陆性气候。年平均气温7.8℃,极端气温最高36.6℃,最低-29.8℃。日照时间长,年均日照时数2200~3030小时。	降水量60~610毫米,蒸发量1400~3010毫米,无霜期85~165天。
	平凉市	半干旱、半湿润的大陆性气候。年均气温8.5℃,全年大部分时间受高空西风环流影响,平均风速2.16米/秒(2级),多年平均出现最大风速17米/秒(8级)9次,年内最多25次。秋冬季为西北风,春夏季多为东南风或东风。	降水量在450~700毫米之间。主要降水集中在7、8、9三个月。
	庆阳市	大陆性干旱半干旱气候。年均气温7~10℃,年日照2250~2600小时。	年均降雨480~660毫米,无霜期140~180天。

3. 植被及土壤

表3-3　宁蒙陕甘四省(区)毗连区植被及土壤状况

省区	地级市	植被	土壤
宁夏回族自治区	银川市	银川市植被以草原为主,主要树种有杨树、榆树、柳树、沙枣树、槐树、山杏树、油松等,森林覆盖率11.5%。贺兰山区有国家保护的珍稀动物32种,有野生药用植物40多种。	土壤类型有灰褐土、灰钙土、灌淤土、草甸土、盐土、湖土、白僵土、风沙土、堆垫土等9个土类,28个亚类,48个土属及500多个土种或变种。
	石嘴山市	野生植被主要有草甸植被,部分为荒漠草原植被和沙植被。	土壤类型以草甸土为主,并有灰钙土和风沙土,质地多为壤土及沙质土,土层深厚。
	吴忠市	主要以干草原、荒漠草原和草原化荒漠为主,是宁夏蒸发量最大的地带,地表径流少,地下水矿化度高,植被稀少,风沙、干旱严重。主要分布在吴忠平原的黄河灌区,以栽培大田粮油作物为主,主要农作物有小麦、水稻、玉米、大豆、胡麻、蓖麻、甜菜等,形成了稳定的平原农田生态系统。	属温带半干旱气候区,生物资源较丰富、区系成分复杂。山地、丘陵、洪积冲积平原、黄河冲积平原、风积沙地、黄河滩涂湿地等生境类型多样,具有较大的生物多样性潜力。
	固原市	主要以黄土丘陵为主,沟壑纵横,降雨量分布不均,南北气候差异较大,森林覆盖率为8.4%。林地面积比例大,林业发展空间广阔;有林地面积比例小,实施退耕还林工程建设质量高,效益明显;资源分布不均,有地域性。	土壤类型有黑垆土、黄绵土、红黏土、新积土、粗骨土、石质土、灰褐土、亚高山草甸土等8个土类。
	中卫市	以自然荒漠和荒漠天然植被为主,拥有大面积固定、半固定沙地,伴生着众多荒漠天然旱生植物,主要有花棒、柠条、沙柳、芨芨草、沙葱、甘草等56科264种。这些植物抗旱耐寒,不仅有极其重要的防风治沙作用和较好的食用药用价值,而且在荒漠生态系统的演化方面有着重要的科研价值。	地处腾格里沙漠东南前缘,为全国"三大风口"之一。年均起风时数达900小时,最大风力11级,风大沙多,气候干燥,为风沙危害严重地区

续表

省区	地级市	植被	土壤
内蒙古自治区	鄂尔多斯市	千百年来形成了生态环境脆弱局面,局部地区经过不断努力,生态环境有所改善。	以荒漠草原和鄂尔多斯盆地特有的红土沙地为主,境内天然碱、食盐、芒硝、石膏、石灰石、高岭土等资源也极为丰富。
	阿拉善盟	植被稀少,森林资源主要集中在贺兰山南麓,但矿产资源十分丰富。是我国主要的湖盐产地。被称为"黑宝石"的太西煤就产于这里。	典型的荒漠干旱地区。植被区系贫低,植物有旱生、超旱生和耐碱性的灌木、半灌木。但光、热、风能资源丰富,有利于农作物的生长和太阳能、风能的开发利用。
	包头市	以荒漠草原为主,森林面积较为集中,水资源主要依赖黄河水。	以山地和草原为主,山地占14.49%,丘陵草原占75.51%,平原占10%。
	巴彦淖尔市	以沙漠和荒漠草原为主,黄河流域最大的内陆湖——乌梁素海就在这里,使巴彦淖尔市耕地面积巨大,形成著名的"后套平原"。	以荒漠化草原和沙地为主,森林面积较少,多为针叶耐寒性松木为主。
	乌海市	属荒漠化草原向草原化荒漠过渡地带,生态脆弱,植被类型简单,平均覆盖率为25%,分布极不均匀。现已查明的野生植物69科,181属,279种。野生植物数量最大的是菊科,有20属,45种。	土壤为漠钙土,是荒漠区东部温暖而干旱气候条件下形成的一种荒漠土壤,土壤碱化程度广泛而强烈。土壤类型主要分布有灰漠土、棕钙土、栗钙土、风沙土、盐土等6个土类。
陕西省	延安市	该地区属暖温带阔叶林向属北部干旱大陆性气候向温带草原过渡地带,植被类型的过渡性较为明显:延安南部尚存部分天然次生林,延安北部则呈森林草原向典型草原过渡特征。	土壤以黄土母质上发育起来的肥力较差的黄绵土为主,占90%以上,地带性土壤为黑垆土,目前仅残存于崾岘、崩顶及塬面。
	榆林市	风蚀沙化和水土流失严重。中华人民共和国成立后,特别是改革开放以来,始终坚持"南治土、北治沙"的治理方针,经过半个多世纪的艰苦奋斗,初步形成了带、片、网相结合的防护林体系。	土壤以黄土母质上发育起来的肥力较差的黄绵土为主,水土流失严重。

续表

省区	地级市	植被	土壤
甘肃省	金昌市	地形以山地、平原为主,戈壁、绿洲、大漠东西展开,西南部祁连山冷龙岭及其支脉,终年积雪,山间分布天然森林,高山草甸,植被覆盖率达75%,中部祁连、大黄、武当、龙首山之间的绿洲,地势平坦,土地肥沃,是境内主要农作物种植区;东北部除宁远、双湾绿洲外,其余则为戈壁、沙丘、荒漠和半荒漠草原。	土壤类型有高山寒漠土,分布在海拔4000米以上的冷龙岭等高山地带。高山草甸土,分布在海拔3500~4000米的大乌龙沟等地;灰棕漠土分布在海拔1300~2400米处的红湾子等地。
	白银市	境内植被稀少,沙漠化严重。近年来经过不懈努力,全市已有林地面积144.24万亩,人工造林累计完成127万亩,退耕还林(还草)57.22万亩。林业生态建设取得极成效。2007年完成造林面积9.48万亩,封山育林面积10.43万亩。	地处陇西黄土高原、祁连山东延余脉与腾格里沙漠三大区域过渡地带。黄土高原、荒漠化草原、腾格里沙相互穿插交割,形成西北地区特有的土壤交错现象。
	武威市	耕地面积389万亩,经济林面积21万亩,林地面积490多万亩,森林覆盖率达11.48%,可利用天然草地面积3553万亩。土地资源未利用面积大,占武威市国土总面积的46.9%,独特的光热条件和土壤特性,使节水经济型农业开发前景广阔。	荒漠性草原与腾格里沙地相互交错,土壤以沙为主,加之祁连山丰富的水源,使武威市成为甘肃省乃至全国的重要粮食生产基地。
	平凉市	平凉是甘肃省主要农林产品生产基地和畜牧业生产基地,全市现有森林、生态系统及野生动物自然保护区5个,总面积7.4万公顷,占国土面积的6.6%,森林面积397万亩,森林覆盖率17.98%。植物种类共51科84属254种,野生动物31种。	处于黄土高于的腹地,土壤以钙质沙土为主,加之荒漠化草原夹陈之间,使土地较为肥沃,适宜植物的生长。
	庆阳市	地处黄土高原腹地,沟壑纵横,其中,董志塬平畴沃野,一望无垠,有13627亩,是世界上面积最大、土层最厚、保存最完整的黄土原面,堪称"天下黄土第一原"。子午岭的400多万亩次生林,为中国黄土高原上面积最大、植被最好的水源涵养林,有"天然水库"之称。	土壤以钙质沙土为主,加之荒漠化草原夹陈之间,使土地较为肥沃,适宜植物生长。

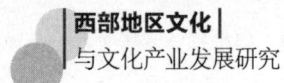

4. 资源状况

(1) 土地及农业(畜牧业)资源

表 3-4　宁蒙陕甘四省(区)毗连区农业(畜牧业)资源一览表

省级	地级市	土地资源	农林产品	畜牧业
宁夏回族自治区	银川市	总面积9579平方千米，人口217.18万人。处于著名的银川平原之上，土壤肥沃，河道纵横，旱涝保收，有"塞上江南"美誉。	银川平原已成为全国重要商品粮生产基地和农区畜牧产品生产基地，特别是我国西部优质小麦、水稻、玉米、酿酒葡萄和中药材的最佳生长区域之一。	具有发达的畜牧业和水产养殖业，是西北地区牛羊肉、乳制品、水产品的重要生产基地
	石嘴山市	总面积5309.5平方千米，人口75.9万，现有耕地115万亩，农业人口人均占有4.05亩，居宁夏灌区首位。	以水稻、小麦、西瓜、苹果等农产品著名。	具有发达的畜牧业和水产养殖业，是西北地区牛羊肉、乳制品、水产品的重要生产基地
	吴忠市	总面积2.02万平方公里，总人口143.7万，土壤肥沃，是河套平原的精华之地。	盛产优质水稻、小麦、玉米等农作物，素有"塞上江南""塞上明珠"之美称。	畜牧业发达，尤以奶牛、肉羊居多。
	固原市	总面积1.44万平方千米，总人口154.19万，其中农业人口125.9万，拥有耕地42.61万公顷，其中，有6万公顷农田得到引黄灌溉。	农作物以小麦为主，秋杂粮品种繁多，主要有马铃薯、豆类、糜、谷、荞麦等。经济作物以胡麻为主，年约种植5.3万公顷，总产量8万吨，素称固原为宁夏的"油盆"。	畜牧业是本地区优势产业之一，以大家畜、牛、羊为主。
	中卫市	总面积1.48万平方千米，人口112.48万。引黄灌区面积占全市总面积的6.8%，山区面积占全市总面积的93.2%。	盛产小麦、水稻、瓜菜等农作物，尤以硒砂瓜、枸杞出名。	畜牧业以猪、牛养殖为主，是宁夏重要的生猪养殖基地。

续表

省级	地级市	土地资源	农林产品	畜牧业
内蒙古自治区	鄂尔多斯市	总面积8.7万平方千米，人口201.75万，土地资源充足，现有耕地面积120万亩，宜林宜草面积800多万亩。	盛产绿豆、谷类等无污染小杂粮，有"百药之王"之称的"梁外甘草"239万亩。	准格尔的山羊肉闻名遐迩，开发绿色食品具有很大的潜力。南部盛产被喻为"纤维钻石"的杭锦白绒山羊绒和鄂尔多斯细毛羊。
内蒙古自治区	包头市	总面积2.78万平方千米，人口276.6万。耕地面积占土地面积14.3%；森林面积149.2千公顷，草原面积2086.5千公顷。	盛产小麦、糜黍、甜菜、向日葵、玉米、高粱及蔬菜瓜果。荞麦是这里的一大特产，素以颗粒大、出粉高、粉色好、味道美而驰名。	养殖业中以牛、马、猪为主，是内蒙古地区重要的肉牛、猪肉生产基地。
内蒙古自治区	巴彦淖尔市	总面积6.65万平方千米，人口167.1万，有耕地1000多万亩。	盛产小麦、油葵、玉米，号称内蒙古的粮仓。	畜牧业主要以肉牛、肉羊为主，以绿色、特色为标志的优质农畜产品年出口总额近3亿美元，居内蒙古自治区第一位。
内蒙古自治区	阿拉善盟	总面积27万平方千米，人口23.85万，耕地面积达到130万亩，其中有保证灌溉面积80多万亩。	农作物以小麦、玉米为主，此外，油料、棉花、蔬菜瓜类产量连年稳定。	畜牧业主要以肉牛、肉羊为主，近年来兴起特种畜产品的养殖和加工。
内蒙古自治区	乌海市	总面积0.18万平方千米，人口55.31万，耕地面积较少。	水土光热资源丰富，适合葡萄种植，有"葡萄之乡"的美称。农产品主要依靠从宁夏的石嘴山输入。	畜牧业零星较少，主要以牛、羊为主。
陕西省	延安市	总面积3.7万平方千米，人口220.61万，耕地面积313.47万亩。	农产品以小麦、冬麦、小米、玉米为主；瓜菜中以延安的苹果最为著名。	畜牧业以牛、羊、猪等牲畜为主。
陕西省	榆林市	总面积4.4万平方千米，人口335.69万，耕地面积1546.2万亩。	农产品以小麦、冬麦、小米、玉米为主；瓜菜中以红枣、苹果最为著名。	畜牧业以牛、羊、猪、驴、马为主。

续表

省级	地级市	土地资源	农林产品	畜牧业
甘肃省	金昌市	总面积0.89万平方千米，人口46.74万。耕地面积148.82万亩，林地面积74.35万亩，水域面积17.55万亩。	农产品以小麦、大麦、玉米、水稻为主，盛产西瓜、甜瓜、华莱士瓜。	畜牧业以牛、羊、猪等牲畜为主。
	白银市	总面积2.21万平方千米，人口185.5万，耕地面积452.72万亩。	粮食作物有小麦、玉米、洋芋、荞麦、糜谷、豆类等20多种；经济作物有油料、啤酒大麦、甜瓜子等；瓜果类有西瓜、甜瓜、苹果等20多种。	畜牧业以牛、羊、猪、鸡为主，其中，"靖远羊羔肉"品牌在西北地区较为出名。
	武威市	总面积3.3万平方千米，人口181.02万，耕地面积365.52万亩。	有农作物品种资源400多种，林木品种资源79种，中药材250多种。白兰瓜、黄河蜜瓜、大板瓜子享誉全国，酿造葡萄种植具有天然优势。	畜禽品种26种，是甘肃省重要的畜产品生产基地；天祝白牦牛为世界所仅有。
	平凉市	总面积1.1万平方千米，人口208.67万，耕地面积617.25万亩。	旱作山区盛产胡麻、葵花、土豆、莜麦和豆类等；阴湿山区林草茂盛，盛产各类中药材，川区以果、菜为主。	以黄牛养殖为主，是西北重要的畜牧业基地、皮毛集散地。
	庆阳市	总面积2.7万平方千米，人口221.84万，耕地面积832.10万亩。	号称甘肃的粮仓，是我国重要的粮食、肉类、禽蛋类的生产基地。	以牛、羊、猪、鱼、鸡的养殖最为特色。

（2）矿产、水利资源情况

表3-5　宁蒙陕甘四省（区）毗连区矿产、水利资源情况

省区	地级市	煤炭	石油	石灰岩	黏土、石英砂	稀有金属	水力资源	天然气
宁夏回族自治区	银川市	276（亿吨）					黄河过境长度78.4公里，年平均流量315亿立方米	
	石嘴山市	25亿吨			黏土储量1300万吨			
	吴忠市	64.7亿吨	3700万吨		石灰岩储量49亿吨，白云储量23.69亿吨		黄河流程254公里，年流量315亿立方米	8000亿立方米
	固原市	约8.7亿吨			岩盐23.38亿吨			
	中卫市	约12亿吨			石膏储量70亿吨，黏土储量50多亿吨		水能储量200多万千瓦	
内蒙古自治区	包头市					矿产资源种类多，储量大，品位分布集中，易开采	黄河流经境内214公里，地下水补给量8.6亿立方米	
	鄂尔多斯市	探明储量1244亿多吨	探明油气储量14.7亿立方米	总储量3.06亿吨	黏土总储量4.33亿吨，石英砂总储量4226.9万吨			8000亿立方米
	阿拉善盟	13.08亿吨					黄河境内流程85公里，年入境流量300多亿立方米	

续表

省区	地级市	煤炭	石油	石灰岩	黏土、石英砂	稀有金属	水力资源	天然气
内蒙古自治区	包头市						黄河流经境内214公里,年流量260亿立方米	
	巴彦淖尔市	30多亿吨	油页岩50亿吨			铁、铬、铜、铅、锌等资源储量巨大	水资源总量为83799万立方米	
	乌海市	探明储量30多亿吨			耐火黏土3.85亿吨		黄河流经市区105公里,探明地下水储量93亿立方米	
陕西省	延安市	煤炭储量71亿吨	探明石油储量4.3亿吨		紫砂陶土5000万吨			天然气33亿立方米
	榆林市	探明储量1500亿吨,预测2800亿吨	探明储量1.4亿吨		岩盐8854万吨		水资源总量30.92亿立方米,地下水可开采量7.81亿立方米	探明储量1.18万亿立方米
甘肃省	金昌市					黑色金属矿、有色及贵金属矿、各类非金属矿产丰富		
	白银市		油页岩2.48亿吨、石灰岩11.7亿吨、石膏1.4亿吨			镍、铜、钴、镍、铂、钯、钴、硒、花岗岩材等矿丰富		
	武威市	10.68亿吨						
	平凉市	34.7亿吨		石灰岩30多亿吨				
	庆阳市	1342亿吨	28.47亿吨					

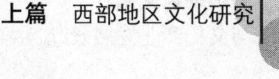

（3）动植物资源及森林覆盖率

表 3-6　宁蒙陕甘四省（区）毗连区动植物资源及森林覆盖率

省区	地级市	动物资源	植物资源	森林覆盖率
宁夏回族自治区	银川市	国家保护的珍稀动物有獐子、马鹿、蓝马鸡、青羊、狐狸等32种。	贺兰山区是银川市唯一的天然林资源。总面积2.67万公顷,有天然次生林1.23万公顷,林种主要有云杉、油松、山杨等乔木,还有山榆、山杏等灌木。此外,有野生药用植物40多种。	森林面积2.67万公顷；森林覆盖率11.5%。
	石嘴山市	国家保护的珍稀动物有獐子、马鹿、蓝马鸡、青羊、狐狸,近年还发现有狼等动物多种。	贺兰山区是石嘴山市唯一的天然林资源。有天然次生林1.23万公顷,林种主要有云杉、油松、山杨等乔木,还有山榆、山杏等灌木。此外,有野生药用植物40多种。	林地面积3.62万公顷,森林覆盖率达到8.1%。
	吴忠市	国家保护的珍稀动物有獐子、马鹿、蓝马鸡、狐狸等几十种。	植物种类繁多,形成乔木、灌木、沙生植物等多种植物共存的局面。	森林面积2.23万公顷森林覆盖率8.2%。
	固原市	六盘山、云雾山两个自然保护区动物资源丰富,有雪豹、野猪、獾、獐子、狐狸等。	六盘山、云雾山两个自然保护区资源丰富,各种植物达到120多种,已查明中药材400多种。	林地面积26.67万公顷（天然次生林4.27万公顷）,牧草地77.77公顷。森林覆盖率9.7%。
	中卫市	动物资源丰富,以沙生的野狐、呱呱鸡等出名。	植物种类繁多,形成乔木、灌木、沙生植物等多种植物共存的局面。	林地面积568.52万亩。其中经济林95.28万亩,生态防护林124.91万亩,封山育林92.18万亩,退耕还林256.15万亩,重点公益林61.1万亩,森林覆盖率13.9%。

续表

省区	地级市	动物资源	植物资源	森林覆盖率
内蒙古自治区	鄂尔多斯市	驰名中外的绒肉兼用型山羊——阿尔巴斯白山羊,国家级保护动物。国家一级保护动物的遗鸥,国家二级保护动物白天鹅,还有经济价值较高的石貂、黄喉貂等。	全市有植物资源800余种,有400余种可入药。主要有甘草、麻黄、枸杞等。另有相当一部分沙生植物,如沙棘、沙芥等,都具有较高的食品经济开发价值。	植被覆盖率达到70%以上,占全市国土面积48%的沙漠、48%的丘陵沟壑和干旱硬梁区全部披上了绿装。
	阿拉善盟	雪豹、盘羊、野驴、鹿、蓝马鸡、獐、猞猁等野生动物资源。	盛产肉苁蓉、甘草、麻黄、黄芪、锁阳等中药材,植物有旱生、超旱生和耐碱性的灌木、半灌木,主要有梭梭、红柳、白刺、蒙古包大柠、柠条等。	森林主要集中在贺兰山南麓,面积约在2万公顷以上;整个地区森林覆盖率达到5.2%。
	包头市	青羊、雪豹、狍子、毛皮兽、赤狐、獾、豹、野猫、蒙古兔等;鸟类也很繁多,有留鸟25种,夏候鸟18种,旅鸟80种,冬候鸟7种。	盛产荞麦,列入国家重要保护的稀有物种有黄耆,蒙古扁桃。常用的重要药材有甘草、黄芪、麻黄、赤芍、防风、柴胡等200多种,畅销国内外。	森林面积14.92万公顷,草原面积208.65万公顷。
	巴彦淖尔市	盛产牛、羊、马、驼,特别是二狼山白绒山羊和戈壁红驼驰名中外。	盛产河套蜜瓜、向日葵、黑瓜子、肉苁蓉、西红柿等。	森林面积在3万公顷左右,森林覆盖率不足5%,但市区绿化率达到21.3%。
	乌海市	部分农户养殖有牛羊等。	植物资源较少,由于污染严重,农业种植接近为零,近年来兴起葡萄产业,面积较小。	除乌海市区环境尚可外,其余环境濒临零点,因盛产焦煤,造成当地污染严重。

续表

省区	地级市	动物资源	植物资源	森林覆盖率
陕西省	延安市	有豹、狼、石鸡、杜鹃等兽类、鸟类100余种。	陕北大红枣、苹果、延安酥梨、名贵杂豆等；中草药普查，延安多达494种，有191种被列为常用大宗收购药材。	森林面积2026.8万亩，森林覆盖率36.6%。
	榆林市	有豹、狼、石鸡、杜鹃等兽类、鸟类100余种。	苹果、酥梨、名贵杂豆等；中草药普查多达494种，有191种被列为常用大宗收购药材。	森林面积2007.5万亩，森林覆盖率30.7%。
甘肃省	金昌市	各类野生动物220种。其中属国家二级保护动物有雪豹、淡腹雪鸡、蓝马鸡3种。属国家三级保护动物有马鹿、麝、猞猁、石貂、黄羊、鹅喉羚、水獭、天鹅8种。	境内有乔灌木，药用和食用植物及牧草等各类野生植物250多种。主要树木有云杉、松、柏、柳、榆、槐、沙枣等。果木有梨、苹果、桃、李、杏等。	森林面积359万亩，草地面积257.98万亩，森林覆盖率20.82%
	白银市	动物资源丰富，以沙生的野狐、呱呱鸡、野兔等出名。	植物种类繁多，形成乔木、灌木、沙生植物等多种植物共存的局面。	森林面积144.2万亩，森林覆盖率7.9%。
	武威市	高山细毛羊、白牦牛、滩羊、骆驼。	植物种类多样，其中羌活、秦艽、冬虫夏草、鹿茸、麝香、牛黄、红柳、发菜、沙米及甘草、麻黄草、锁阳等10多种中药材,闻名中外。	森林面积达757.96万亩,森林覆盖率达到12.06%。
	平凉市	雪豹、野猪、獾、獐子、狐狸等。	植物资源丰富，各种植物达到120多种，已查明中药材400多种。	森林面积397万亩,森林覆盖率17.98%。
	庆阳市	动物资源丰富，有雪豹、野猪、獾、獐子、狐狸等野生动物。	植物种类繁多，盛产小麦、玉米、油料、荞麦、小米、燕麦、黄豆等特色小杂粮；是中医药之乡，产有甘草、黄芪、麻黄、柴胡等300多种中草药。	森林面积38.6%,森林覆盖率19.7%。

（4）旅游资源、人文景观及著名风景区

表 3-7　宁蒙陕甘四省（区）毗连区旅游资源和人文景观一览表

省区	地级市	人文景观	旅游资源	著名风景区
宁夏回族自治区	银川市	西夏城、三关口明长城、海宝塔、鼓楼、南关清真大寺、阅海、鸣翠湖、宝湖国家城市湿地公园、金水园、承天寺塔、宁夏博物馆	贺兰山滚钟口、玉皇阁、纳家户清真寺、华夏珍奇艺术城、银川南熏门（南门）等旅游景区	苏峪口国家森林公园 水洞沟遗址 西夏王陵 镇北堡西部影城 贺兰山岩画
	石嘴山市	贺兰山岩画、古长城、北武当庙、平罗玉皇阁、钟鼓楼、田州塔等文物	有植物"大熊猫"之称的四合木保护旅游区、古生物化石、大武口森林公园、惠农万亩枸杞园、万亩红柳园、平罗万亩生态林等	国家 4A 级旅游景区 沙湖
	吴忠市	秦、汉、明古长城遗址，青铜峡 108 塔、黄河十里长堤、牛首山寺庙群、金沙湾、同心清真大寺、董府、罗山等	青铜峡水利枢纽工程、青铜峡鸟岛	青铜峡水利枢纽工程 青铜峡 108 塔
	固原市	须弥山石窟	六盘山、胭脂峡、凉殿峡、小南川、老龙潭、扫帚岭	西吉火石寨国家地质公园
	中卫市	明王陵、高庙、寺口子旅游区	沙波头、罗山自然保护区	沙坡头自然保护区
内蒙古自治区	鄂尔多斯市	昭君坟、成吉思汗陵、郡王府、释尼召沙漠人工湖、乌仁都西万家寨水利枢纽工程	恩格贝西鄂尔多斯珍稀植物自然保护区、秦直道、恐龙足迹化石、黄河峡谷、统万城、阿尔寨石窟	世界上面积最大的恐龙脚印化石群 35000 年前的"河套人"发祥地
	阿拉善盟	曼德拉山（南寺）——国家 4A 级旅游景区、阿拉善博物馆、曼德拉山岩画、东风航天城、黑城遗址、居延海额济纳河怪树林、策克口岸、居延文化遗址	格里通湖草原旅游景区（国家 3A 级旅游景区）、腾格里达来月亮湖（国家 4A 级旅游景区）、敖伦布拉格大峡谷、吉兰泰盐池、贺兰山——国家级自然保护区等	阿拉善国家沙漠地质公园 巴丹吉林园区 额济纳胡杨林国家级自然保护区

080

续表

省区	地级市	人文景观	旅游资源	著名风景区
内蒙古自治区	包头市	全国重点文物保护单位明代城寺美岱召,内蒙古地区现存最大、最完整的纯藏式喇嘛寺庙——五当召,世界上唯一以蒙古语诵经的黄教喇嘛寺庙——包头市梅力更召庙,中国最大的城市草场赛汗塔拉森林公园	亚洲最大的城中草原——赛汗塔拉九峰山自然保护区、石门风景区	国家AAA级旅游区魅力更自然生态风景区全国重点文物保护单位明代城寺美岱召
	巴彦淖尔市	岩画、镜湖休闲度假旅游区、河套酒文化博物馆	乌拉特草原、乌梁素海自然保护区	数十座不同历史时期的古城遗址
	乌海市	桌子山岩画群、国家级保护植物四合木、亚洲之最的石炭纪硅化木	黄河中少有的滩岛、胡杨林岛	贺兰山自然风景区成吉思汗陵
陕西省	延安市	全国重点保护单位——轩辕黄帝陵、国家级重点文物保护单位——子长钟山石窟等	自然景观有黄河壶口瀑布、全国最大的野生牡丹群、花木兰故里万花山等	全国重点保护单位——轩辕黄帝陵、延安中共革命旧址140多处,如:中共中央军委和八路军总部所在地——王家坪;中共中央旧址凤凰山;宝塔山、枣园、杨家岭等地
	榆林市	石窟、石刻遍布,靖边天赐大峡谷,吴堡水平梯田,绥德淤地坝等	全国重点文物保护单位——榆林古城	全国重点文物保护单位——榆林古城陕西省级文物保护单位——红石峡
甘肃省	金昌市	明代钟鼓楼、北海子、武当山、佛教文化圣地圣容寺、云庄寺	新石器时代鸳鸯池、二坝遗址;西汉时期的骊靬遗址,汉、明长城,唐代圣容寺塔	新石器时代的鸳鸯池、二坝遗址

续表

省区	地级市	人文景观	旅游资源	著名风景区
甘肃省	白银市	半山文化遗址、吊沟古城汉墓、糜滩石器文化遗址、景泰龟城、明代长城、寺儿湾石窟、法泉寺石窟、北城滩城堡遗迹、牛门洞新石器新陶遗址等文化遗迹。驰名中外的"丝绸之路"	红军第一、二、四方面军胜利会师地——会宁县,现为国家全国主义教育基地	半山文化遗址 红军会师楼
	武威市	雷台汉墓及铜奔马、举世无双的"西夏碑"、天梯山石窟、武威文庙	民勤沙生植物园、沙漠水库、天祝"三峡"	雷台汉墓 "西夏碑"等
	平凉市	国家5A级和3A级风景名胜区3处,国家级、省级森林公园和园林公园10余处。	国家重点风景名胜区、"道教第一山"——崆峒山,国家级森林公园云崖寺等	国家重点风景名胜区、国家首批5A级风景名胜"道教第一山"——崆峒山国家级森林公园
	庆阳市	秦长城、秦直道、陇东民俗博物馆、周祖陵森林公园、华夏公刘第一庙、北石窟寺、南梁革命政府旧址等	周祖陵、公刘庙、陇东民俗博物馆、南梁红色革命之旅	自然风景类5处

  从表3-7可以看出,宁蒙陕甘四省(区)毗连区地处欧亚大陆的中心区域,远离海洋,四周多高山和高原阻挡,源自海洋的暖湿气流很少能够到达,即使到达也已成为强弩之末,对当地的干旱气候影响不大。归纳起来,毗连区的自然环境有以下特点:第一,干旱少雨,降水变率较大。从表3-3中就可以看出,毗连区的年降水量分布极不均匀,毗连区的大部分地区年降水量在400毫米以下,大大低于北半球同纬度的平均降水量(据计算,北纬40°~50°的大陆部分,平均年降水量在510毫米)①,不仅是我国最少雨的地区,也是北半球同纬度最干旱的区域之一。著名的银川平原年降水量也仅有300毫米左右,地处巴丹吉

---

① 根据历年《中国水利年鉴》平均值计算而得。

林沙漠、毛乌素沙地包围的阿拉善盟甚至年降水量仅有 50 毫米以下,处在极度干旱的边缘。毗连区的降水不仅少,而且随着季节的变化呈现不稳定的状态。毗连区的冬季降水不足 15 毫米,局部地区几年不见降水,占全年降水的 10% 左右;夏季则相反,几乎集中了全年降水的 70% 以上,常常出现短时间的暴雨现象,造成洪水灾害或水土流失。由于气候干燥,日光照射时间长,地表水蒸发量大,短时间的暴雨不足以对农作物和植被的生长起到决定性作用,迫使毗连区的各族人民千百年来依赖黄河生存。出现了"沿河而兴,离河而灭"的现象。第二,日照强烈,温差较大。毗连区由于空气干燥,云量较少,无法阻挡太阳的照射,年太阳辐射总量超过 4700 兆焦耳/米^2,比同纬度的华北、东北地区多 600~840 兆焦耳/米^2,比长江流域中下游多 1250~2100 兆焦耳/米^2;与此同时,太阳的辐射还给毗连区带来了充足的日照时间,年平均日照时间在 2200 以上。其中内蒙古阿拉善盟,甘肃的武威市、白银市、金昌市,宁夏的石嘴山市等地的年日照时数达到 2800 小时以上。毗连区的四季分明,冬寒夏热,夏季气温平均在 30°C 以上,但昼夜温差较大,适宜植物生长,特别是蔬菜、瓜果糖分的积累。冬季气温普遍在 -10°C 以上,干燥少雨(雪),不利于植物生长,常常造成春季干旱。第三,风沙频繁,沙尘暴天气多。由于受大气环流和气压分布的影响,在毗连区的戈壁、沙漠区域常年起风,加之植被缺乏,无法遮挡住风沙的飘移,在西伯利亚高压气团的作用下,造成毗连区的冬春时节沙尘暴常起;据国家气候部门统计,毗连区的宁夏、甘肃、内蒙古每年沙尘暴经历 15~28 次之多,其中内蒙古阿拉善盟的额济纳旗、甘肃省武威市民勤县的沙尘暴天数在 100 天左右(三个月),严重影响着当地人民群众的生产生活。

由于相同或相似的地理环境,共同的气候特征,千百年来,毗连区的人民活动轨迹虽然遍布山川、河流以及湖泊,但基本上是沿黄河而居,沿黄河而息,这就使毗连区的文化具有了共同性。世界历史上,因河而兴的灿烂文化不计其数,但像毗连区这样因河而兴文化,因共同的自然环境而固守文化传统,具有板块式文化传承的优势地区尚不多见,是我国西部地区乃至世界最具文化圈建设的区域之一。

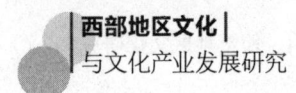

二、毗连区文化圈的形成历程

(一)先秦时期毗连区文化圈的兴起

据考古发现,在旧石器时代,毗连区的广大地区就有人类活动痕迹,文化遗存遍布毗连区沿黄河两岸的黄土高原台地上,主要分布在今天陕北的靖边县小桥畔村北的"河套人"化石,横山县石马坂"河套人"遗址,泾川合志沟、牛角沟、村东沟、南岭沟、桃山嘴,以及宁夏灵武市水洞沟等多处旧石器时代遗址。这些旧石器时代的遗址有着鲜明的地方文化特色,受当地自然环境影响很大。"在影响早期文化的环境因素中,各地区的气候与地质、地理条件等尤为重要,环境因素直接影响到原始人类的生产活动,从而形成不同的经济类型"①。由于气候的转换和草原的出现,为毗连区提供了更多的动物资源,从考古出土的石器来分析,以小型船头状刮削器和雕刻器为主体的小石器更适宜草原上狩猎使用,由此可以推断,毗连区最早的经济活动应当是狩猎以及由此导引出的养殖业。这与当前毗连区的广大地区养殖业较为发达不无关系。经济基础决定上层建筑,这种由于自然环境而决定的经济活动也决定了其共有的文化心理行为,构成了毗连区文化圈最原始、最自然的因素。

夏商周时期,毗连区由于自然环境进一步恶劣,人类活动的中心已经移至水草丰美的渭河流域,即今天肥沃的关中平原,而留在毗连区与恶劣环境斗争的却是氐羌等。"昔有成汤,自彼氐羌,莫敢不来享,莫敢不来王,曰商是常"②。据考证,氐羌就居住在今天的陕北、宁夏一带,是西北地区规模较大的少数民族部落。《说文》曰:"羌,西戎牧羊人也。从羊从人,羊亦声"。《风俗通》亦云:"羌,本西戎卑贱者也,主牧羊,故羌字从羊、人,因以为号"。这是以羌为代表的少数民族从事游牧生活的真实写照。从原始社会的狩猎活动到奴隶社会的游牧生活,基本奠定了毗连区早期的先民战天斗地、不畏风寒的精神,也打造出毗连区人民豪放、强悍的文化性格。

---

①谷苞,刘光华主编.西北通史.第一卷.兰州大学出版社,2005:508.
②汤用彤.汉魏两晋南北朝佛教史.中华书局,1983:11.

(二)秦汉时期历史文化圈的积淀

秦始皇统一六国后,实行郡县制管理地方,涉及毗连区区域的有上郡、北地郡、九原郡,并曾3次出巡西北各郡,说明秦始皇对西北地区的重视。公元前215年蒙恬征伐匈奴后,经过数年战争,迫使匈奴北迁漠北地区,西北地区黄河两岸特别是河套地区尽入秦的版图。为了防止匈奴的南侵,秦始皇下令将战国时期的燕、赵长城连接起来,"……及后蒙恬为秦侵胡,辟数千里,以河为竟,累石为城,树榆为塞,匈奴不敢饮马于河"①。长城的修建有效地抵御了匈奴人的南侵,也将黄河上游大片的河套肥沃土地圈占起来,使西北地区与中央王朝的联系更加紧密。西汉时期,几次对匈奴用兵,迫使匈奴西迁或降汉,为了有效控制新拓疆土,从汉武帝时起,在西北地区设立了边塞,按照《说文解字注》的解释,边塞就是"隔"的意思,也就是"隔断"双方领土的人工设施。既然能隔断双方的领土,所以,"塞"就有了边界线的含义,这也是毗连区各地区常常说的"塞上江南"的来历。与修筑"汉塞"的同时,西汉王朝还对毗连区进行了大规模的屯田,屯田的范围大致包括朔方郡(今宁夏全境以及内蒙古的杭锦旗一带)、河西走廊的武威、张掖、五原郡(今内蒙古的巴彦淖尔)、上郡(今延安、榆林一带)、北地郡(今甘肃庆阳、宁夏固原一带)、安定郡(今甘肃平凉)。守卫边塞需要将士,屯田需要农户,据记载,汉武帝元狩二年(公元前121年),在全国征召贫民10万众迁移到毗连区,随后的若干年中,西汉王朝向毗连区各郡移民达到100万以上,②毗连区大规模农业开发由此开始。边塞的安定,大规模屯田、移民,使毗连区的社会安定下来,汉武帝时期开凿的汉渠引黄河之水,使黄河河套大片荒芜之地经过开发变成了良田,形成了今天黄河河套平原的雏形,也为毗连区的长久发展奠定基础。也正是在这一时期,丝绸之路得到了开辟,并且影响了几乎毗连区的所有区域,成为今天毗连区各市县引以为自豪的文化资源。

---

① 谷苞,齐陈骏主编.西北通史.第二卷.兰州大学出版社,2005:457.
② 谷苞,刘光华主编.西北通史.第一卷.兰州大学出版社,2005:523.

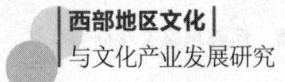

(三)魏晋南北朝、唐宋时期毗连区文化圈的形成

1. 魏晋南北朝时期毗连区文化圈形成

毗连区自古以来就是一个多民族聚居的地区。秦汉之际北有匈奴,西有西域诸国,河湟陇南皆有氐人、羌人居住。及至汉武帝为抗击匈奴,进取河西,在此设立河西四郡,移民屯田,河西遂成为以汉人为主的羌胡各族人民共同的居住区。到了东汉时期,驻扎漠北的匈奴分裂为南北两部。南匈奴南下投靠东汉王朝,被安置在西起今甘肃的庆阳、宁夏、内蒙古的河套(宁夏平原也称为前套,内蒙古的巴彦淖尔、鄂尔多斯也称为后套),以及沿长城以北,东至晋北、冀北一带。北匈奴则因天灾及内部纷争而实力不断削弱,被迫西迁,大体分为三个部分:一部分进入中亚和俄罗斯境内;一部分留在今天的新疆地区,逐渐与当地民族融合;还有一部分留在漠北并加入到了鲜卑民族当中。

鲜卑是古称"东胡"的主要组成部分,生活在今天的辽河上游西拉木伦河一带。东汉时期,鲜卑乘匈奴衰弱、漠北空虚的时机,乘机进入漠北,建立起强大的奴隶制国家,势力范围东起辽东,西至敦煌,东汉王朝整个北部边境皆有鲜卑部落的活动。到东汉王朝的中后期,由于鲜卑的内乱、分裂,致使力量大为削弱,一部分鲜卑部落也由此迁入到南匈奴的居住地,成为毗连区的主要少数民族之一,曾建立起诸如南凉、西秦、吐谷浑等地方政权,对毗连区的政治、经济、文化发展有过重大影响。

原来居住在西北地区的氐、羌各族,自两汉以来,不断向毗连区的河套地区迁徙,与汉人杂居。到魏晋时期,在河西、陇右、关中以及河东地区,都成为汉羌杂居的区域。在这一时期,氐、羌两族非常活跃,曾建立起前秦、后秦、后凉、仇池、宕昌等割据政权,给毗连区留下了浓重的历史色彩。

魏晋时期的毗连区,从民族发展的态势上看,氐羌、鲜卑人民的迁入,以及匈奴西迁后的政权遗留,中原大乱后汉人避乱西来,致使毗连区的民族成分愈加复杂,民族斗争与融合更加频繁。正是凭借毗连区这一"塞上江南"的巨大历史舞台,汉、鲜卑、氐、羌等各民族才能演出了一幕幕豪迈雄壮的历史活剧,为毗连区的开发和发展作出巨大的贡献,由此也推演出毗连区文化圈的形成。这一时期能够连接毗连区的文化内涵莫过于佛教的兴盛了,并且推动毗连区文化圈形成。佛教大约在两汉时期从印度经西域传入中国,在向中原传播的过程中,毗连区是必经之地,据记载,在今毗连区的广大地区,"塔寺林立,僧侣甚众"①。此外,开凿石窟是毗连区佛教兴盛的最典型特点,西至敦煌东到巴彦淖尔(远可到包头、大同一带),到处可见石窟开凿的痕迹,这是毗连区文化圈建设的巨大财富,构成了毗连区独特的文化圈。一是加速了民族融合。魏晋南北朝时期的北朝(主要是北魏、北周)基本上统一了中国北方,众多民族如氐、羌进入河套之地定居下来,曾经建立北魏、北周的拓跋部落基本汉化。毗连区广大区域内民族众多,相互并不隶属,却从千里之外的漠北自然条件恶劣之地,逐步向阴山以南的广大河套之地迁移,并且仿照汉人的生活习性从游牧转变为定居,经济生活出现了农牧结合的方式,最终与汉民族融合起来。这种融合过程虽然发生在两千多年以前,但至今仍然在毗连区的广大区域里可以找到历史遗迹。比如,在偏远的乡村,无论自然环境如何变迁,生活条件怎样改变,亦农亦牧的生活方式始终不改变,同样也影响着这些人的文化思维。二是随着佛教的传入,在毗连区的广大区域里出现了皈依佛教的热潮,塔寺石窟随处可见,可谓僧众云集,香火旺盛。佛教的兴盛加速了毗连区文化圈的形成。至今在毗连区的广大区域里,千年寺院香火不断,千年古塔屹立不倒,千年石窟栩栩如生,从而构成了环状的佛教文化圈。

2. 隋唐宋时期毗连区文化圈的巩固

隋唐统一中国后,中国进入了繁盛、开放、昌平时期,也是中华五千年文明历史长河中最具文化魅力的时期。就毗连区而言,主要有以下几个特点:一是隋唐时期加强了对毗连区控制和管辖。隋朝沿用北魏时期的郡县制管理地方,涉及毗连区的郡县有:北地、延安、平凉、朔方、盐川、灵武、榆林、安定、五原、武威等。区域基本囊括了今天的毗连区。唐时,改郡县制为州县制,涉及毗连区的有:原州、庆州、延州、绥州、银州、夏州、灵州、盐州、河州、武州、凉州,基本上是在隋朝郡县制名称上的翻版。不同的是唐朝进行了明确的户籍管理,根据

---

① 汤用彤.汉魏两晋南北朝佛教史.中华书局,1983:26.

《新唐书·地理志》统计,唐朝涉及毗连区的州县人口达到687572人①,对于毗连区的经济社会发展和开发起到至关重要的作用。同时也进一步使毗连区文化圈得到巩固。二是出现了移民新高潮。秦汉时期为了加强对毗连区的统治,曾对这一区域进行大规模移民,这是毗连区历史上第一次大规模移民。由于资料所限,具体的移民数不详。但按照秦汉时期全国的人口数来估算,可以推断出秦汉时期的移民人口应在50万以上②。到隋唐时期随着全国人口的增加,加之突厥、氐、羌、鲜卑等民族的内迁,使毗连区人口进一步增长。为了防御周边少数民族的侵扰,促进毗连区的社会经济发展,隋唐时期还在当地推行了均田制,将大量土地分给了迁入的移民和内迁的少数民族。同时,在毗连区驻扎大量的驻兵进行屯田,对毗连区的农业生产发展起到重要的推动作用。唐代的屯田遍布整个西北地区,据《唐六典》记载,在毗连区的陇右、河西、灵州、盐州、夏州等地的屯田在566屯,几乎为全国屯田的一半左右③。屯田的出现,极大地改善了毗连区的生产生活状况,大片荒芜之地得到开垦,引渠灌溉,著名的唐渠、唐徕渠,加之先前的汉渠、汉延渠等引黄河水灌溉,一时间荒地变沃野,阡陌变良田,呈现出塞上江南的图景。"塞上江南"这一美好称呼就成为毗连区各地习惯上的通称,自给自足、丰衣足食、旱涝保收的生产生活状态也就成为毗连区长期稳定的社会状态,从而构成毗连区文化圈的核心文化形态。三是自汉武帝罢黜百家以后,两汉以来儒学盛行,世人求名入仕,无不以经学为先,思想文化领域也深受其影响。及至东汉瓦解,继之是魏晋南北朝的较长时期的南北分裂,以名教为依据的儒学已很难解释纷繁复杂的社会演变,因之与老庄哲学结合的清淡玄学代之而起,影响着当时整个学术文化界。但在毗连区的广大区域则不同,佛教的传入、少数民族的内迁,儒、佛、道三家的相互渗透融合,比之中原内地似乎更具有新鲜的文化血液,这种带有开放、包容、随意,又含有许多田野中质朴、率真的文化品性,就构成毗连区的文化精神,也为隋唐的文化繁盛奠定了

---

① 谷苞,齐陈骏主编.西北通史.第二卷.兰州大学出版社,2005:459.
② 谷苞,刘光华主编.西北通史.第一卷.兰州大学出版社,2005:314.
③ 谷苞,齐陈骏主编.西北通史.第二卷.兰州大学出版社,2005:581.

坚实的基础。从这一点来说,没有魏晋南北朝的蓄势待发,缺乏毗连区各少数民族的杂糅相陈,隋唐文化的繁盛就不可能出现。四是宋朝时期,由于政治、经济、文化中心从长安(今西安)迁到了东南方向的开封,对有唐一代时期大量内迁至毗连区的各少数民族已经无暇顾及和管理,致使已经主动融合到汉民族大家庭中的党项羌人乘势而起,1038年,党项羌人首领李元昊自称大夏国皇帝,建立了西到敦煌,东到今天内蒙古的巴彦淖尔(也称为黄河后套)的西夏王国,真正迎来了毗连区独特文化圈的到来。从历史上客观分析,虽然党项羌人建立了西夏国,但并未从中华民族大家庭中分裂出去,最多算是一个地方割据政权罢了。西夏王朝时期对毗连区文化圈建设的最大贡献就是形成了西夏国的文字、服饰、典章制度、经济发展方式等等,虽然元朝时期从一切形式上力图消灭西夏国的痕迹,但至今在毗连区的广大区域里,到处可见西夏的历史遗迹。这些历史遗迹已经构成了毗连区文化旅游的重要资源,是毗连区文化圈的核心内容。

(四)元明清时期毗连区文化圈的演变

元明清时期,毗连区的文化形态发生了重大改变,北方强盛一时的辽、金、西夏等少数民族建立的割据政权先后被更加强悍的蒙古人消灭,成吉思汗和他的后世子孙们建立的庞大元王朝在文化建设上最大的创新就是将大批信仰伊斯兰教的人广泛地散布到全国各地,并与中华各族融合而生成一个崭新的民族——回族。据历史资料记载,元朝时期,大批信仰伊斯兰教的人作为蒙古军队的探马赤军进入中国并定居下来,其中许多人还在元朝政府中担任要职。此外,大批蒙古人也皈依了伊斯兰教,成为元朝时期除了佛教(蒙古黄教)之外,影响力最大的宗教。明朝时期,由于朱元璋在统一全国过程中,回族大将胡大海、沐英等将领立下了汗马功劳,明朝皇帝对回族倍加尊重,回族作为一个民族应运而生,回族的文化也到处传扬。在毗连区内,大批回族迁居到西夏故地,主要从事农牧业生产,同时回族的文化也广泛传播,逐步改变了西夏国时期的文化特征,形成了独一无二的经济、文化形态。到清朝时期,由于回族对明王朝的忠诚和对清政府的反抗,清王朝统治者采取了种种限制、镇压、屠杀政策,激起了回族多次反清斗争,到同治年间、清政府派遣左宗棠镇压西北回族起义,造成大批回族人口生灵涂炭,无数的回族家庭妻离子散、家破人亡,回族经济与文化遭

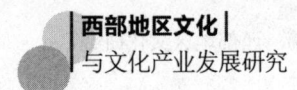

受严重的摧残,能够侥幸存活下来的回族居民也被迁居到人烟稀少、自然环境较差的地方,昔日明朝时期回族的繁盛景象一去不复返了。

民国时期,国民党依靠"西北三马"(青海的马步芳、马步青,宁夏的马鸿逵和甘肃的马鸿宾)统治陕、甘、宁、青的广大区域。由于"三马"本身也是回族,虽然在回族信仰方面得到社会的普遍尊重,但在社会经济和文化上,由于"三马"执行的是蒋介石的反动政策,无心发展地方经济,广大回族同胞仍然生活在水深火热之中,回族文化不但没有得到发扬,反而受到种种限制,最典型的是很少有回族学校的建立,有关研究回族的书籍除了《古兰经》之外别无他书。

(五)中华人民共和国成立后毗连区文化圈建设的回顾

中华人民共和国成立后,千头万绪,百废待兴,毗连区的行政区域随着中华人民共和国发展的需要,也多次发生变化。其中,变化最大的是宁夏省到回族自治区的演变。中华人民共和国成立初期,仍然继承了马鸿逵时期的宁夏区域面积,大体来说,宁夏国土面积北与蒙古国接壤,西到今内蒙古阿拉善盟的额济纳旗,南到今宁夏同心县,东与今内蒙古巴彦淖尔的磴口和陕西省定边县接壤,辖2市、2旗13县,总面积达到40万平方公里。但对于毗连区的管理,起作用的仍是抗日战争时期成立的中共中央西北局,凸显了军政一体化管理的思路,但对文化建设还是给予了大量关注:从1950~1958年的8年期间,先后在固原、银川、庆阳、平凉、吴忠、中卫建起文化馆和文化站,基本形成每个市有一所文化馆,每个县有一所文化站的格局。另外,在原陕甘宁边区"七七剧团"基础上,组建了宁夏省文工团。当时,由于土匪猖獗,剿匪任务十分严峻,需要毗连区的各级政府协同作战,因此,毗连区的区域管辖并不严格,许多文化团体不分省界、不论区域,只要能够为社会主义贡献力量,能够给广大人民群众带来精神文化方面的教育和享受,就会不讲报酬、不讲条件地演出,所以,当时的毗连区基本构成了文化圈的形态,这种状态至今仍然对毗连区的文化建设起到深刻影响。1954年9月,中央决定将宁夏省建制撤销,整体并入甘肃省,在短期内对毗连区的文化建设产生了一定的影响,主要表现在国家投资的减少和文化馆(站)建设的缓慢。1956年2月,党中央、毛主席正式提出了在回族较集中的甘肃省建立省一级回族自治区的倡议。在其后近一年的时间,中央领导、有关部委和中共甘肃省委领导就在西北建立回族自治区的方案进行了具体研究和讨论。1957年6月7日,在周恩来总理主持下,国务院举行第51次会议,听取和讨论了关于建立回族自治区的报告,提出了建立宁夏回族自治区的议案。7月23日,第一届全国人民代表大会第四次会议通过了成立宁夏回族自治区的决议。至此,不但我国的行政区划上增加了一个崭新的回族自治区,而且将毗连区的行政区划固定下来,至今未有变动的格局。虽然在原宁夏省的基础上建立了宁夏回族自治区,强调了民族区域自治的内涵,但由于并未改变毗连区的经济、文化形态,毗连区的文化形态依然以地区、板块建设,并未将毗连区文化圈割裂开来,因此,无论是从文化的心理认知还是经济社会的发展习惯等方面来说,毗连区的联系从未割裂过。

第二节 宁蒙陕甘四省(区)毗连区文化圈建设的主要成就

一、文化建设成就显著

(一)公共文化服务体系建设初见成效

公共文化是文化建设的基础,构成了文化圈建设的基本内容。党的十六大以来,党中央、国务院高度重视文化在国家软实力建设中的作用,加大了对文化的投入,经过十余年的不间断投入,新型公共文化体系建立起来,形成了市(地区)级图书馆、博物馆、文化馆及体育中心的所谓"三馆一中心"的基本形成,县级图书馆、文化馆及体育中心不断完善,形成乡镇一级图书室、文化站全覆盖的格局,公共文化服务体系初步建立,从而有力推动了毗连区公共文化建设。

(二)文化产业效益开始显现

党的十六大以来,毗连区各市县(旗)紧密围绕社会主义文化大发展大繁荣的主题,一手抓公共性文化事业,一手抓经营性文化产业,取得了显著成就,主要表现在:

一是文化产业结构上不断完善。目前,毗连区文化产业涉及高度重视文化产业的发展，扶持力度不断加大。毗连区各市县（旗）纷纷将文化产业纳入本地区发展的战略目标当中，每年拿出一定的资金用于鼓励文化企业发展，已经形成了包括旅游、会展、影视、演艺、出版传媒、文化商贸等六大产业门类，初步形成了以六大文化企业集团为依托的跨区域文化产业集群，基本架构起毗连区文化产业发展体系。

以宁夏为例，在宁夏回族自治区党委和政府的大力支持下，文化战线的相关部门千方百计探索文化产业发展的路径，取得了明显的成就：一是文化产业规模持续增长。文化旅游、出版发行、影视制作等传统文化产业规模不断壮大，文化创意、数字出版、移动多媒体、动漫游戏等新兴文化产业发展迅猛。据核算，2012年宁夏文化产业实现增加值54.55亿元，比同期现价地区生产总值（GDP）增长速度高出27.2个百分点，到2016年，文化产业增加值达到72.73亿元，比同期现价地区生产总值（GDP）增长速度高出33个百分点，成为地方经济发展新的增长点。同时，建立了宁夏文化产业指标体系，为实施文化强区战略建立科学的考核评价体系提供数据支撑（见表3-8、表3-9）。从宁夏五个地级市文化产业发展情况来看，文化产业发展对国民经济的贡献逐渐显现出来。

二是特色文化产业逐步彰显。围绕中华优秀传统文化、红色文化、西夏文化等文化，深入挖掘、整合文化资源，培育特色优势文化产业。一些特色文化产业初具规模，体现了"文化"与"旅游"融为一体的发展思路，依托中阿博览会快速打造出一批特色标志性建筑，形成了特色文化产业发展的引导力，彰显出宁夏发展特色文化产业的实力和信心。

三是文化遗产得到整理发掘。少数民族民间艺术、非物质文化遗产等产品不断挖掘，文化品牌进一步凸显，非物质文化遗产得到较好保护与传承，一批文化资源受到重视与挖掘，回族花儿、民间乐器、抟土瓦塑、玻璃画、手工制品等成为宁夏文化走向全国、走向世界的亮丽名片，极大提升了宁夏文化的新形象。

表 3-8 2010~2016 年宁夏主要经济社会发展指标与全国排名情况

主要指标	单位	2010 数值	2010 排名	2015 数值	2015 排名	2016 数值	2016 排名
1. 面积	万平方公里					6.64	27
2. 人口	万人	630	29	668	29	675	29
3. 地区生产总值	亿元	1643	29	2911	29	3150	29
4. 人均地区生产总值	元	26860	17	43805	15	46918	15
5. 一般预算收入	亿元	154	29	373	29		
6. 一般预算支出	亿元	558	30	1138	31		
7. 其中:文化体育与传媒经费	亿元	16	28	21	31		
8. 城镇居民人均可支配收入	元	15344	25	25186	26	27153	26
9. 农村居民人均消费收入	元	4675	23	9118	25	9852	25
10. 城镇居民人均消费支出	元	11334	19	18983	15	20364	16
11. 农村居民人均消费支出	元	4013	16	8414	20	9138	20

资料来源:根据宁夏统计局公布相关统计资料整理。

表 3-9 2010~2016 宁夏主要文化发展指标与全国排名

主要指标	单位	2010 数值	2010 排名	2015 数值	2015 排名	2016 数值	2016 排名
1. 文化事业费	亿元	245	30	5.86	29	6.77	31
2. 人均文化事业费	元	38.9	8	87.76	8	100.28	7
3. 每万人拥有公共图书馆建筑面积	平方米	133.9	2	158.83	4	183.06	2

续表

主要指标	单位	2010 数值	2010 排名	2015 数值	2015 排名	2016 数值	2016 排名
4. 人均拥有公共图书馆藏量	册	0.73	4	1.06	5	1.02	5
5. 人均购书费	元	0.80	9	2.03	7	1.58	9
6. 每万人拥有群众文化设施面积	平方米	188.9	13	391.66	6	427.74	6
7. 人均群众文化业务活动专项经费	元	0.77	13	4.69	12	7.02	6
8. 艺术表演团体个数	个	45	27	40	31	34	31
9. 艺术表演团体国内演出观众人数	万/人次	598	26	493	27	360	28
10. 艺术表演团体演出收入	千元	9722	28	18469	30	10091	30
11. 艺术表演团体经费自给率	%	10.24	28	24.70	9	28.63	5
12. 文物藏品量	件(套)	84093	30	103783	30	75362	31
13. 博物馆参观总人数	万/人次	74	30	198	28	188	29

资料来源：根据宁夏统计局公布相关统计资料整理。

四是文化企业培育壮大。近年来，宁夏回族自治区党委和政府大力发展文化产业，一大批文化企业得到茁壮成长，依托丰富的文化资源，开发出数量众多的文化产品，市场认可度较高，销售前景普遍看好。

五是文化园区不断繁荣。文化园区和文化专业市场日益活跃。银川市打造的西夏创意文化园、宁夏花儿民俗文化城等，固原市打造的固原文化城等文化产业园区和基地，石嘴山市打造的星海湖文化产业园区，吴忠市着力打造的黄河文化产业园，中卫市着力打造的枸杞文化展示区、沙坡头微电影基地与影视城等，规模不断扩大，效益不断明显，为今后一定时期宁夏积极开展与国内外特别是阿拉伯国家的文化交流与产品贸易,实施文化"走出去"战略迈出新步伐。

六是发展环境明显改善。加强与文化部等中央有关部委签订战略合作框架协议,增强中央支持和央地、省区间文化互助合作。宁夏回族自治区制定了《关于加快文化产业发展的若干政策意见》,以及吴忠市的《吴忠市关于特色文化产业发展的实施细则》、中卫市的《中卫市推进文化大发展大繁荣的实施细则》等规范性文件,出台了一系列促进文化产业发展的财税、投融资、土地等优惠政策的法规,设立了文化产业发展专项资金。建立文化产业统计指标体系,实行文化行政许可审批集中办理,加大文化市场综合执法改革力度,文化产业发展长效管理机制初步建立,为做强做大文化产业奠定了坚实基础。

(三)民间文化保护工程效果显著

在毗连区近40万平方公里土地上,生活着汉、回、蒙古、撒拉、裕固等少数民族,拥有丰富的民间文化资源,是展示民族文化风采,形成文化产业具有巨大作用。随着国家对民俗文化的重视,毗连区民俗文化得到有效挖掘,并且逐步走向舞台。

一是建立了文化艺术信息库,全面挖掘整理了民俗文化资源。毗连区各级政府投入巨大的人力物力,运用多种技术手段,针对各艺术门类的特点进行分门别类地记录、整理,达到全面的、历史的、客观的、科学的、系统的最全面的保护。目前,毗连区文化主管部门普遍开展了民间文化艺术信息库的建立和采集工作,其中,宁夏文化厅民族艺术研究所已通过课题立项的方式建立起《宁夏文化艺术多媒体信息库》的采集、整理工作,基本涵盖了宁夏回族自治区所有的文化遗产(物质的和非物质的)资源和文化艺术信息。这个信息库将作为一个永久的文化工程,不断地补充新内容,增加新资源,使其成为一个图文并茂、音像齐备的民间文化艺术博物馆和档案库,在科学、系统地保存民间艺术遗产的同时,又为各艺术门类的创作、研究、教育及交流提供翔实可靠的第一手资料,并可通过信息高速公路与世界、外省接轨,将宁夏的民间艺术传播到全国乃至全世界。

二是营造良好的文化发展环境,文化的生态性正在发挥正能量。第一,建立民间文化生态保护区,实施原生态文化保护。根据文化部和毗连区文化主管部门的统一要求,在民间文化艺术挖掘和整理过程中,充分体现具有影响力和代表性的艺术种类,划定民族、地域特色浓,文化底蕴深,艺术价值高且原生态特点保存较完整的地区、乡镇为民间文化生态保护区,根据其特点冠名,如"花儿之乡""秧歌之林""花灯之乡""剪纸之乡"等,并将与这些艺术种类文化因素相关的建筑、遗址、实物、传统风俗等原状保存在所属的村落和环境中,使之成为"活文化"。这种通过冠名的方式,有效保护了民间文化资源,无论是物质文化遗产,如建筑、各种器物等,还是非物质文化遗产,如歌舞、绘画等,都体现了民间文化的特色,具有长久的保存性,并能够转化为文化产业得以在保护和市场化中得到发展。第二,搭建各艺术门类表演和展示的"舞台"。毗连区各级文化部门充分发挥"文化搭台、经济唱戏"的机遇,分区域、定期按届的在节假日、民俗活动日举办不同类型、不同规模、不同内容的各种文艺竞演活动,如社火比赛、花儿演唱会、民间艺术节、旅游节等,使民间艺术能在鲜活的状态下得以延续和保存。与此同时,还要组织民间艺术团走出本地区,面向全国,甚至世界展示毗连区光彩灿烂的本土文化艺术,以激发民众对本土文化艺术的热爱和参与的积极性,使民间文化艺术更加发扬光大。

三是着力保护和培养民间艺术传人。通过评选非物质遗产传承人、特色文化村镇等方法,将一些身怀绝技的艺人不断挖掘出来,收徒传艺,在政策上给他们以关注,经济上给他们以资助,精神上给他们以慰藉,如授予其民间艺术家等称号,使民间艺术及民间绝活、特技如接力棒一样代代相传。

二、民间文化艺术在发展中求保存

(一)群众性自娱自乐式文化的保护与发展

任何民间艺术的形成,都是文化长期相互交流、兼收并蓄、融合发展的结果,因此,民间艺术呈现出"你中有我、我中有你"的共性特征,由于生活环境、生产方式、民情风俗的不同,民间艺术又有着独具特色的个性特征。它体现了民族的精、气、神,与生活息息相关,已成为当地群众自娱自乐的主要内容,有着顽强的生命力。但是,在社会转型的加速期,由于传统文化因素和现代文化因素的摩擦,文化娱乐形式的多样化及功能价值的转变,古老的民间文化艺术会发生变化，有的兴盛，有的则衰落。我们要做的是宣传其文化价值，并参与到继承和发展的工作中，使其从衰落走向兴盛。宁夏泾源县的回族舞蹈"踏脚"、甘肃省庆阳市的香包工艺、延安市的安塞腰鼓等都是在群众自娱自乐中逐步形成规模，文化形式也是由衰落到兴盛的极好实例。以宁夏回族自治区固原市泾源县的回族"踏脚"为例，泾源县是回族主要集聚地，回族人口占60%左右，而"踏脚"仅在园子村这一个回族乡镇流传。"踏脚"是一种含有竞技成分的群众文体活动，本已显衰落之势，经过文化普查部门发现后，县文化馆、乡文化站的干事们多次深入民间与当地群众同跳共"踏"，逐渐掌握了其特点规律，继而同当地群众一道在保持原舞动作基础上进一步发展变化，得到当地群众的认可，并且参加了全国第二届少数民族体育运动会的开幕式，"踏脚"表演队在开幕式表演时引起轰动，不但获得金奖，而且连续被邀请参加了第三、四届少数民族体育运动。最可喜的是，那些参演的群众将经过加工整理过的踏脚舞动作带回民间，大大丰富了民间"踏脚"的动作语汇，为其注入了新的血液。现在，"踏脚"在泾源县的园子村十分盛行，甚至一些女孩子也参与到以往只有男子独占的娱乐行列中。可见，民间艺术的与时俱进及优化发展对其保存是何等重要。又如陕西省延安市安塞县的腰鼓，不但跳红了全国，而且受到欧美一些国家的邀请，走出国门跳腰鼓，将中国的民间文化推向世界的文化舞台。

(二) 艺术创作不断繁荣和发展

随着西部大开发的深入实施，给毗连区带来多种文化的交汇、碰撞、激活和融合，也给毗连区的文化吸收其他民族文化进一步发展当地文化提供难得的机遇。例如，宁夏的作家创作歌曲《吆骡子》《宁夏川》《牧羊哥哥上了山》，舞蹈《汤瓶舞》《山娃子》《洗礼》《盖碗情思》等深受群众欢迎。这些根植于民间的生活气息浓郁、特色鲜明、时代特点突出的新的民间文艺作品，符合现代人的审美标准，从而得到人们的厚爱，对推进民间文化的保护、传承和发展起到了不可估量的作用。

(三) 重视民间文艺理论的研究

当前，我国从中央到地方相继启动了文化遗产保护工程，实施了一大批"精品工程""五个一工程""民间文化保护工程"等，使毗连区的民间文化资源得到很好的保护，宁夏泾源县的"踏脚"、回族群众世代传唱的"花儿"、陕西省延安市安塞县的腰鼓、甘肃省庆阳市的香包等一大批民间文化被列入国家第二批文化保护工程。不但较好地保护了当地的文化济源，也促进了一大批有志于文化研究者深入研究当地的民间文化，这种研究过程，也是文化传承的过程，人才培养的过程。

三、政府间联动机制开始启动

从2003年起，由银川市、榆林市发起，毗连区多个城市共同响应的"宁蒙陕甘四省（区）毗连区政府间合作机制"开始启动，并建立了每年一届的"毗连区"经济、文化、人才、社会治安等多项内容的联动机制，标志着毗连区各项区域性合作已经形成。在毗连区政府间合作机制的引领下，毗连区文化圈建设初具规模，取得显著成效。（表3-10）

表3-10　宁蒙陕甘四省（区）毗连区文化圈建设进程一览表

年份	主题	文化圈合作内容	其他合作	地点
2004	扶贫开发	文化交流	光彩事业行扶贫开发合作	银川
2005	深化合作	建立文化旅游同盟	经济洽谈会	银川
2006	合作·共赢	新闻宣传合作	—	银川
2007	人力资源开发与合作	区域旅游合作，提升旅游产品竞争力	—	榆林
2008	经济转型与经济发展	建立文化旅游区域联盟	打造西北风情区域旅游目的地	石嘴山
2009	生态建设与环境保护	文化资源合理配置，互惠共享	经济技术合作、生态环境保护等	平凉
2010	旅游资源与共享	区域旅游联盟、红色旅游联盟	经洽会启动	鄂尔多斯
2011	现代物流业发展与合作	生态旅游	物流合作	吴忠
2012	优势互补、协调发展、互利共赢	打造有魅力的区域文化	深化文化领域合作	庆阳

注：1. 第一届宁蒙陕甘四省（区）毗连区共同发展联席会议是从中国光彩事业第一届扶贫开发协会会议转化而来，当时办会的目的是推进整片扶贫开发。

2. 目前宁蒙陕甘四省（区）毗连区政府间合作机制成员涉及4省（区）13市（盟）18县（市、旗）。

四、文化旅游圈初露端倪

文化旅游圈是指通过挖掘本地区的文化资源（如历史文化、民族文化、生态文化、旅游文化等）并将其融为一体，科学谋划楼台亭阁、水系、村落建设，注重品质和质量，体现人文壮美、生态秀美的内涵，形成文化旅游带系或圈形，构成独具魅力的文化旅游圈。经过多年发展，毗连区已经具备了发展文化旅游圈的能力，主要表现在以下几方面：

（一）宁夏沿黄城市带文化旅游圈初具规模

黄河自甘肃出山入川，进入宁夏，流经397公里。俗话说，天下黄河富宁夏，宁夏依黄河而存在，依黄河而发展，靠黄河而兴盛。宁夏沿黄河分布的银川、石嘴山、吴忠、中卫、平罗、青铜峡、灵武、贺兰、永宁、中宁10个城市以43%的国土面积，集中了宁夏全区57%的人口、80%的城镇、90%的城镇人口，创造了宁夏90%以上的GDP和财政收入，已初具城市带雏形。已经具备了文化圈建设的基本条件。近年来，宁夏回族自治区党委、政府确定了向黄河靠拢的发展思路，大力实施中心城市带动战略。利用沿黄地带集聚10座城市的优势，打造一个沿黄城市群，也就是"黄河金岸"的构想。宁夏人口总量仅有682多万（2017年统计数字），通过"黄河金岸"建设，到2017年宁夏沿黄城市带人口将达到400万，占全自治区总人口的60%以上，GDP达到1300亿元以上；到2020年，沿黄城市带的人口将达到500万，城镇人口达到400万以上，分别占全区的79%和63%，城市化率达到75%以上，GDP将跨过3000亿元大关，宁夏将会迎来以城带乡、城乡统筹的黄金期，真正实现经济发展方式的转变，迈上跨越式发展的快车道。因此建设沿黄城市带（群）、打造黄河金岸，是一项重大的战略性工程。

将文化圈概念引入到打造宁夏沿黄城市带，建设"黄河金岸"，是基于以下考虑：一是有着共同的地理概貌。宁夏沿黄河形成的10个城市同属于黄河上游，处于黄土高原腹地，千百年来，由于相似的自然环境，构成了这一地区人民群众相互认同的生活习惯和稳定的心理素质，这是这一区域建设文化圈的基础。二是有着共同的历史发展轨迹。无论是秦汉时期设立的朔方郡、魏晋南北朝时期的匈奴、鲜卑、羌等少数民族内迁到这一区域，与当地汉民族共同发展。

唐代以后,党项羌族兴起,到有宋一代,建立西夏王朝,将这一广大地区纳入到西夏王朝管辖范围,形成完整的区域管辖态势。都使这10个城市在共同的政治和历史发展的板块之中,构成了共同的历史认同感。三是有着文化发展的近似点。10个沿黄城市居住有汉、回等民族,中华人民共和国成立以后,特别是改革开放40年来,这一地区的社会经济和民族文化取得了巨大成就,只有通过整合力量,实现10个城市联动机制,才能得到共同发展,共同繁荣。四是有着共同发展的文化艺术内涵。在长期的历史发展过程中,沿黄城市带10个城市形成了独具特色的文化元素,如秦腔、民歌民谣、"花儿"、道情、"坐唱"、秧歌、回族踏脚、口弦等,这些文化艺术在表现形式上有许多近似之处,但又不乏区域特色,如回族的"花儿",银北的"花儿"与银南的"花儿"在演唱风格上就有很多不同;灵武的"花儿"与吴忠的"花儿"也有很多差异。将这些丰富的文化资源进行整合,不断优化发展内涵,通过打造文化精品引领文化产业发展,是沿黄城市带文化圈建设的核心内容。五是有许多相同的旅游资源。沿黄城市带10个城市的红色旅游资源、历史旅游资源、自然风光旅游资源十分丰富,基本上在一个旅游线上。可以通过整合资源,实现"一站式"发展格局,形成独具魅力的文化旅游圈。六是有着共同的文化合作基础。沿黄城市带10个城市都属于宁夏回族自治区管辖范围之内,在布局和战略发展上容易形成板块式、集约式的发展趋向,这也是提出宁夏沿黄城市带,打造"黄河金岸"的政治基础。20世纪80年代以来,沿黄城市带10个城市先后在考古、文物保护等方面进行了合作,特别是在西夏文物的考古和研究上进行了通力合作,取得了重大进展,一大批研究成果引起了国内外的重视。近年来,10个城市先后在环境保护、交通建设、商业物流、社会治安等方面进行了合作,构成了经济圈的发展趋向,取得了良好的效果,为构建沿黄城市带文化圈建设奠定了坚实基础。

1. 文化圈理论对宁夏沿黄城市带建设的作用

文化圈理论具有较强的实践性,在区域板块相对集中,文化发展历程相似,经济发展水平大体相当的宁夏沿黄城市带10个城市来说,依托经济圈(或称为经济体)带动文化圈建设,无疑具有极强的实践作用。第一,能够提升沿黄城市带的软实力,增强文化竞争力。软实力是相对于国内生产总值、城市基础设施等硬实力而言的,是指一个城市的文化、价值观念、社会制度等影响自身发展潜力和感召力的因素。20世纪90年代初,美国哈佛大学教授约瑟夫·奈首创"软实力"(Soft Power)概念。约瑟夫·奈指出,一个国家与地区的实力由软实力和硬实力两部分组成,其中硬实力包括一个国家与地区以物质资源为主的基本资源、经济力、科技力、军事实力;而软实力则包括一个国家与地区的意识形态、价值观念、社会制度、发展模式、民族凝聚力、文化吸引力、对外影响力与形象等等。由此可见,软实力是相对于资源、经济、科技、军事等硬实力而言的,它是一个国家、一个地区综合竞争力的重要组成部分,主要表现为区域创新力、凝聚力与影响力,具体体现在精神的力量、思想的力量、文化的力量以及环境竞争力和可持续发展能力等方面。软实力最起作用的是人的素质和人们在经济、文化、科技以及社会生活的各个领域中所表现出来的创造能力。它的核心在于价值观。软实力实际上就是硬实力的无形延伸。在全球化、信息化时代,软实力具有超强的扩张性和传导性特征,它可以超越时空,超越民族,超越国界,对一个国家、一个地区的发展和人类文明进步产生巨大的影响。软实力对宁夏沿黄城市带建设具有极强的推动作用:一是软实力为沿黄城市带建设提供精神动力。软实力是经济发展的驱动力,也是衡量一个地区经济社会发展的人文环境指标。软实力的表现形式之一——人文精神,是推动经济发展的不竭动力。在区域发展中,一个地方人们的精神状态怎样,是否具有强烈的进取心,是否拥有与时代发展相吻合的精神素质和文化基因,对区域经济社会发展起到至关重要的作用。打造宁夏独具魅力的沿黄城市带,需要积极向上的精神状态,需要高尚的理想、创新的理念、强烈的进取精神、高亢的创业激情、坚忍不拔的拼搏意志去激发人的潜能,凝聚人心,最大限度地调动人们的积极性和创造性,引导和团结人们为着共同的目标而努力奋斗。二是软实力为宁夏沿黄城市带建设提供智力支持。21世纪是以高新技术产业为第一产业支柱、以智力资源为首要依托的知识经济将逐渐成为经济发展的主要方式,知识经济对人力资源的文化素质依赖性更强,对人力资源的质量要求更高。以科技教育和人力资源开发为基础的智力因素,是软实力的一个重要内容。通过科技教育和人力资源开发,人们的科学文化素质、劳动技能得以提高,视野得以开阔,创新潜能得以挖掘和发挥,为宁夏沿黄城市带建设提供了强大的智力支持。三是软实力为宁夏沿黄城市带建设提供制度保障。文化是软实力的主要表现形式,是社会的基因,是引导社会进步的力量。社会的各种组织皆为文化所创造,也为文化所维系,这些组织的稳定与和谐有力地推动着社会的进步。社会的进步要求社会持续稳定、经济有序运转、人民安居乐业,这些都需要社会制度来维系,而政治、军事、法律、教育、婚姻、财政、金融、社会保障等一系列社会制度,都是人类运用文化制定和加以创新的,可以说"文化是制度之母"。同时,文化广泛运用于公共管理领域,通过文化生成管理理念,进而形成管理价值观、管理法律、管理机制、管理方式,从而推动社会进步。四是软实力为宁夏沿黄城市带建设营造良好的发展环境。当"软实力"真正由内而外地流溢,成为一个地区、一个民族生命力的自然挥洒,成为区域文化魅力的自然表达,成为区域经济社会发展到相当阶段拥有的自然辐射力时,"软实力"就拥有了真正的实力。"软实力"所拥有的区域"魅力",能化作"魅力导弹"与"认同航母",为区域发展赢得时间、空间和持续的动力,为"区域制造"赢得市场,有利于宁夏沿黄城市带建设"走出去"和"请进来",有利于实现"五大发展理念",为宁夏沿黄城市带建设营造良好的发展环境。五是软实力衍生生产力。素养、品牌、信用、制度和政策等文化软实力是一种不占资源或少占资源同样能实现经济增长的能力。它们不消耗有形资源,却会使经济资源增值,只要勤于挖掘、善于培育、精于管理和运作,这种资源只会越用越丰富,附加值越用越高,所产生的经济与社会价值是不可估量的。可以这么说,软实力本身就是现实的生产力,是促进经济社会可持续发展的一种能力。宁夏沿黄城市带的建设并不是城市与城市之间的简单累加,而是通过整合沿黄城市的经济优势,达成强强联合,最终形成"沿黄城市经济一体化"格局。这种强强联合,最有效的黏合剂就是文化。因此,宁夏回族自治区党委和政府提出打造沿黄城市带过程中要坚持"一张蓝图管到底""沿黄城市一盘棋",构筑六大功能线,加快实现"六个一体化",把沿黄城市带(群)建成西部最具潜力、最有特色、最富魅力、最适宜人居和创业的精品城市带(群)的战略布局中,实际上彰显出的是文化价值和软实力的吸引力。第二,能够推动沿黄城市带文化和产业的发展。宁夏回族自治区党委和政府提出沿黄城市带建设的新思路,凸显了文化时代价值,有利于文化和文化产业的发展。文化产业又是从事文化产品生产和提供文化服务的经营性行业。其本身既是内容产品,又是技术产品,与其他产业产品有着很高的融合度,在宁夏沿黄城市带建设中起到优化提升产业层次、提高经济发展质量中的重要作用。一是宁夏沿黄城市带10个城市集中宁夏总人口的2/3以上,传统文化、革命文化、现代文化遍布其中,是沿黄城市带人民群众的文化认同感和文化自豪感的基础,是推动文化产业发展的强大动力。二是文化产业具有资源消耗低,环境污染小,经济回报高,受益时间长,资源集聚、集约、集群和多次利用的优势。三是市场需求强、发展潜力大,能够由适应市场需求向创造供给需求转化,通过文化创意激发消费者的购买潜力,助推产业结构向更多领域演进。四是有较强的创新应变能力,容易与传统产业的新技术结合,特别是数字信息技术使文化产品的创造、传播、流通变得更加便捷,文化内容更加丰富,更有利于推进产业产品增加文化和技术含量,推动产业层次向高技术化发展。因此,大力发展文化产业对于提高现代产业的技术化和文化水平,具有不可替代的拉动和促进作用。第三,能够不断优化产业结构,推动经济增长方式转变。宁夏沿黄城市带集中了10座城市,拥有丰富的自然资源和工业能源。在长期的经济社会发展过程中,受技术和生产能力的限制,目前宁夏沿黄城市带的经济发展水平仍呈现出"二高一低"的格局。只有转变经济增长方式,逐步减少过度依赖自然资源的趋势,推动产业结构的升级换代,大力发展无污染、低消耗的文化产业,宁夏沿黄城市带建设才能够架构在优质、高端、延续、可持续发展的水平之上。

2. 宁夏沿黄城市带文化圈建设的路径

目前,《宁夏沿黄城市带(群)总体发展规划》正在编制当中,基本形成了"沿黄城市一盘棋",构筑六大功能线,实现六个一体化的经济、文化圈(群)的发展思路。就文化圈建设路径而言,建议从以下几方面进行:

第一,以文化为优势资源,打造精品展示文化。以经济繁荣、民族团结、环境优美、人民富裕为总抓手,突显文化价值和文化感召力,以文化为主线,不断打造精品展示文化,带动相关文化发展,形成"一个城市一风格,一条街道一道景,一座建筑一幅画"的特色,使人们在文化"长廊"中尽情徜徉的同时,又能够

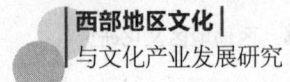

欣赏到精品特色文化的魅力。

第二，形成"一站式"旅游发展格局。宁夏沿黄城市带10个城市中拥有丰富的旅游资源，宁夏最具文化特色、最具旅游价值、最具影响力的旅游资源都集中在这一区域。如享誉全国的5A级旅游景点沙湖、集生态保护、旅游为一体的5A级风景区沙坡头、神秘多姿的西夏王陵、国家级生态湿地保护区鸣翠湖、著名的西部影视城等都让游客惊叹不已，流连忘返。当务之急是通过沿黄城市带10个城市的密切合作，优化旅游线路，资源共享，统一票价、统一导游要求，优化旅游线路，形成"一站式"旅游发展格局。

第三，形成统一的文化投融资及财税制度。宁夏沿黄城市带建设是一个庞大的工程，需要浩繁的资金注入，仅凭宁夏自身的财政支撑显然是力不从心的。因此，就需要对外招商引资的过程和办法。一是建立统一的沿黄城市带规划建设办公室，专门负责沿黄城市带10个城市经济发展、文化建设、风景展示等工作，目的是科学规划、合理布局、突出特色、高端发展。沿黄城市带各级领导干部要胸怀党的事业、人民的事业，坚持"为官一任，造福一方"的理念，为宁夏跨越式发展贡献自己的才智。坚决防止以发展为借口，进行新一轮的"形象工程"建设，或以城市带建设为名，大肆进行圈占土地为实的现象。二是建立统一的招商引资办公室。在科学规划的基础上，进行统一的对外招商引资工作。从可持续发展角度认识招商引资工作，坚决反对为招商而招商、为引资而引资，对于可能给沿黄城市带建设带来污染隐患、安全隐患、资源消耗型隐患、低端产品型隐患等等的外部资金要毫不留情，拒之门外。三是尽快制定针对沿黄城市带发展的诸如财政资金支持政策、税收抵扣优惠政策、土地流转优惠政策等，从制度和政策上保障沿黄城市带有效运转。四是建立沿黄城市带文化圈建设基金，专门用于沿黄城市带的各类文化建设。

第四，建立沿黄城市带各级政府文化发展联席机制。宁夏沿黄城市带的10个城市虽然都隶属于共同的行政区划，但在有关社会发展、文化建设等内容上还存在各唱各的调，各行各的路的现象。因此，要尽快扭转这种不利局面：一是建立沿黄城市带各级政府在文化建设和发展方面的联席制度，定期召开政府间的联席会议，重点解决文化发展中的规划布局、资金注入、财政税收等重大问题。二是定期召开针对沿黄城市带的学术研讨会,广泛吸纳专家学者、当地人民群众的意见,形成决策智囊。三是实行轮流召开经济、文化交流会,以会议形式带动沿黄城市带10个城市的经济文化发展。

第五,逐步转变经济增长方式,大力发展文化产业。

(二)甘肃"历史文化"旅游圈成就显著

甘肃省的文化资源十分丰富,是我国北方各省区中不多见的历史文化集中地,丝绸之路文化、敦煌文化、少数民族文化(回、藏、裕固、东乡、撒拉等民族特色鲜明,文化突出)、文化遗存集中、点多线长的特点。大多数"历史文化"资源靠近毗连区,便于整合开发。近年来,甘肃省政府依托丰富的"历史文化"资源,大力开发"历史文化"旅游圈,不但吸引了世界旅游爱好者的目光,而且在毗连区文化旅游圈建设中首屈一指,成效显著。

旅游文化圈的"旅游文化"一词最早出现在美国学者罗伯特·麦金托和夏希肯特·格波特合著的《旅游学——要素·实践·基本原理》一书中,而我国最早使用"旅游文化"这个概念是在1984年出版的《中国大百科全书·人文地理卷》中。由于国内对"旅游文化圈"的研究还极少,所以目前还没有对"旅游文化圈"有明确的定义。在总结国内外相关研究成果的基础上认为,旅游文化圈就是为了获得最佳经济效益,以市场为导向对旅游文化资源进行配置,将各种旅游文化要素相互联系,发挥整合作用的区域空间组织形式。

甘肃旅游文化圈分为:敦煌旅游文化圈、丝绸之路旅游文化圈、回藏风情旅游文化圈、远古始祖文化旅游文化圈、黄河旅游文化圈以及崆峒旅游文化圈这六个子旅游文化圈。具体分布情况如下:敦煌旅游文化圈,以敦煌为旅游中心城市,主要旅游城市和旅游景点有敦煌莫高窟、敦煌魔鬼城、鸣沙山、月牙泉等。丝绸之路旅游文化圈,以嘉峪关、酒泉、张掖、武威、金昌为旅游中心城市,主要旅游城市和旅游景点有嘉峪关、安西榆林窟等。回藏风情旅游文化圈,以临夏、合作为旅游中心城市,主要旅游城市和旅游景点有炳灵寺石窟、夏河拉卜楞寺等。远古始祖文化旅游文化圈,以天水、陇南为旅游中心城市。黄河旅游文化圈,以兰州、白银、定西为旅游中心城市,主要旅游城市和旅游景点有黄河、兴隆山自然保护区等。崆峒旅游文化圈,以平凉、庆阳为旅游中心城市,主要旅游城市和旅游景点有崆峒山、北石窟寺、西王母祭地等。这六个子旅游文化圈的构建必将有力地推进甘肃旅游资源优势的发挥,从而为甘肃旅游业的快速发展注入新的、强大的活力。据统计,目前每年到甘肃省旅游的外国人就达到120万人,国内游客达到2000万人以上,[①]取得了明显的经济效益和社会效益。

(三)陕北"红色旅游圈"特色突出

陕西具有丰富的红色旅游资源。党中央在陕北前后十三年,历经了土地革命、抗日战争和解放战争,时间最长、历史时期最完整,发展红色旅游具有得天独厚的优势。据调查,陕西全省具有影响的红色旅游资源共有486处,主要集中在陕北,其中延安360处,榆林37处,西安30处,宝鸡5处,咸阳9处,渭南18处,铜川4处,汉中12处,安康7处,商洛4处。按照《旅游资源分类调查与评估》国家评定标准,陕西省具有五级(国际级)旅游资源4处(宝塔山、枣园旧址、杨家岭旧址、延安革命纪念馆),四级(国家级)资源11处,三级(省部级)198处。在全国重点培育的12个红色旅游区中,涉及陕西省的有2个:陕甘宁红色旅游区、川陕渝红色旅游区;30条红色旅游精品线中,陕西省有1条(西安—洛川—延安—子长—绥德—榆林线);100个红色旅游经典景区中,陕西省有5个(西安红色旅游系列景区点、汉中川陕革命纪念馆、延安革命纪念地系列景区点、咸阳旬邑马栏革命旧址和铜川陕甘边照金革命根据地旧址)。陕西省委、省政府对发展红色旅游十分重视,明确指出"发展红色旅游资源是一举多得的好事。要加大资金支持力度,加快开发利用的速度,提高景点的知名度,使其真正成为爱国主义教育的基地、文化产业的亮点、精神文明建设的窗口、西部经济强省建设的支柱"[②]。2006年,陕西省完成了《陕西省红色旅游发展规划纲要》编制。5个全国红色旅游经典景区已列入全国旅游重点建设规划,当年启动2个项目,其中,西安红色旅游系列景区建设项目投资2510万元;汉中川陕革命纪念馆建设项目投资2270万元,到2012年五个项目全部完成,[③]全面提升了陕西红色旅游的水平。同时,反映大批青年奔赴延安和抗日前线历史时期的

---

①甘肃省"十二五"经济社会发展规划纲要.
②陕西省"十二五"经济社会发展规划纲要.
③陕西省2012年经济社会发展公报.

泾阳安吴青训班旧址得到全面开发建设,体现红军与革命群众鱼水情深的旬阳县红军纪念馆等项目也已开发建设。从2012年到2016的5年中,陕西省红色旅游继续保持增长态势,每年接待旅游人数超过2000万人次,旅游收入超过200亿元,带动陕西省服务业整体快速发展。2016年,在国家旅游局主导下,陕西省围绕红军长征胜利80周年这一主题,与全国多个省市密切合作,开展了丰富多彩的活动,取得了非常好的效果,旅游文化圈开始显现。根据中共中央办公厅、国务院办公厅2014年12月联合颁布的《全国红色旅游发展规划纲要》要求,就发展红色旅游的总体思路、总体布局和主要措施作出明确规定。《全国红色旅游发展规划纲要》的制定,助推了陕甘宁红色旅游圈的建设,以延安为红色旅游龙头的"陕北红色旅游圈"正在形成。

(四)内蒙古西部草原文化旅游圈效益显著

内蒙古西部主要包括鄂尔多斯和阿拉善盟,在历史传承、时代进步和社会扩展中,由于处于游牧和农耕的过渡带上,形成了既具有内蒙古草原文化的特质,又含有农耕文化的痕迹,体现出传统草原文化更加多样性的特点。从物质文化角度来看,鄂尔多斯和阿拉善盟拥有古代的长城文化、秦直道文化、阿尔塞石窟文化、青铜器文化、黑城文化以及现代的文化场馆建设、景观建设、工艺品制造等。从人文文化角度来看,作为不同历史时期人类智慧最高结晶的老子哲学、成吉思汗文化等,对内蒙古西部这两个地区人们的思想意识、行为准则和文化创造等等产生着深远的影响。从艺术文化角度来看,蒙古族歌舞艺术蜚声国内外,是对内蒙古西部草原文化的传承和弘扬。从文化旅游圈建设来说,近年来兴起的到阿拉善盟额济纳旗欣赏胡杨林的活动最具典型。额济纳旗拥有著名额济纳河、历史遗迹黑水城千年不倒的胡杨林,特别是靠近酒泉卫星发射基地和敦煌石窟的优越地理位置,将额济纳胡杨林—酒泉卫星基地—甘肃敦煌石窟—张掖大佛寺—武威灵台寺—宁夏中卫的沙坡头串联起来,形成区域性、跨省合作的环形文化旅游圈,是内蒙古西部依托草原文化打造文化旅游圈的代表性杰作。

五、四通八达的交通网助推毗连区文化圈建设

如果将一个国家比作一个人的话,交通就是人身上的动脉血管,决定着这

个人能否健康生长的最根本性要求。从这个意义上来说,交通与文化密不可分,古往今来,交通延伸到哪里,文化就跟随到哪里,换句话说,没有交通也就谈不上文化,至少文化难以长久生存。改革开放40年来,特别是国家西部大开发战略实施以来,毗连区的交通事业快速发展,形成了"空地一体化"的格局。所谓"空地一体化"是指转变空地结构分离的弊端,形成空中交通与地面交通在信息化支撑下联动发展,达到全天候、最大化服务效能的目标。从空间交通来说,目前毗连区已建成的机场有宁夏银川河东机场、中卫香山机场、固原六盘山机场、内蒙古鄂尔多斯机场、巴彦淖尔机场、乌海机场,陕西延安机场、榆林机场,甘肃庆阳机场共计9座机场。地面交通除了国道和省道外,经过10年不懈努力已经形成"三纵三横"的高速公路网;火车新开通中太线,正在建设的有甘肃庆阳与宝中铁路连接线、延安与榆林铁路连接线。

已将毗连区紧密连接在一起,达到快进快出的目标(见表3-11),在空地一体化总体设计上,机场与高速公路有机连接起来,可以通达到任何一个目的地,实现了相互支撑的目标。

表3-11 毗连区交通网助推文化圈建设

机场	高速公路	火车
银川河东机场为宁夏回族自治区进出港机场,可以通达全国,目前正在向国际机场迈进,除此之外,中卫香山机场、固原六盘山机场、内蒙古鄂尔多斯机场、巴彦淖尔机场、乌海机场;陕西延安机场、榆林机场,甘肃庆阳机场都是支线机场,除了能飞北京外,主要在本省(区)内的机场起降。	毗连区三横高速为:京藏高速、乌威高速、兰乌高速;三纵高速为:银青高速、定武高速、福银高速。	京包线、宝中线、中太线、兰银线。

四通八达的交通网将毗连区各区域有机地连接在一起,也将原本联系紧密的区域文化形成一个整体,完整地构成一个圈层,具备了相互融合、共同发展的文化圈建设目标。

第四章 宁蒙陕甘四省（区）毗连区文化圈建设存在的问题

第一节 政府协调机制进展缓慢

一、各地政府部门对文化圈建设的认识不一

无论从地理、历史、人文、民风民俗等各个方面，毗连区文化圈都是自然浑成，紧密相连，形成合力，得到发展。但目前的形势是毗连区文化圈建设出现了"上冷下热""上松下紧"的局面。主要表现在：一是重视程度不够。毗连区各地区的党委（市委）、政府对于文化圈建设的重要作用认识不到位，注重本省区的文化圈建设，不注重本省（区）与外省（区）的联系，缺乏共同发展实现双赢的战略思维。二是对于毗连区文化圈建设前景抱有怀疑态度。在文化圈建设的前景上，更多从本省区、本地区的角度考虑问题，建成一个什么样的文化圈、文化圈建设对本省（区）有什么好处、建设文化圈能否体现本届政府的政绩等等常常纠结在领导人的心头，以致毗连区各级政府先后召开多次协调会议，每当触及利益问题时，都会不欢而散。三是毗连区的百姓对于毗连区文化圈建设有很多期待，特别是实现毗连区旅游"一票式""一站式"的发展方向有共同要求，但由于利益格局的不同考量，至今无法实现。

二、缺乏文化圈建设专项资金

毗连区文化圈建设需要大量的资金支撑，但从目前来看，由于毗连区文化圈建设尚未提到议事日程上来,也就无从谈起文化圈建设的专项资金。从长远来看,毗连区文化圈建设是必由之路,因此,共同谋划、共商大计,通过广泛征集的方式,早日建立"毗连区文化圈建设专项资金"对于毗连区文化圈建设来说,有百利而无一害。

三、约束性文件尚未达成

从2012年到2016年的5年间,毗连区共召开6届联盟大会,会上也提出了许多有建设性的建议,但至今尚未形成一份具有约束性的文件,致使毗连区联盟建设的前景不清,未来发展方向不明,核心带动力不强。无法达成统一行动、共同发展的目标。

第二节 特色文化带动战略尚未形成

一、特色文化资源挖掘缺乏整体性

所谓特色文化资源是指本地区独有的、其他地区不可复制的、具有历史凝练元素的文化内容,这些文化内容构成了文化事业和文化产业发展的支撑,形成有别于其他地区发展的特色文化资源。毗连区历史悠久,文化积淀深厚,既具有板块是发展文化事业和文化产业的良好资源,也具有有别于其他地区的特色文化资源,如宁夏的黄河文化、西夏文化,甘肃的陇右(也称陇西)文化、丝路文化,陕西的历史文化、红色文化,内蒙古的草原文化等等都有别于全国其他地区的文化形态,具有"得天独厚、唯我独有"的特点。但是,毗连区各地方在发展文化事业和文化产业过程中由于行政管辖的限制,地方政府把更多人力和财力投入到本地区发展当中,基本没有关注到依托毗连区各地方的整体力量实现共同发展的战略布局,出现了各自为战、各自寻找项目的分散状态。这种局面不利于毗连区有效挖掘特色文化资源,不利于形成合力构成板块式发展的格局,不利于增强文化竞争力。

二、民族文化表现形式单一、竞争力不强

毗连区内世代居住和生活着众多的少数民族,是中华民族大家庭中重要的组成部分,有回族、藏族、蒙古族、东乡族、撒拉族、保安族、裕固族、羌族等众多少数民族。近年来,各少数民族文化发展受到党中央、国务院的高度重视,在少数民族文化遗产的保护、少数民族文化人才的培养、少数民族文化产业的发展等方面给予全方位的支持,少数民族文化得到长足的发展,取得了可喜可贺的成就。但是,就毗连区来说,各少数民族的文化发展还局限在本地区的范围之内,并没有相互联合,形成整体发展的格局。在少数民族文化的表现形式上,由于缺乏开放型、科技化的有力支撑,在民族文化的传承、手工作品的制作等方面仍然处于粗放式的口口相传状态,文化表现形式单一,文化内涵不丰富,文化市场竞争力不强,已经在较大范围之内限制、制约了少数民族文化的再发展。例如,2010年以来,宁夏先后举办了四届中阿博览会,成为中国向西开放、向阿拉伯国家开放的前沿阵地。但是,毗连区内各地方政府并未乘势而为,主动融入开放发展的平台当中,基本采取"不参与、不关注、不跟随"的"三不"态度,错失"开放自我、共同发展"的良好机遇。

三、生态文化尚未引起足够重视

毗连区紧靠腾格里沙漠和毛乌素沙漠,地处黄土高原腹地,除个别地区年降水量在400毫米以上外,大多数地区年降水量也就在300毫米以下,属于干旱半干旱地区,可以说在整个毗连区范围之内,都面临着生态环境问题,特别是黄土高原出现的水土流失问题,在毗连区的局部地区已经成为威胁当地人民群众生产生活的严重问题。面对相同的生态问题,千百年来,毗连区各地区的人民群众种草植树,防风固沙,基本固化了毗连区目前的生态环境保护格局,同时也催生了相同或相似的生态文化观,即:以小流域治理为核心,以退耕还林为内容,围绕环境治理和生态保护而形成的相互认知的生态文化,并由这种文化长期积淀而形成特定地区人们的生产、生活方式、宗教信仰、风俗习惯、伦理道德等文化因素构成的具有独立特征的结构和功能的文化体系,是代代沿袭传承下

来的针对生态资源进行合理摄取、利用和保护,以至能够人与自然和谐相处,可持续发展的知识和经验等文化认知。事实上,毗连区由于行政区划的分割在某种程度上约束了人们的历史文化认知,但现实的考量和大自然的不可逆转,使毗连区的人们在保护生态环境、维系自身生存发展空间的过程中,对生态文化的认知不但没有因为行政区划的阻断,相反,在更大范围内使毗连区的生态文化得到相互认知,例如,三北防护林建设、保护母亲河行动、退耕还林还草工程、小流域治理等等,虽然带有许多行政成分,但人民群众的参与度与认知度确是空前的高涨。遗憾的是,由于地区分割、部门分割的原因,至今尚未有一个地区或一个部门从战略角度、从毗连区的整体发展角度凝练"毗连区生态文化",没有从理论和实践上打造水到渠成的"生态文化圈",导致毗连区的生态环境建设处于"四面出击、缺乏合力"的状态,没有对生态文化的巨大作用给予足够的重视,较为成熟的生态文化无法得到深化和提升,这在一定程度上不利于毗连区的生态环境建设,也不利于生态文化圈的打造。

四、公共文化服务体系作用不明显

公共文化服务是指以政府部门为主的公共部门提供的、以保障公民的基本文化生活权利为目的、向公民提供公共文化产品与服务的制度和系统的总称,包括公共文化服务设施、资源和服务内容,以及人才、资金、技术和政策保障机制等方面内容。形成公共文化服务体系就是将公共文化资源全覆盖、多层次,实现全民共享的政府服务方式。党的十八大以来,国家高度重视公共文化服务体系建设,先后投入巨资修建和完善了"三馆一中心"(图书馆、博物馆、科技馆和文化艺术中心)建设,实现了全免费的服务方式。但从发展经验来看,实现公共文化服务需要地方政府资金的全力支撑,政府的资金链稍微有个风吹草动,公共文化服务就难以为继。毗连区是我国著名的"老、少、边、穷"地区,基本依靠中央财政转移支付维系地方政府的运转。从各地政府财政收入来说,除了陕北的榆林市、延安市、内蒙古的鄂尔多斯市随着煤炭市场的火爆而财政收入较多外,其他地区的地方财政基本上是捉襟见肘。在这样一种财政收入紧张的大背景下,毗连区的公共文化服务主要存在以下问题:一是地级城市的公共文服务基本健全,县级特别是乡镇级的公共文化服务财政投入严重不足,持续发展能力较弱。二是至今尚未建立公共文化服务基金,不能从根本上解决公共文化服务资金持续投入问题。三是毗连区各地方没有开展公共文化服务的合作,无法使用有限的公共文化资源最大化地为毗连区人民服务。四是公共文化服务人才缺乏,服务方式单一,发展后劲不足。

五、特色城市文化定位不清

城市是文化的重要载体之一,是文化保护、传承、创新的重要场所。世界上80%以上的文化场馆、文化研究中心、文化产业研发中心、文化消费中心都在城市当中。可以说没有城市就没有文化的生存之地。随着人们对文化消费的不断增长,已经不满足于"提供什么就消费什么"的文化消费模式,开始从传统的文化消费方式向追求"新、奇、特"的方向转变。这种转变就要求增加城市文化内涵,挖掘文化资源,打造特色文化城市,满足消费者对文化的更多需求。毗连区拥有丰富的文化资源,许多文化资源在国内,甚至在国际上也是独有。但是,就毗连区的城市总体规划和建设来说,目前尚未将大量的特色文化资源在城市建设中充分体现出来,还存在着"重硬化、轻软化""重表面、轻内涵"发展思路,致使毗连区在城市建设当中出现"千城一面"的状况,缺乏特色城市的明确定位。主要表现在:一是在城市整体规划和布局当中缺乏对文化的关注,城市盲目追求"大、高、宽"(大城市、大高楼、大广场、宽马路)的格局,没有综合考虑文化在其中相应的位置,就是建设了一些文化场馆,也是远离居民区,成为典型的"形象工程"。二是在城市建设中缺乏对"古、老、旧"的建筑、街区、民居进行有效保护,出现了大拆大建的现象,使毗连区相当一部分的古城"摧枯拉朽、烟消云散",而特色文化也在这样的大拆大建当中消失殆尽。有人形象地比喻说"中国的房地产开发商什么胆儿都有,只要有钱赚,什么都敢做"。虽然这样的事不一定发生,但却说明中国的房地产开发商对文化的漠视。三是极度缺乏特色文化街区。毗连区大多数城市至今尚未有较为完整,较有特色的文化街区,不能充分与旅游景区融合发展,出现旅游景区人头攒动,而城市当中的文化消费无所去处的现象。四是城市旅游产品较为缺乏,大批游客从景区进入城市当中,无法了解和购买城市中的特色旅游产品,出现"有钱无处花"的现象。五是毗连区各级政府至今没有形成城市文化发展联动机制,各地方的城市建设受本省区党委、政府的制约较大,基本不考虑与周边地区城市发展的协调性,更缺乏分工合作的战略考虑。

六、红色文化资源需要进一步整合

毗连区是我国重要的红色文化传承基地之一,从1921年建党到1949年中华人民共和国成立的28年间,中共中央和毛泽东主席就在陕甘宁边区(即今天的宁蒙陕甘四省区毗连区)战斗、生活了14年,正是毗连区的人民群众养育了中国共产党人,也成就了中华人民共和国的建立,可以说,没有陕甘宁边区,也就没有中国共产党的辉煌历史,也就不会有中华人民共和国的建立。长征、延安、抗日前线、三大战役指挥中心等等,每一个历史事件都与当今的宁蒙陕甘四省区毗连区有着密切的关系,每一处历史印记都成为一段红色文化的传奇。当今时代,随着文化旅游热的兴起,红色文化成为人们接受传统教育、感受红色文化魅力、领悟长征精神的追捧对象,陕甘宁边区(即毗连区)也成为人们关注的对象。但是,毗连区的红色文化保护与建设与日益高涨的红色文化尚有一定差距,还存在一些问题,主要表现在:一是没有形成合力。红色文化是一个整体发展的历史过程,需要从整体上、战略上体会红色文化的内涵。但至今毗连区各地方各吹各的号,各说各的调,都是从本地区、本范围的角度描述红色文化,不但严重地割裂了红色文化的内涵,也出现重复表述、重复建设的浪费现象,不利于红色文化的长期建设发展。二是尚未建立毗连区红色文化研究中心(或研究院),缺乏研究红色文化建设的市场需求和发展方向。三是缺乏红色文化旅游联动机制。无论是各地方的旅游局还是旅行社,都尚未开辟跨区域、联动式红色文化旅游市场(如陕北延安与宁夏的六盘山就可以联动,不但能够使游客体会到长征的艰辛,也能感受到延安精神的魅力)。

第三节　文化产业支撑作用不明显

一、文化产业竞争意识不强

毗连区拥有丰富的文化资源,是我国文化资源的富集区之一,并且特色鲜明,历史悠久,有些文化资源如西夏文化、陇东文化、延安文化在全国乃至世界都是独一无二,是发展文化产业和文化旅游业的重要支撑。目前,毗连区各地方政府对文化产业给予高度关注,也出台了一些推动文化产业和文化旅游产业发展的政策,经过多年发展,也取得一定成绩。由于发展文化产业是一个较为长线的历程,远不如房地产业的经济效益明显,因此,各地方在发展文化产业的过程中,并未将文化产业放在优先发展的"方阵"当中,甚至对文化产业的经济效益和社会效益存在疑虑,造成毗连区的一些地方文化资源挖掘不深,文化产业发展措施不力,文化市场活跃程度不够。主要表现在:一是文化资源挖掘不深,转化为文化产业力度不够。由于缺乏文化产业发展专项资金,一些地方不能深入挖掘本地方的特色优势文化资源,县乡文化馆、文化站面对丰富的文化资源,常常束手无策,不能发挥作用,无法很好地为文化市场服务。二是对市场研究不够。据实地调研,在毗连区各地方,没有一个地方建立起文化产业研究院或研究中心之类的机构,不能通过专家学者的研究提供文化产业市场的发展情况,无法对各类文化产业项目进行可行性论证。三是金融对文化产业的支持力度不够。毗连区各省区都建立有省(区)级的文化投融资公司,但到市县级就缺乏投融资的机构,现实是,大量的文化产业和文化市场就在这一个层级上,造成省(区)级的文化产业投融资公司仅能关注一些耳熟能详的项目进行投资,对于市县一级特色鲜明、市场竞争力强的文化产业项目就无法关注到,造成"需要资金的地方投不进来,而一些见效慢,战线长的项目投资又过大"[①],形成"两张皮"现象。四是缺乏特色文化产业园区建设。毗连区的绝大多数地方都先后建

[①] 张进海.宁夏文化蓝皮书 2013.宁夏人民出版社,2013:189.

立起文化产业园区,但能够产生效益的却是寥寥无几。主要问题是这些园区大多是房地产开发商建立,圈地、建筑、修路对于房地产商是轻车熟路,但对于文化产业园区建设的确是外行,致使建立起来的文化产业园区特色不鲜明,文化内涵不丰富,文化表现方式单一,造成"市场不买账,百姓不满意,甚至自己也看着不顺眼"[①]。这些问题综合起来就出现毗连区一些地方文化产业竞争力不强,文化感染力不大,文化产业的社会效益和经济效益不明显,文化"走出去"战略实施难度增大。

二、"一站式"文化旅游圈建设力度不足

所谓"一站式"文化旅游圈是指在较为稳定的区域内,形成景区、商贸、娱乐、休闲等于一体的多功能旅游产业功能,通过建立旅游产业联盟等方式,依托各景区的吸引力,实行"一票制"等方式,使游客获得"吃、喝、玩、游、乐、娱、购、休闲、健体"等多项服务。

从2004年起,毗连区就开始建立起区域政府间合作机制,达成了多项共识,但至今这些形成的区域间合作文件并未得到落实,缺乏相应的约束力,没有建立起"一站式"文化旅游圈,造成毗连区各市县景区相互之间并未有产业联盟关系,例如,宁夏的游客进入陕西旅游无法享受到相应的优惠服务价格,陕西的游客进入到宁夏也是同样如此,甚至景区与景区之间、旅行社与旅行社之间、游客与游客之间互不联系,造成信息闭塞,缺乏整体发展的格局。

三、特色文化旅游尚未引起重视

特色文化旅游是当前旅游行业最具生命力、最具市场发展潜力、最具消费满意的旅游内容。特色文化旅游是指:依托自身独特的文化资源和文化产品,开展形式多样、展现本地区的人文特色、风土人情等相关旅游活动,使游客获得有别于其他地区的文化感受。目前世界各国对特色文化旅游给予高度关注,并且采取相应措施鼓励特色文化旅游发展,例如,美国在太平洋上的"美籍"塞班

---

① 张进海.宁夏社会蓝皮书 2013.宁夏人民出版社,2013:102.

岛,地方不大,却依托当地民族的文化特点,成为近年来文化旅游的新热点。此外,美国的芝加哥、德国的鲁尔工业区、印度的班加罗尔等地,都是大力挖掘特色文化资源,形成国际上公认的特色文化旅游"样板工程"。当从目前毗连区文化旅游发展状况来看,特色文化旅游尚未引起相关部门的重视,还存在以下问题:一是特色文化资源挖掘不够,出现了亮点不亮,特色不特的现象,社会效益和经济效益不明显。二是缺乏特色文化旅游的整体发展规划,特色文化旅游发展方向不明。三是缺乏特色文化旅游的资金扶持,一些发展前景看好的项目由于资金短缺问题而夭折,制约了特色文化旅游的快速发展。四是人才培养和使用机制不够。由于大量特色文化旅游资源生存在少数民族地区,需要当地少数民族人才的主动参与才能有效开展特色文化旅游,但从发展现实来看,实用型、懂旅游、跑市场的少数民族人才较为缺乏,导致特色文化旅游还处于较低端水平运转。

第五章　宁蒙陕甘四省(区)毗连区文化圈建设的对策

宁蒙陕甘四省(区)毗连区虽然分属与不同的行政区划管辖范围,但是,无论是历史上还是现实生活,毗连区经济、社会、文化、民风民俗等各个方面从未割裂别属过,是我国版图面积在西部地区唯一与京津塘地区、长三角地区、珠江三角洲地区相类似的"经济圈"和"文化圈"。经济是表现,文化是先导,加快毗连区"文化圈"建设,不但能够有力推动毗连区的经济发展,而且将成为西部地区乃至全国文化建设的典范。

第一节　提升对文化圈建设的认识

一、加强学术研究,提高对文化圈建设的认识

文化圈的概念和现实应用虽然不是什么新鲜事物,但在中国特别是在经济社会发展较为缓慢的西北地区来说,却是一件"开天辟地""功在当代"的具有创新性的工作。为此,可以在以下几方面进行考虑:一是依托每年一届的"毗连区联谊会"机制,针对文化圈建设问题展开相应的学术研究,从学理上和现实需求上进行学术探讨,规范建设机制,明了建设方向,不断提出有针对性的建议。二是建立"毗连区文化圈建设研究院"或研究中心,定期针对各市县的建设项目进行论证评估,提出合理化建议,避免建设的随意化和形象化。三是通过"研究院"的机制,大力培养毗连区文化圈建设所需要的各类人才。四是加强政府间沟通,定期召开文化圈建设协调会,提高对文化圈建设的认识。

二、深化文化、旅游部门合作,整体规划文化圈建设

围绕文化圈建设主题,毗连区各市县的文化、旅游管理部门协同合作,一是转变文化建设观念,重视文化建设的协同发展。努力树立"合作、共赢"的发展思路,积极争取当地党委、政府部门的支持,主动参与毗连区文化圈建设,通过协同合作,实现共同发展的目标。二是根据分工合作的要求,结合自身发展的要求和实际,整体规划文化圈建设,充分体现毗连区文化圈建设的所需、所能、所求,实现"一张蓝图绘到底""一块蛋糕共同享用"的理念,切忌"各吹各的号,各唱各的调"。三是通过编制毗连区文化圈建设规划,充分调动各市县的积极性,充分挖掘本地区的文化资源,实现文化、旅游"一站式"发展格局,充分体现毗连区的整体性和联动性。

三、建立文化圈建设专项资金,实施项目建设工程

毗连区文化圈的发展,离不开大量资金的注入,因此,有必要建立由毗连区各市县共享的发展专项资金,围绕项目建设,推动毗连区文化圈建设。专项资金的来源与使用可以从以下几方面考虑:一是由毗连区各市县政府按照均等原则从各自财政上提供一定的资金,主要用于毗连区文化圈基本建设。二是项目建设资金,根据文化圈建设要求,制定相应的发展规划,力争每年实施一项重大项目工程,由商业银行提供必要的资金支持。三是建立文化企业发展专项资金,重点扶持市场前景好、发展潜力大、具有引领带动作用的文化企业。此外,建立项目资金使用监督委员会,专门用来监督、检查专项资金的使用情况,保障资金的安全使用。

四、制定约束性文件,依法保护文化圈建设

为了推动毗连区文化圈又好又快发展,建议毗连区各市县在适当时机举办联盟大会,制定共同认可的文件,并且由毗连区各市县人大常委会统一颁布,从

而上升为具有法律性质的约束性文件,为毗连区各项建设保健护航。一是统一约束毗连区文化圈建设的行为,不得自行其是,防止出现相互抵触、各自为政的现象。二是规范毗连区文化圈项目资金使用方式,防止出现挪用、挤占资金的情况。三是监督项目实施,力争在若干年内,文化圈建设项目都能惠及毗连区各市县,真正建成国内一流,国际上有影响力的文化圈,并且能够带动本地区经济、社会的快速发展。

第二节 以特色文化引领文化圈建设

一、大力保护、挖掘特色文化遗产,不断涵养毗连区文化圈建设

特色文化资源是本地区独有并经过历史检验的,为人们喜爱的文化形式。这类文化形式更多是从物质遗产和非物质文化遗产(统称为文化遗产)中表现出来。特色文化是否繁盛,是否产生市场效应,是否能够产业化,直接关系到这个地区文化建设的好与差的问题。毗连区文化资源丰富,特色鲜明,文化遗产丰厚,只有不断加大力度保护、挖掘、传承这些宝贵的文化遗产,毗连区的文化圈才能够得到可持续发展。为此,可以从以下几方面考虑:一是毗连区各市县要高度重视文化遗产的保护和挖掘工作,条件允许的情况下,可以建立特色文化遗产保护专项资金,使本地区的文化遗产在保护中得到传承,在传承中得到保护。二是大力培育文化遗产传承方面的人才,通过各种方式发现、培训、使用人才,使文化遗产能够代代相传,永续不灭。三是定期举办文化遗产、交流展示会,让大众感知文化遗产的魅力,为文化遗产的工艺大师、能工巧匠、文化遗产传承人提供展示文化的机会,使文化遗产走进寻常百姓家,落户居民小区中。

二、以特色文化产业促进文化圈建设

特色文化产业是一个国家、一个地区和一个民族依托特有的文化资源,经过产业化运作和包装,形成独具特色的产业形态。随着文化产业发展的步伐加快,特别是文化旅游业成为文化产业发展的龙头产业,人们已经从追求"同质

化、同态化"的产业发展模式,上升为更多追求具有"新、奇、独、特"的特色产业内容。这种特色文化产业发展的新趋势不但能够增加文化产业发展的核心竞争力,而且对于挖掘特色文化资源,有效保护文化遗产,加快转变经济发展方式,推动文化产业成为国民经济支柱性产业,提升本地区的文化软实力等具有重大意义。通过大力发展特色文化产业,使毗连区各种文化形态紧密连接在一起,发挥出耀眼的光芒,不断增强感召力和竞争力,从而提升毗连区文化圈建设的广度和深度。一是通过资金扶持、人才培养等方式,探索建立特色文化资源转化为文化产业的路径和渠道。二是不断为特色文化产业创造发展的平台,如举办各种特色文化产品交易会,让市场检验特色文化产业的魅力,让消费者感受特色文化产业的迷人之处。三是大力实施特色文化产业"走出去"战略,鼓励有能力的文化企业通过项目建设壮大企业实力,敢于走出省(区)外,国门外展示文化产品的特色,增加市场的认知度。

三、用文化圈理论保护毗连区非物质文化遗产

文化圈是一个有机的整体,它包括人类需求的各种文化范畴。在各地区形成、发展并可能向其他地区移动的文化就构成文化圈,同时,在不同地带还可能有与其相关联的文化成分形成文化圈的广阔地理分布表现。对于毗连区来说,文化圈理论本身不一定是非常必需的,但却是十分实用的。从非物质文化遗产保护和使用的角度来说,通过文化圈建设,将数以万计的非物质文化遗产串联起来,形成圈形带状发展,能够极大提振毗连区文化圈建设的吸引力,形成最具特色的文化圈。一是在毗连区内由于民族众多,民族特色文化鲜明,遗存有大量的非物质文化遗产,构成毗连区文化建设的基础,充分保护好、使用好、传承好这些文化瑰宝,是毗连区文化圈建设的不竭源泉。二是有利于应用了文化圈理论和方法,加大毗连区文化遗产的保护工作,形成一地一品、一市一景,形成特色,使毗连区的文化圈朝向特色化、精品化发展。三是通过文化圈建设,将大量特色非物质文化遗产在保护中逐步转化为文化产业资源,成为发展特色文化产业、特色文化旅游业的支撑,从而增强毗连区文化的整体竞争力和吸引力。

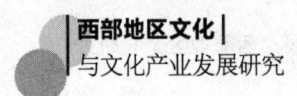

第三节　构建宁蒙陕甘四省（区）毗连区文化圈发展格局

一、整合各种文化资源，实现毗连区文化圈主体功能区建设

主体功能区是指在对不同区域的资源环境承载能力、现有开发密度和发展潜力等要素进行综合分析的基础上，以自然环境要素、社会经济发展水平、生态系统特征以及人类活动形式的空间分布为依据，划分出具有某种特定主体功能的地域空间单元。将主体功能区的概念引入毗连区文化圈建设，就是采用主体功能区的分区划分方法，按照毗连区各市县社会经济发展水平和文化遗产状况，划分为文化遗产重点保护区、文化旅游重点打造区、非物质文化遗产富集区、文化产业引领区等。通过这些园区建设，实现总体规划、分工协作、发挥长处、突出特色、园区推动的发展思路，使毗连区的各种文化资源有机地整合到一起，例如，文化旅游重点打造区可以将红色旅游资源、民族文化资源、历史文化资源有机地整合到一起，实现一体化发展，同时，非物质文化遗产富集区通过挖掘文化资源，加工、生产各种文化旅游产品，直接进入到文化旅游重点打造区内销售，形成景区带动旅游产品发展，旅游产品增加旅游景区吸引力的格局。文化产业引领区就是要瞄准国内外文化产业新趋势、新动向，不断研发出具有毗连区特色，市场前景看好，消费者满意的文化产品，形成产业带动旅游发展的现代文化产业发展方式。总之，划分为文化圈功能区就是按照产业发展规律，充分体现市场发展要求，不断生产出市场需要的文化产品，从而在保护中文化资源中使毗连区文化得到发展，在文化发展中有效保护文化资源。

二、主动融入"一带一路"战略中，构建开放型文化圈

党的十八大以来，以习近平同志为核心的党中央高瞻远瞩，谋划长远，提出了"一带一路"的宏伟战略构想。从现实发展和未来前景来看，毗连区的各市县，特别是与宁夏毗连的陕西、甘肃、内蒙古各市县要主动融入到"一带一路"战略中，构建开放型文化圈。

开放型文化圈的源头是开放型经济。所谓开放型经济是与封闭型经济相对立的概念,是一种经济体制模式。在开放型经济中,要素、商品与服务可以较自由地跨国界流动,从而实现最优资源配置和提高经济效益。开放经济强调把国内经济和整个国际市场联系起来,尽可能充分地参加国际分工,同时在国际分工中发挥出本国经济的比较优势。一般而言,一国经济发展水平越高,市场化程度越高,越接近于开放型经济。在经济全球化的趋势下,发展开放型经济已成为各国的主流选择。开放型经济与外向型经济的不同在于:外向型经济以出口导向为主,开放型经济则以降低关税壁垒和提高资本自由流动程度为主。在开放型经济中,既出口,也进口,基本不存在孰重孰轻的问题,关键在于发挥比较优势;既吸引外资,也对外投资,对资本流动限制较少。

开放型经济的基础来自于外向型经济。外向型经济是"内向型经济"的对称,特指与国际市场紧密联系的某国或某地区的经济体系。外向型经济分广义和狭义两种。广义的外向型经济是指在世界范围内进行贸易、资本、技术、劳动力等方面的经济交流活动。狭义的外向型经济是指以国际市场为导向,以出口创汇为主要目标的经济活动。一个国家或地区只有实现外向型经济达到一定发展程度时,才能跃升到开放型经济。

开放型经济与外向型经济既有联系又有区别。外向型经济以跨越国界为目标,在更大的范围内进行资源的合理配置,使企业实现最优规模效益。开放型经济在外向型经济的基础上,不断对外也能对内,既能走出去,也能引进来,因此,具有更加灵活、更加便捷的发展路径。

开放型经济与外向型经济的不同在于:外向型经济以出口导向为主,开放型经济则以降低关税壁垒和提高资本自由流动程度为主。在开放型经济中,经济、文化并重发展,相互影响,注重政策的灵活性,注重国与国之间友好互利的双边关系,因此,有人说开放型经济是互利互惠的经济模式也不为过。

在开放型经济的范畴中,文化因其具有文化的感召力和产业的清洁化,使文化在开放型经济当中更容易得到普适性认同,更快捷得到产业效益而为世界各国所重视。打造开放性文化圈,就是指在保障国家安全的前提下,通过建立文化发展联盟,在构建一定圈层作用下,使文化产业要素、商品与服务自由地跨国界流动,允许游客自由进出化、产业服务的系统化、标准化,文化产品的多样化,从而实现文化资源最优配置和最大产业效益。

开放型文化圈的基本特征主要有:一是开放性。即以特色文化为媒介,面向世界开放。如宁夏重点向阿拉伯国家开放,向伊斯兰国家开放,实现文化产品、要素、服务的互动互惠,最终形成互利共赢的战略发展格局。二是集聚性。即通过国家政策支持,使国内外文化产品和资金迅速聚集,形成区域特色产业集群。三是流动性。即通过产品、人员、资金、技术等不断跨国界自由流动,实现文化资源最优配置和产业最大效益。基本规律是以文化的认同性为感召力,依托产业园区等形式,使其文化产品(如电影、电视剧、动漫、各种文化产品等)直接进入国际、国内市场,产业要素、资本、人员(包括文化产业人才、游客、消费者等)无障碍交流,形成最大化的开放程度。

毗连区各市县主动融入到"一带一路"战略中,一是有利于"巧借东风好扬帆",借助"一带一路"战略中的有利平台,"借船出海、借力发力",充分展示自身的文化内涵和魅力,敢于展示自我,敢于走出国门,敢于走向世界。二是有利于推动本地区的文化形成文化产业,打造特色品牌,加快文化发展。三是能够培养一大批复合型、国际型的文化人才,提升文化发展档次,树立文化发展形象,增强文化软实力。

三、实现文化旅游一体化发展格局

文化旅游产业是当代经济社会发展中最具活力的新兴产业。经过多年来的创新发展,文化旅游产业已经站在新的历史起点上,以文化为内容、旅游为载体的产业融合发展模式显现出良好效果,越来越引起人们的重视。从深度和广度上促进文化旅游相互融合,整合地方特色文化资源和区域自然禀赋资源,充分发挥文化的灵魂作用和旅游的载体作用,建立完善文化要素和旅游要素有机结合的发展模式,实现文化旅游业的良性互动、共赢发展,是推动文化旅游发展新跨越,加快培育国民经济战略性支撑产业的重要途径。文化旅游一体化发展就是在旅游中体现出文化内涵,通过旅游产业的平台,有机地展现出文化的精彩和魅力,让消费者在旅游中感受文化大餐,从而使文化与旅游相互促进,共同发展。

对于毗连区来说,实现文化与旅游一体化发展,可以从以下几方面考虑:一是以厚重文化为支撑,促进旅游业转型升级。依托当地丰富的历史文化资源,深入挖掘景区文化内涵,增强旅游活动的认知性、趣味性,寓教于乐、完善功能、提升品位,是旅游业加快转型升级,实现可持续发展的必然选择。毗连区各市县历史文化悠久,文物古迹众多,民俗传统丰富多样,文化遗产众多,全国重点文物保护单位多处,国家历史文化名城若干座。目前毗连区国家5A和4A级景区中,历史文化和文物景区占半数以上,成为毗连区旅游业发展的重要支撑。20世纪80年代初以来,毗连区一些地方如宁夏的中卫、固原等市县就开始探索文化与旅游相结合的发展方式,其中有代表性的是沙坡头旅游与中卫高庙佛、道文化的结合。通过游沙坡头、登高庙观览、感受佛道文化旅游演艺节目等,丰富了景区的文化内涵,进一步提升了景区的知名度和影响力,推动了当地文化、旅游业的快速发展。此外,甘肃平凉崆峒山旅游,武威旅游与丝路文化,内蒙古阿拉善盟额济纳旗旅游与胡杨林、黑城文化等都在文化旅游融合发展方面走出了地方特色的路子。当务之急是毗连区整体规划文化与旅游融合一体化发展规划,着力打造世界文化遗产之旅、东方文化寻根之旅、中国丝路之旅等系列文化旅游精品线路,推动旅游业由资源依赖型向文化创意型、市场低端型向市场高端型转变。二是以整体营销为手段,提升文化旅游的吸引力。文化、旅游产业是联系紧密的现代服务业的两个重要组成部分,在宣传推介、产品展示等市场开拓环节具有较好的融合性、互补性。为提高营销效果,必须更加注重两种产业资源和营销渠道的整合与利用,强化市场运作,发挥综合效应。在加大旅游宣传推介力度的同时,更加注重突出旅游产品的文化品位与内涵,在对外文化交流活动中更加注重树立旅游目的地的形象,促进文化、旅游产业良性互动、快速发展。不断推动文化产品越来越多地走向旅游市场,旅游产品越来越多地突出文化主题,形成一批影响广泛、吸引力较强、拥有自主知识产权的文化旅游精品。三是以项目建设为抓手,增强文化旅游的综合实力。文化旅游产业的发展需要一批影响力大、带动性强、综合效益好的项目作为示范和支撑。要坚持以市场为导向,依托地方独有或特有资源,以项目建设为载体和抓手,加强文化旅游产业软硬件建设,不断优化产品结构、丰富产品内涵,提高综合服务能力和水平,是提升文化旅游产业实力的关键性、战略性举措。大力实施项目带动,建立完善毗连区文化、旅游产业重点项目库,积极开展招商引资,在行业政策、项目审批等方面给予重点扶持。大力实施品牌带动,将文化、旅游品牌的培育贯穿于项目规划、建设、运营的全过程,着力打造精品项目,提升产业层次和水平。创新投融资机制,鼓励社会资本投入文化、旅游开发建设,多方筹措资金,为文化旅游项目建设提供保障。依靠国内外有影响的重点文化、旅游资源,依托重点项目和精品工程建设,着力打造精品旅游景区和文化产业园区,把文化旅游资源优势转化为文化旅游产业优势,引领毗连区文化、旅游产业快速发展。四是以完善体制机制为重点,创造良好发展环境。建立健全有利于文化旅游融合发展的体制机制,消除瓶颈制约,加强协调联动,打破部门分割、条块管理的格局,广泛调动各方面的积极性,形成做大做强文化旅游产业的合力,是推动文化旅游业快速发展的基础和保障。加快建立相关部门之间、政府与企业之间的工作协调机制,重点在行业发展规划衔接、扶持政策制定、重点项目建设、招商引资、宣传推介和人才培养等方面加强统筹,使之相互促进、协调同步。特别是文化、旅游系统建立及时高效的沟通渠道,加强工作的协调与配合。坚持规划先行,高起点、高标准制定衔接配套的文化、旅游产业发展规划,并纳入经济社会发展总体规划,努力实现文化旅游业的优势互补、资源共享、互惠互利。加强舆论宣传引导,通过报刊、广播、电视、新闻网站、手机报等多种媒体开辟专题专栏,不断提高文化旅游产品的知名度、美誉度,为推动产业发展营造良好社会氛围。

下篇 西部地区文化产业发展研究

随着经济和信息全球化的高速发展，文化产业作为新兴的朝阳产业，在国民经济发展中发挥着越来越重要的作用，已经成为经济发展方式转变的重要方向和新的经济增长点。西部地区拥有丰富灿烂的文化资源，为文化产业发展奠定了良好基础，形成了明显的发展优势。大力发展文化产业不仅有利于西部地区经济社会的转型，而且有利于民族文化的传播和中华传统文化的发扬，具有十分重要的政治、经济、社会和文化意义。就目前的情况来看，西部地区文化产业的发展尚处于起步阶段，与东部地区以及发达国家和地区相比，差距十分明显。党的十九大明确提出"健全现代文化产业体系和市场体系，创新生产经营机制，完善文化经济政策，培育新型文化业态"要求，为文化产业成为国民经济支柱产业以及建立现代文化产业的发展指明方向，正在引导西部各省（区、市）进一步明确对文化产业的发展重新战略定位，给西部地区文化产业发展带来了前所未有的机遇。西部地区正在抓住这一发展契机，以丰富的文化资源为依托，以多元文化为支撑，繁荣西部经济，西部地区文化产业更是依托特色文化资源，呈现出产业快速发展，竞争力更强的发展态势。

第六章　文化产业基本理论

第一节　文化产业基本理论研究

一、文化产业概念的缘起

关于文化产业的概念,国内外理论界尚无定论。经济与文化研究的前沿人物,澳大利亚学者戴维·斯罗斯比(Dvaid rhrosby)在其所著的《经济学与文化》一书中首先定义了文化的商品与服务,再以此为核心而界定了若干层次的文化产业。他的论点如下:一是文化的商品与服务,在其生产过程中包括有创造性,它也具备包括有一定程度知识产权与传播某种特征的意义。根据这一文化产品与服务的定义,它包括了若干特种产品的产业,诸如音乐及与音乐相关的产品与服务的集合。也可以认为,有创作权的产业与文化产业是同义词。二是文化产业可以认为它是以创造性思想为核心而向外延辐射半径的扩大。以"创造"为核心与其他各种投入相结合而组成各类文化产品。例如文化产业的核心部分是传统意义上的艺术创作;音乐、舞蹈、戏剧、文学、观赏艺术、工艺品,也可包括新兴的影视艺术表演、计算机与多媒体艺术等等。这种艺术形式自身形成一种产业,但它包括比艺术生产在更大范围的延伸产业。围绕核心文化产业可以构成为若干个同心圆,在同心圆区间形成一些产业。它们既具有上述文化产业的特征,也生产其他非文化性的商品与服务,可以称它们为"初级文化产品与服务",从"文化"的本质意义来说,它们的层次低于核心文化产业。在它们三者之间,缺乏明显的分界线,属于该领域的产业有书籍与杂志出版、电视与无线电、报纸与电影。上述各类产业中,生产着文化与非文化的产品与服务。有的学者把电影列入核心艺术领域,而有的学者则把它列入媒体与娱乐业范围。其实应根据电影的类别而细分,某些电影产业可列入核心艺术类,而有些则属于媒体娱乐类。

如果把文化产业的边界进一步扩大还会触及一些产业,它们运作在文化圈之外,但可以说它们也包括某些文化内容。可以列入该范畴的产业有广告业,因为在它的某些操作领域也需要创造性的投入;旅游业的部分市场也是建立在文化基础上的;还有建筑服务业,当它追求的质量超越了其功能范围时也就覆盖了文化的内容。上述各种产业只有在对文化产业采取广义的定义时,它们才可以成为文化产业的组成部分。

中国社会科学院文化研究中心副秘书长张晓明则认为,在最抽象的意义上,文化产业可以定义为:"生产文化意义内容的产业"。这一定义源于人类学家,又为社会学和经济学家所改造和使用。在人类学家看来,人类的一切精神和物质的活动都具有传达社会意义的"符号"作用,而现代的社会学家和经济学家看到,现代社会的经济活动越来越趋向于"人文化",成为一种文化符号的生产和交换。基于上述认识,可以将文化产业定义为以下三个层次:一是最狭义的概念——文化创作业。这里包括一些传统的和现代的领域,从文化艺术作品的创作,销售,展示,到接受活动。从这个定义出发,文化产业包括文学艺术创作,音乐创作,摄影,舞蹈,工业设计与建筑设计,以及其他各种创造性的艺术活动领域,还包括文化艺术活动的生产和销售系统,如艺术场馆、博物馆、展览馆、艺术拍卖,以及各种形式的文化娱乐、演出、教育活动。二是扩展性概念——文化制作与传播业。随着现代"记录"与"复制"技术的进步,文化产品的"可重复生产性"和"可复制性"极大地发展起来,并发展为"文化工业"。在"文化制作与传播业"出现以后,文化产业的手段与内容的区分显示出来:狭义文化产业概念转变为生产"文化内容"的行业,与"文化传播手段"相区别,大规模地制作与传播手段带动了大规模的文化消费活动,支持了大规模的文化制作,文化活动在人类社会历史上第一次具有经济活动的完整形态。三是基础性概念——文化产业是以文化意义为基础的产业。这个概念所包含的产业包括所有具有文化标记的产品,无论是传统的还是现代的。现代经济是"人文化"的经济,从产品设计到生产流程设计,从企业的战略管理到品牌形象管理,从对客户需求的全面的人文化服务到对企业团队精神的全面文化建设,无不充满了现代人文精神。传统的"人文科学"已经通过"人文设计"渗透到经济生活的各个角落,我们甚至已经找不到没有文化标记的产品,不借助文化影响的销售,不体验文化意义的消费。在这个意义上说,现代经济已经开始在总体上以"文化意义"为基础,进行现代经济活动、社会活动与文化活动的界限已经不那么清楚了。

因此,我们可以以"文化意义的创作与生产"为文化产业的基本定义,按照这种生产的不同环节,将其区分出"文化意义本身的创作与销售","负载文化意义的产品的复制与传播",以及"赋予一切生产活动和产品以文化标记"三重不同的定义。这三重定义,在某种意义上已经展示了世界经济发展经过了一个文化与产业不断接近,以至重合或者融合的过程。这表明有目的地采取相应的政策,使得文化发展与国家经济建设同步,发展文化产业已经成为一种潮流。

此外,在1999年中国文化部与亚欧基金组织在北京联合主办的"产业与文化发展国际会议"上,与会代表的观点值得重视。"亚欧文化西班牙教育与文化部国家遗产"项目代表艾丽莎女士认为:"文化产业可以被定义为按照知识产权和版权来划分的活动的集合,这样不仅包括严格意义上的文化活动,同时也包括娱乐业和休闲业"。日本电筒公司董事长小野中三认为:"文化产业是企业直接从事与文化有关的经营活动的行业,分为五大类:第一类是创作和制作,包括电影和演出业、音乐制作和时装业;第二类是信息传播,包括通信业、广播电视业、出版业等;第三类是健身,包括体育等;第四类是教育和培训,包括展览、学校教育等;第五类是娱乐休闲,包括游乐园、室内活动、旅游业等"。芬兰教育文化科技部文化事务顾问科文侬博士认为:"文化产业的含义是利用生产和组织模式(如文化企业)来生产和传播艺术,它们生产产品,提供服务,实质上是一种思想交流。"英国和一些英联邦国家的代表认为,"文化产业是'创作产业'或称'创意产业','创意'一次尤为关键,因为正是这种精神来刺激文化的发展"。联合国教科文组织则把文化产业定义为:"按照工业标准生产、在生产、储存及分配文化产品和服务的一系列活动,其目的是追求经济利益而不是单纯为了促进文化发展"。①

从这些定义可以看出,文化产业实际上是一个涉及领域极为广泛的产业,第二、第三产业中具有突出文化内涵的部分,都可以纳入到文化产业的范畴。具体来说,它包括文学艺术业、广播影视业、新闻出版业、音像制品业、演出展览业、文化娱乐业、文化信息业、文化教育业、文化旅游业、策划创意业、体育竞技业和艺术品制作业等等。而不同的国家和地区在制定文化产业的发展战略和相关的产业政策时,也会根据本国、本地区的特殊情况和条件,对文化产业的概念和范畴进行不同的解释。

在国际上,文化产业的概念至今还未得到十分严格和统一的界定,各国官方和学者也都认同这一概念具有多重含义,并在不同的历史和文化背景下和不同的意义上理解和使用着这一概念。因此,文化产业有时也被称作或引申为"文化工业"(Cultural industrial)、"大众文化""通俗文化""创意产业"(Creative industrializes)、"媒体文化""内容产业"(Content industrializes)、"版权产业"(Industriousness)等等。这些或宽泛或狭义的称谓充分反映了文化产业概念本身的丰富性和不确定性,也提醒我们必须从发展的意义上理解文化产业的概念和范畴。

国内外学者还对文化产业概念的内涵进行了研究。胡惠林(2001)认为,文化产业是一个以精神产品的生产、交换和消费为主要特征的产业系统。② 该定义对产品精神范畴的强调,使具有文化含义的诸如文化用品等被忽视,缩小了文化产业的范围。美国学者斯科特(Allen.Scott)(2004)认为,文化产业是指基于娱乐、教育和信息等目的的服务产出和基于消费者特殊嗜好、自我肯定和社会展示等目的的人造产品的集合。英国学者贾斯廷·奥康纳(Justin O'connor)认为,文化产业就是"指以经营符号性商品为主的那些活动,这些商品的基本经济价值源于它

---

①刘玉忠.文化市场概论.北京:中国时代经济出版社,2001:26.
②③胡惠林.文化产业发展与国家文化安全——全球化背景下中国文化产业发展问题思考[A].文化产业的发展和管理 ICI.上海:学林出版社,2001:124.
④Scott A.J. Cultoral. Products Industriesand Urban Eeonomie Develo Pment: Pros Peetsfoe Growthand Market Contestationin Global Context[j].Urban Affairs Review,2004,39(4):461~490.

们的文化价值"①。这里把文化产业的产出认定为"符号性商品",扩大了产业范围。李江帆(2003)认为,文化产业就是国民经济中生产具有文化特性的服务产品和实物产品的单位的集合体。②该定义借用了产业的概念,但只重视了生产环节,同样忽视了构成产业活动的诸如流通、销售等环节。美国学者提摩·坎泰尔(Monticello)认为,是"指那些使用同类生产和组织模式如工业化的大企业的社会机构,这些机构生产和传播文化产品和文化服务"③。这从"生产和组织模式"上把文化产业等同于工业,模糊了二者实际生产和组织活动的区别。艾斐认为,文化产业主要是指按照经济法则和价值规律,采取规模化生产和市场化运作的方式,以赚取利润和发展经济为目的的文化生产与文化消费活动。④文化生产并非均采取其所指的"规模化生产"方式。一些官方的定义则从国家角度,基于自身的产业发展状况和产业利益,不仅定义互不相同,对其称谓或名称各国也不同。如法国定义为"传统文化事业中特别具有可大量复制性的产业"。⑤ 韩国界定为"与文化商品的生产、流通、消费有关的产业"⑥。日本、芬兰和欧盟《信息社会 2000 计划》称为内容产业,澳大利亚称为文化娱乐业,英国称为创意产业,美国称娱乐产业或版权产业。在我国,全国政协与文化部所组成的文化产业联合调查组、国民经济和社会发展第十个五年计划纲要等都有界定,而目前沿用较多的是 2004 年国家统计局《文化及相关产业的分类》的定义:文化产业是指为社会公众提供文化、娱乐产品和服务的活动,以及与这些活动有关联的活动的集合。这一定义是基于产业统计需要,但没有指出文化产业的市场特征,而且包括文化事业的内容,无法依此明确产业范围。此外,学术界对文化产业的许多研究都是在没有对文化产业概念进行明确定义下进行的,因此,研究的结果存在着较大的差异性。

---

① 林拓,李惠斌,薛晓源.世界文化产业发展前沿报告[M].北京:社会科学文献出版社,2(X)4:6.
② 李江帆.文化产业:范围、情景与互动效应[J].经济理论[J].经济管理,2003,(4):26~34.
③ 林拓,李惠斌,薛晓源.世界文化产业发展前沿报告[M].北京:社会科学文献出版社,2004:6.
④ 艾斐.文化事业与文化产业的关系囝[J].人民日报 2004 年 05 月 11 日.
⑤ 苑捷.当代西方文化产业理论研究概述[J].马克思主义与现实,2004,(1):98~105.
⑥ 赵丽芳,柴葆青.韩国文化产业爆炸式增长背后的产业振兴政策[J].新闻界,2006,(3):91~93.

20世纪60年代,席勒·马特拉(Schiller, Mattelart)提出将革新中的传统文化融入全球资本主义的利益和进步中去的设想,根据这一提法,1972年欧洲委员会和联合国教科文组织(UNESCO)正式使用了"文化产业"的概念,德国学者斯图亚特·坎宁(Stua-Cunningham)则更加简洁地将文化产业的概念运动史划分为四个阶段(见表6-1)。在此基础上,他进一步对"文化产业"和"创意产业"的概念作出了区分。

表6-1 文化产业概念研究历程

阶段	文化产业概念研究
20世纪30~40年代	法兰克福学派的否定性观点
20世纪70~80年代	重新用"文化"界定已成型的商业产业
20世纪90年代初	实用艺术的实践
20世纪90年代末至今	新古典主义经济学对艺术的应用

坎宁指出,"文化产业与创意产业之间具有关联性,但是我更愿意认为它们之间的差异可以归结为创意产业正在试图描绘出一个历史性的变化,即从被资助的'公共艺术'和广播时代的媒体转变为对创意的新的和更广泛的应用。'创意产业'是一个相当新的学术、政策和产业论述范畴。它可以捕捉到大量'新经济'企业的动态,这是诸如艺术、媒体和文化产业等词汇所无法做到的。创意产业就其本质来说可以认为是新经济的重要元素"。可以说,随着科学技术的飞速发展和经济全球化的进程,与文化产业相关的一系列概念应运而生,信息产业、媒体产业、内容产业、版权产业等概念相继登场,人们对文化产业的态度发生了彻底的转变,不再"把它当成一件'好事'或'坏事',而是把它与经济、社会和文化的某些根本性变化联系起来看待,这些根本性变化我们既不能简单地置之不理,也不能一味攻击"[①]。

---

① 汉娜尔·考维恩.从默认的知识到文化产业.转引自林拓等人.世界文化产业发展前沿报告2003—2004.社会科学文献出版,2004.

1997年11月,中共十六大报告首次提出了文化产业与文化事业的概念,引起中外学者的极大关注,一大批经济界学者开始涉足文化产业的研究,基本上从经济学角度架构起文化产业理论(见表6-2)。

表6-2 不同学者对文化产业内涵的界定

作者	定义
日下公人(1978)	1. 创造某种文化;2. 销售这种文化;3. 文化符号。
易·多洛(1981)	文化产业就是文化工业,可以分为三个类型。一是大规模传播的文化财产(书籍、唱片、盒式录音带、录像带……);二是文化设备(电唱机、录音机、录像机、电影摄影机、普通摄影机……);三是称为宣传载体的物品(广播、电视的发射机,尤其是接收机……)。
尼古拉斯·加纳姆(Nicholas Garnham,1983)	文化产业指那些使用同类生产和组织模式如工业化的大企业的社会机构,这些机构生产和传播文化产品和文化服务。如报纸、期刊和书籍的出版部门、影像公司、音乐出版部门、商业性体育机构等等。
贾斯廷·奥康纳(Justin O'connor)	文化产业是指以经营符号性商品为主的那些活动,这些商品的基本经济价值源自于它们的文化价值。它首先包括了我们称之为"传统的"文化产业——广播、电视、出版、唱片、设计、建筑、新媒体和传统艺术——视觉艺术、手工艺、剧院、音乐厅、音乐会、演出、博物馆和画廊。
安迪·C. 普拉特(Andy C. Pratt,1997)	文化产业这一概念与以文化形式出现的材料生产中所牵涉的各种活动有联系(这些文化形式如电影、电视、音乐、出版、舞蹈、戏剧、绘画及雕塑),他把这种分类法称之为文化产业生产体系。
大卫·斯罗斯比(David Throsby,2001)	用一个同心圆来界定文化产业的行业范畴。音乐、舞蹈、戏剧、文学、视觉艺术、工艺等创造性艺术处于这一同心圆的核心,并向外辐射;环绕这一核心的是那些既具有文化产业的特征,同时也生产其他非文化性商品与服务的行业,包括电影、电视、广播报刊和书籍等;处于这一同心圆最外围的则是那些有时候具有文化内容的行业,包括建筑、广告、观光等。

续表

作者	定义
程恩富等（1999）	文化产业是以文化产品和文化活动为主体对象，从事生产经营、开发建设、管理服务的部门，是从事精神文化产品生产和服务的行业。主要包括文化艺术、教育、体育、科技、旅游、宗教等。在文化艺术中又包括文学、艺术、广播电视、电影、音像、文物、新闻出版、图书馆、博物馆、美术馆、文化馆等。有时，文化艺术又单指文学、艺术（戏剧、戏曲、美术、音乐、舞蹈、杂技）、图书馆、美术馆、博物馆、文化馆、文物等。
乐后圣（2000）	文化产业是第三产业中的一个子概念，它的内涵应该确定为：文化产品再生产总过程中的各种社会行业。它的范围包括科学教育、文化艺术、新闻出版和广播电影电视。文化产业的结构形式分为三个方面：一是产业的部门群，即使用价值相近的产品生产、服务部门的集合；二是产业链，即有递进关系横向构造的产品生产、服务部门的组合；三是行业网络，即若干产业链的纵横交错和前后延伸。
胡惠林（2000）	文化产业是一个以精神产品的生产交换和消费为主要特征的产业系统，是一个涵盖包括文化艺术业、新闻出版业、广播电视业、电影业、音像制品业、娱乐业、版权业和演出业在内的庞大体系。
张晓明（2001）	以文化意义的创作与生产为文化产业的基本定义，按照这种生产的不同环节，将其区分出"文化意义本身的创作与销售"，"承载文化意义的产品的复制与传播"以及"赋予一切生产活动和产品以文化标记"三重不同的定义。
海江等（2005）	文化产业就是生产文化产品和提供文化服务的行业。具体内涵包括：一是文化产业中的文化主要指狭义概念上的文化；二是行业是一个集合概念，是指特定区域内具有某类共同特性的单位组织的集合；三是文化产品具有多元供给特征。
康小明等（2005）	文化产业是由市场化的行为主体实施的，以满足人们的精神文化消费需求为目的而提供文化产品或文化服务的大规模商业活动的集合。

同样，世界各国官方和国际组织对文化产业概念的界定和行业的分类也存在着明显的差异。不同国家和组织关于文化产业的具体分类内容（见表6-3）。

表6-3 不同国家和组织对文化产业内容的界定

国家或组织	文化产业内容
联合国教科文组织	文化遗产、出版印刷业和著作文献、音乐、表演艺术、视觉艺术、音频媒体、视听媒体、社会文化活动、体育和游戏、环境和自然等10类。
国家标准产业分类第三版	文化内容发源于一是书籍、音乐、报刊和其他相关资料的出版,广告业、摄影活动、广播电视、戏剧艺术等;二是文化产品的制造,体现在电子元件制造、电视广播发射器和电话机装置的制造、电视广播接收端、磁带、录像机设备和附件的制造等;三是文化内容的翻印和传播,包括:印刷业、录制媒体的再生产、电影和录像的制作与发行、电影放映;四是文化交流,包括娱乐业、图书馆和档案馆活动、博物馆活动、历史遗迹的保护等。
加拿大	文化产业包括以国家社会、经济及文化为主题的出版、广播、电影、电视、图书、杂志、音像等在内的印刷、生产、制作、广告及发行;包括表演艺术、视觉艺术、博物馆、图书馆、档案馆、书店、文具用品商店等在内的服务。最近,遗产部又在其中增加了信息网络、多媒体等内容。
澳大利亚	一是遗产类,包括博物馆、图书和档案馆,自然遗产和保护等;二是艺术类,包括表演艺术、音乐创作与出版、广播、电视、电影等;三是体育健身娱乐活动;四是文化产品的制作销售;五是其他娱乐文化类。
美国	①文化艺术业(表演艺术、艺术博物馆等);②影视业;③图书业;④音乐唱片业等。
英国	广告、建筑、艺术和古董市场、工艺、时尚设计、电影、音乐、电视、广播、表演艺术、出版和软件等13类,称创意产业。
欧盟	制造、开发、包装和销售信息产品及其服务的产业,包括各种媒介上所传播的印刷品内容(报纸、杂志、书籍等),音像电子/出版物内容(联机数据库、音像制品服务、电子游戏等),音像传播服务(电视、录像、广播和影视),用作消费的各种数字化软件等,称为内容产业。
日本	音乐及戏剧演出、电影制作及放映、美术展览、出版、影视、网络、体育与健身、个人爱好与创作、娱乐、观光旅游、电玩游戏、数码艺术等。
韩国	与文化商品的生产、流通、消费有关的产业:影视、广播、音响、游戏、动画、卡通形象、演出、文物、广告、出版印刷、创意性设计、传统工艺品、传统服装、多媒体影像软件、网络及其相关产业。
中国	①核心层:新闻服务、出版发行和版权服务、广播、电视、电影服务、文化艺术服务;②外围层:网络文化服务、文化休闲娱乐服务、其他文化服务;③相关层:文化用品、设备及相关文化产品的生产、文化用品、设备及相关文化产品的销售。

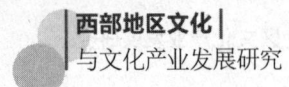

二、文化与经济的关系

文化和产业在传统上被认为是完全不相关的领域,但现代经济与社会的发展却将这两个领域结合在一起。随着知识经济的到来,文化产业与信息产业一道成为21世纪的两大新兴产业。在文化走向市场的过程中,对于文化为什么要实现产业化、能否实现产业化、怎样实现产业化,还存在着很多理论与实践方面的问题,值得我们认真地去分析和研究:一是文化如何实现产业化?产业化,是指一个完整的工业化的生产模式如何将一种理念、需求、价值、观念转换为一种产品,然后进入市场营销体系,最后实现利润的过程。文化之所以要实现产业化,是由不断提升的大众文化消费需求所决定的。传统意义上的文化产品生产主要以个人生产为主,效率低、产量小,文化产品的传播也主要以生产者和传播者自身作为产品的载体和传播的媒介,传播范围窄、速度慢。面对不断增长的大众文化消费需求,传统的文化产品生产、传播方式显得力不从心。因此,一些成功的、被证明是有效的物质产品的生产方式、组织方式以及先进的科学技术被引进到文化产品的生产和传播领域,而产业化或者说工业化的方式就是其最有效的手段。产业化在文化领域的应用就形成了文化产业,进而形成了多种门类、多种层次和多种类型的文化产品生产和传播体系,并从数量、质量、品种等多个方面满足着大众的文化需求。二是文化能否实现产业化。在很长的一段时间里,对于文化能否转化为文化产业存在不同的观点。对文化产业持批评和否定态度的学者认为,文化和产业的性质是互相抵触的,在文化实现产业化的过程中,艺术、审美必然让位于廉价、低级的感官刺激,甚至是暴力,从而导致文化、艺术的庸俗化。这种看法无疑指出了文化在实现产业化过程中实际存在、值得高度重视的一些行为倾向。但如果就此否定了文化实现产业化的可能性,则未免有些武断。文化具有共享性,它可以为一个群体、一个社会乃至全人类共享。而要达到优秀文化的全人类共享,就必须借助现代化的科技手段,将文化进行记录、加工和大量复制,并通过四通八达的商业网络传递给全世界各地的文化消费者。大量的优秀文化成果必须借助产业化的手段,才能在更长的时间和更广的空间得以延续和扩展。而由于文化的多样性和差异性或者是政治目的性所造成的文化在产业化的过程中被篡改、被歪曲的现象,随着产业化的过程越来越规范,文化产业发展得越来越成熟,也必将得到更好的控制和杜绝。三是文化如何能实现产业化。实现文化的产业化创造经济效益,从经济学的角度来看,需要在文化和市场之间搭建一个中间客体,即文化的物质产品化过程。也就是说,需要将有形的实物文化、行为文化和无形的观念文化转化为具体的产品,并产生消费行为,以实现利润。在文化的三个层面中,部分实物文化只要进入市场,转化为商品,就实现了产业化。而行为文化和观念文化则需依附在具体的载体上才可能转化为商品,实现产业化。在"后工业化"和知识经济时代,资本的全球化和高科技的发展为文化的产业化提供了资本运营和技术基础,出版、新闻、影视、教育、信息、技术、大众传媒等现代服务行业为文化找到了相应的新兴物质和行为载体。这些载体通过规模化的运营,进入市场营销体系,以丰富多彩的商品和消费行为方式提供给大众进行消费,形成了文化产业。

文化实现产业化的过程说到底就是文化的一种表现形式,其本质是要将文化中可以转化为经济利润的要素,通过现代经济行为的方式,即第一第二产业(工业)或第三产业(服务业)的形态转化为文化产品和经济行为,产生效益。[①]文化的产业化过程实际上也是一个复杂的过程,随着文化产业的不断发展,文化行业的构成还更加复杂。因此,对于文化产业,更需要从理论上、实践上对其进行更加深入的研究和探讨。

三、文化产业的内涵与分类

通过对上述不同专家学者及各国政府对文化产业概念的不同研究介绍可知,不同的学者和不同的国家从不同角度对文化产业的概念进行了界定。总体呈现以下几点特征:一是从文化产品和文化服务的功能上考察文化产业,以此来界定文化产业的内涵与外延;二是从文化产品和文化服务的生产方式上界定文化产业,以此视角划分文化产业的范围;三是文化产业的内涵在三个宽窄不一的范围中使用,一个是狭义的文化产业,一个是广义的文化产业,一个是文化

---

①李炎.文化实现产业化的可能途径及理论探讨.民族艺术研究,2003(5).

相关产业。

通过对文化产业内涵及分类界定的相关文献梳理,我们认为,对文化产业内涵的界定可以从以下几点来把握:一是"文化"内涵和"产业"内涵的把握。"文化"的内涵特别丰富,囊括的范围太广,对于文化产业内涵界定不能将人类生存与生活的基本物质与信息需求完全包罗,虽然这些也都是"文化";"产业"是社会分工的产物,它随着社会分工的产生而产生,并随着社会分工的发展而发展。因此,产业作为一个概念,其内涵和外延也不是一成不变的。尤其是服务业的蓬勃发展,使得新兴的产业部门不断涌现,"生产活动"冲破了物质产品生产领域的樊篱,把精神产品生产领域包括在内。因此,在对文化产业内涵界定上首先要把握"文化"和"产业"的内涵,在此基础上,再根据"文化产业"本身的特性来界定其内涵和外延的范围。二是文化产业不是独立于三次产业之外的一个产业,而是存在于以往那些产业分类中,日益显现出独立加以考察之重要意义的文化产品和服务的那一部分。三是文化产业必须是用来满足人们精神需求、文化艺术产品和服务的行业,它不仅能够提升人类生存,尤其是生活品质的内涵,更应该注重于提升人类精神生活品质的内涵。

基于上述考虑,笔者尝试着从狭义的角度将文化产业界定为:"以提升人类生活,尤其是精神生活品质为主要特征的从事生产并提供文化产品和服务的行业集合"。这个概念具体包含以下基本内涵:第一,文化产业中的"文化"主要指狭义概念上的文化。我国《辞海》汲取《苏联大百科全书》的说法,为"文化"下了广义和狭义两种定义。从广义上说,文化是指人类社会历史实践过程中所创造的物质财富和精神财富的总和,就是通常所说的"大文化"。从狭义上说,文化是指社会的意识形态以及与之相适应的制度和组织机构,或者说,是在一定物质资料生产方式基础上发生和发展的社会精神生活方式的总和,就是通常所说的"中文化"。如文学、艺术、教育、科学、哲学、宗教、法律等,以及与其相适应的制度、设施和组织机构。此外还有一种"小文化"的概念,即专指文学艺术。基于研究视角的需要,及我国文化产业发展的实际情况,我们所研究的内容和范围,是从"大文化"角度,同时兼顾"小文化"的内容,也包括教育、科学、哲学、宗教、法律等方面的问题。第二,文化产业中的"产业"是一个集合或系统性概念,它所提供的文化产品或服务具有相同或相似性;文化产业具有投入产出性,即产业构成的规模规定性;文化产业具有文化职业特定的文化产品供给特性,社会各职业中形成了专门从事这一产业活动的职业人员;文化产业还具有社会功能性,即在社会经济活动中承担一定角色,因为产业是与社会生产力发展水平相适应的社会分工形式的表现。第三,文化产业所提供的文化产品具有两种基本形态:一是既有物质形态又有文化符号的文化实物产品,如书籍、报刊、音像制品等;二是直接或间接向社会提供的文化服务,如博物馆参观、音乐会、表演等。

中国以及其他国家和国际组织的学者对有关文化产业进行了归类,具体内容见表 6-4 和表 6-5。

表 6-4　国际组织文化产业的分类内容①

国家、国际组织等	名称	分类
中国	文化产业	新闻服务;出版发行和版权服务;广播电视电影服务;文化艺术服务;网络文化服务;文化休闲娱乐服务;其他文化服务;文化用品、设备及相关文化产品的生产;文化用品、设备及相关文化产品的销售。
法国	文化产业	展现传统文化服务的文化基础设施建设、文化设施的管理、图书出版、电影、旅游业等几个方面。
英国	创意产业	广告、建筑、艺术和古董市场、手工艺术品、设计、时尚设计、电影、互动休闲软件、音乐、电视和广播、表演艺术、出版和软件等 13 个部门。
澳大利亚	文化娱乐业	遗产类、艺术类、体育和健身娱乐类、其他文化娱乐类。

---

① 参见安宇,田广增,沈山.国外文化产业:概念界定与产业政策[J].世界经济与政治论坛,2004,(6):6-41-4;赵丽芳,柴葆青.韩国文化产业爆炸式增长背后的产业振兴政策[J].新闻界,2006,(3):91~93;苑洁.文化产业行业界定的比较研究[J].理论建设,2005,(J):61~65.等.

续表

国家、国际组织等	名称	分类
韩国	文化产业	影视、广播、音像、游戏、动画、卡通形象、演出、文物、美术、广告、出版印刷、创意性设计、传统工艺品、传统服装、传统食品、多媒体影像软件、网络以及与其相关的产业。
北美产业分类系统	文化创意产业	娱乐业与电子传媒业;印刷业与出版业;旅行与旅游产业。
联合国教科文组织	文化产业	文化商品核心层——文化遗产,印刷品,音乐和表演艺术,视觉艺术,视听媒介;文化商品相关层——音乐,影院和摄影,电视和收音机,建筑和设计,广告,新型媒介;文化服务核心层——视听及相关服务,特许使用税和许可费,娱乐、文化和运动服务,个人服务;文化服务相关层——广告、市场研究和民意调查,建筑、工程和其他技术服务;新闻机构服务。
国际标准产业分类	文化创意产业	文化内容发源;文化产品制造;文化内容的翻印和传播;文化交流。
国际标准产业分类（第三版）	文化产业	文化内容发源书籍、音乐、报刊和其他相关资料的出版、软件咨询和供应、广告业、摄影活动、广播电视、戏剧艺术、音乐和其他艺术活动;文化产品的制造(电子元件制造、电视广播发射器和电话机装置的制造、电视广播接收器、磁带、录像机装备和附件的制造、光学仪器和摄影仪器的制造、乐器的制造);文化内容的翻印和传播(印刷业、录制媒体的再生产、电影和录像的制造与发行、电影放映);文化交流(其他娱乐业、图书馆和档案活动、博物馆活动、历史遗迹和建筑物的保护)。
WTO 国际服务贸易分类	文化创意产业	对文化服务的划分:商业服务法律服务、软件服务、数据处理和商业服务——法律服务、软件服务、数据处理和数据库服务、广告服务、摄影服务、包装服务、印刷和出版服务;视听服务——电影和录像的制作和分销服务、电影放映服务、广播和电视服务、广播和电视传输服务、录音服务;娱乐、文化和体育服务(除视听服务外)——文娱服务、新闻社服务、图书馆、档案馆和其他文化服务、体育和娱乐服务;文化会展服务、文化中介服务、文化咨询服务等新型服务以及相关的文化产品。

表6-5 部分国内外学者对文化产业的分类内容①

姓名	分类
李江帆	狭义文化产业包括文化艺术业(艺术、出版、文物保护、图书馆、档案馆、群众文化、新闻、文化艺术经纪和代理、其他文化艺术业)和广播电视电影业。
张晓明,胡惠林,章建刚	文化娱乐业、新闻出版、广播影视、音像、网络及计算机服务、旅游、教育等为主体或核心行业;传统的文学、戏剧、音乐、美术、摄影、舞蹈、电影电视创作甚至工业与建筑设计,以及艺术博览场馆、图书馆等为前沿;广告业和咨询业等。
胡惠林	文化艺术业、新闻出版业、广播电视业、电影业、音像制品业、娱乐业、版权业和演出业。
张曾芳,张龙	科学、教育、文艺、出版、影视、旅游饭店、娱乐、体育等主体产业部门;推销、印刷、中介、管理、咨询等服务配套行业。
贾斯廷·奥康纳 (Justin O'connor)	传统文化产业:广播、电视、出版、唱片、设计、建筑、新媒体;传统艺术:视觉艺术、手工艺、剧院、音乐厅、音乐会、演出、博物馆和画廊。
大卫·索斯比 (David Throsby)	处于同心圆核心并向外辐射的是:音乐、舞蹈、戏剧、文学、视觉艺术、工艺等创造性艺术;围绕这一核心的是那些具有上述文化产业的特征,同时也生产其他非文化性商品与服务的行业:电影、广播、报刊和书籍等;处于这一同心圆最外围的则是那些有时候具有文化内容的行业:建筑、广告、观光等。
安迪·C.普拉特 (Andy C. Pratt)	把文化产业分成四组:分别是内容创意(初始生产、委托制作等)、生产输入(生产设施的制作)、再生产(再生产和集中发行)和分配/交易(权属消费的交换地点)。
鲍尔 (Domini Power)	按照"生产、设施、发行、消费"四功能分组:包括广告;建筑;广播媒体;设计;时尚服装;电影;纯艺术;家具;玻璃、制陶、餐具、工艺等;珠宝;图书馆、博物馆、遗迹;音乐;摄影;印刷媒体;软件、新媒介;相关服务业:包括旅游业、餐饮业和酒吧等。

---

①李小牧,李嘉珊.国际文化贸易:关于概念的综述和辨析[J].国际贸易,2007,(2).

上述分类中可以从以下几方面看出:第一,由于各国产业名称和定义不同,涵盖内容不同,分类标准不统一,归类也就不同。第二,由于学者是根据自己研究角度和本国情况进行定义,所以分类存在着明显的差异。第三,随着现代科学技术的不断发展,文化产业的外延不断拓宽,除了广播、电影、电视、报刊、出版、美术、音乐等传统行业外,旅游、建筑、互联网、文化遗产等也被纳入文化产业,分类不断变化。第四,如果简单地把建筑、传统食品等归入文化产业,没有对其进行文化内涵的限定,将人为地使分类和产业边界更加不清晰。第五,有些行业在许多国家目前并没有或不可能进行完全产业化运作,如新闻、博物馆、图书馆、档案馆。有一些门类并不是或并不完全是文化产业,如体育、教育等,就我国国家统计局的分类来说,其分类基本上没有依据产业活动性质和特征。

第二节 文化产业与文化事业的逻辑关系

目前,就文化产业与文化事业的关系问题,在理论界有不同的看法。那么,何为文化产业、什么又是文化事业?它们各自的性质、特征、功能及其相互之间的关系又是如何呢?这不仅仅是一个抽象的理论问题,而且还是一个很现实的实践问题。这是我们在理论上和实践中都必须予以明确而科学回答的时代命题。纵观我国文化产业的发展历程以及学者们的研究,无不看出它们之间存在的不可避免的关联性,由此也形成了有关二者关系的不同观点。

一、文化产业与文化事业关系的不同观点

目前关于文化产业与文化事业关系的不同观点主要集中在三个方面:

第一种观点认为,文化事业与文化产业是包含与被包含关系。文化产业从属于文化事业,文化事业包含着文化产业。因此,它们在整个文化发展中的地位不同,前者处于从属地位,后者则是主导和控制地位。这种对于文化事业与文化产业关系的看法主要是从中国的国情出发的。中华人民共和国成立以后,由于受到苏联的影响和对马列主义的教条化理解,阶级斗争仍然被当作高于一切的中心,其他一切,包括政治、经济、文化都要为这个中心服务,与此相适应的

是计划经济体制。由于文化是意识形态领域斗争里的最重要的"战线""阵地"和"工具",因此,文化几乎完全由国家来办、国家来管。因此,在计划经济体制下,只有文化事业,不可能有文化产业。改革开放以后,随着经济的发展和社会的进步,人们对文化的需求和消费也日益增长,由这种需求的拉动引发了文化领域"经营"意识的萌芽,基层文化单位开展了"以文补文"的文化经营活动,而国家在这一时期也作出了积极的反应。1987年初,文化部、财政部和国家工商局联合颁发了《文化事业单位开展有偿服务和经营活动的暂行办法》,成为文化产业从事业中分离出来、意识形态教育与文化消费娱乐分层的起点。从中国文化产业发展的轨迹可以看出,文化产业孕育产生于文化事业中,体现出与文化事业的渊源,表现出特殊的"母子"关系。

第二种观点认为,文化事业与文化产业是并列的关系,但二者又同属于文化建设这个大的系统,这是目前理论界的主流看法。即"文化产业和文化事业如同雌雄异体的两棵果树,它们依托的都是文化的主干,根都扎在人民大众的土壤之中,它们的叶花都美化自然——产生社会效益,可是一棵只开花不结果,另一棵却可结出利润之果,然而没有雄树的传粉,也不可能有雌树的产出"。两者在发展过程中是相互支撑、不可分割的,但在诸如经营主体、目标取向、运作方式、资金来源、组织形式、调控方式上两者存在本质的差别。这种本质的差别是以"经营性"或"营利性"为标准,将文化活动划分为经营性文化产业和公益性文化事业两大基本范畴。可以说,这是颇具当代中国语境特色的典型划分方法。[1]

第三种观点认为,文化事业从属于文化产业。"对文化产业的最流行的误解是以为只有推向市场的文化部门才是文化产业,靠国家财政支持的文化部门不是文化产业。其实,所有文化部门都属于文化产业"。[2] 这种观点主要是从第三产业的角度出发,阐明服务部门的生产性,进而证明它的产业性。传统的经济学无视无形产品与服务的存在,因此把提供服务产品的文化部门视为只有投

---

[1] 白志刚.关于发展文化产业的理论性探讨.城市问题,1998(1).
[2] 李江帆.我国文化产业的定位与发展.学术研究,2001(9).

入、没有产出的行业,划为非生产部门或非产业部门。而第三产业的蓬勃发展及它在国民经济中所占比重的日益增加,说明它是既有投入也有产出的产业部门,向它投入人、财、物力后不是"非生产",而是生产出服务产品。这是对我国过去长期把服务部门划为非生产部门的错误观点的纠正。只要服务部门生产出服务产品,无论服务产品在市场上采取一种什么样的方式销售,都证明了它们的产业性。所以说文化部门的产业性不需要以文化产品或服务的市场化来证明。文化部门是否市场化与文化部门是不是文化产业毫不相关。因此,文化事业从属于文化产业。

事实上,因"文化"概念的复杂性、多义性和"产业"概念的不确定性,由这两个概念复合而成的文化产业必然是一个充满争议的话题,因此,形成的对于文化事业和文化产业关系的不同看法也是仁者见仁,智者见智。上述观点虽不同,却有共同之处。

首先,不是所有的文化部门都可以市场化,其中一部分应由文化事业来办,这主要是由文化产品和服务的特性决定的。文化产品和服务是商品,它具有一般商品的属性,但是文化产品和服务又具有意识形态性。从公共经济学角度上说,文化产品的这种意识形态性可以归结为公共性。文化产品按公共性的不同又可以分为纯公共品、准公共品以及私人品。具有纯公共品和准公共品性质的文化产品和服务,由于其消费具有非竞争性和非排他性,同时也难以排除对它不付费的消费,以社会形式共同(免费或优惠价)消费它比通过市场交换以个体形式消费的效果更好。因此,这些文化产品和服务是不能推向市场的,应该由文化事业来办。

其次,认为文化事业和文化产业在诸如经营主体、运作方式、目标取向、资金来源、调控方式上不同。经营主体上,前者是政府部门,后者是公司企业;运作方式上,前者是政府部门的行政化运作,行政事业单位管理,后者是市场化运作,公司化管理;目标取向上,前者以寻求最高社会效益为原则,后者以追求最高经济效益为原则;资金来源上,前者主要是国家财政开支,后者是多方社会筹集;调控方式上,对于前者,国家可以采取行政命令的方式直接调控,对于后者,一般以间接调控为主,主要通过法律、税收政策和价格杠杆的手段进行引导。

第三,认为文化事业和文化产业具有相辅相成、密不可分的辩证关系。国家对文化事业的投入可以说是对文化产业的间接性投资:对文化事业的投入可以提升公众对文化的兴趣,有利于培养文化产业消费的潜能,进而为文化产业创造和拓展文化市场,拉动文化产业的发展,同时,还可以促进文化产业不断提高文化产品的文化含量和品位,推动文化产业不断增强市场竞争力。文化产业的发展可以为国家创造物质财富,使国家有更多的物力和财力用以支持文化事业的发展。可以说,二者相辅相成,缺一不可。

二、文化产业与文化事业关系辨析

目前,理论界出现的关于文化产业与文化事业关系的不同看法,究其原因,一是看问题的角度不同,二是对概念的理解混乱。正确理解文化产业与文化事业的关系还是应该从基本的概念入手,关键在于重新确立"产业"的概念内涵。

产业是社会分工的产物,是随着社会分工的产生而产生,并随着社会分工的发展而发展。因此,产业作为一个概念,其内涵和外延不是一成不变的。传统的产业观把"生产活动"界定在物质产品生产领域,但随着生产力的发展与变革,社会分工不断向纵深发展并细化,使得产业的内涵不断充实,产业的外延不断扩展。尤其是服务业的蓬勃发展,使得新兴的产业部门不断涌现,"生产活动"冲破了物质产品生产领域的樊篱,把精神产品生产领域包括在内。"产业原指各种物质生产部门,一般不包括商业,有时专门指工业。第三产业兴起后,泛指各种制造或提供物质产品、流通手段、服务劳动等的企业和组织"。[①] "产业是国民经济中按照一定的社会分工原则,为满足社会某种需要而划分的、从事产品和劳务生产及经营的各个部门。它包括国民经济的各行各业,大至部门,小到行业,从生产到流通、服务以至于文化、教育等等的各行各业都可称为产业"。[②] "产业是同类企业、事业的总和"。[③] "在英文中,产业既可以指工业,又可以指国民经济中的多个具体产业部分。如工业、农业、服务业或者具体的行

[①] 于光远.经济学大辞典.上海辞书出版社,1991:838.
[②] 史忠良.产业经济学.经济管理出版社,1997:1.
[③] 李悦,李平.产业经济学.东北财经大学出版社,2002:4.

业部门"。① 尽管理论界对产业的定义还有差别,但对于"以投入一定的经济资源为代价向社会提供具有某种相同或相似性质的产品和劳务的集合"②。由此可知,产业暗含如下特征:第一,产业是一个集合或系统性概念;第二,产业提供的产品或劳务具有相同或相似性;第三,产业具有投入产出性,即产业构成的规模规定性;第四,产业具有构成的职业化特性,即社会各职业中形成了专门从事这一产业活动的职业人员;第五,产业具有社会功能性,即在社会经济活动中承担一定角色,因为产业是与社会生产力发展水平相适应的社会分工形式的表现。

因此,我们可以说,只要文化部门占用了资源,有一定的就业规模,存在投入产出关系,最后其所提供的产品或劳务不管是政府购买还是私人支付,它就是产业。文化产业作为一个产业门类,毫无疑问,它应具有产业的一般规定性特征。但是,从理论上来说,目前对"文化产业"的讨论已经偏离了"产业"的本来意义,对于持"文化产业从属于文化事业还是文化产业与文化事业相并列关系"看法的学者来说,把文化产业作为"营利性文化企业"来理解,其实都源于对"产业"概念的狭隘理解。在这种狭隘的理解中,产业等同于营利性企业的集合,产业化等同于企业化、市场化或商品化。拿产业化来讲,它与市场化就存在着根本目的差别:市场化是以利润最大化为目标,产业化则以效益最大化为目标。而效益最大化包括两层含义:一是经济效益最大化,即追求利润的最大化;二是社会效益最大化。不同的"生产活动"不论是在产业化的过程中,还是已经形成了产业门类,其追求的最终目标视其所提供的产品或劳务而定。有些产业提供的产品和劳务是以追求经济效益最大化为目标,如供给私人物品的产业;有些产业提供的产品和劳务是以追求社会效益最大化为目标,如供给公共物品的产业。在这里需强调的是,以追求经济效益最大化为目标并不是说置社会效益于不顾,以追求社会效益为目标并不是说视经济效益为洪水猛兽,只是侧重点不同罢了。可见,产业不能等同于"营利性企业"的集合,产业化也不是市场

---

①臧旭恒,需向乙,杨蕙馨.产业经济学.经济科学出版社,2002:5.
②苏东水.产业经济学.高等教育出版社,2004:23.

化,因为这种认识不仅忽略了产业的一般规定性,还忽略了产业向社会提供的产品与服务具有多元性的特征。因此,对于文化产业来说,"文化产业概念的掌握可以确定两条原则:一是它的涵盖面包括了概念范围内的所有产业部门,并不单纯以经济效益大小为划分尺度。二是确定文化产业概念并非意味着要将文化的所有部门一律推向市场,那是不科学,也是不可能的"①。中国学者苑捷在综合分析了西方文化产业理论后认为,总结国外文化产业理论研究,并非只有推向市场的文化活动和文化部门才可以被称之为文化产业,也就是说并非只有营利的文化部门才属于文化产业。西方文化产业比较发达的国家始终把弘扬优秀文化、保护环境资源和文化遗产、促进民族融合与认同、鼓励社会平等、改善居民整体利益和基本福利状况作为文化产业的一部分,作为政府文化政策的长期目标和努力方向。②

由上述可知,文化产业不单单是以追求经济效益最大化的"营利性文化企业的集合",它还包括以追求社会效益最大化为目的的"非营利性文化部门",即文化事业(即公共文化生产经营部门)。因为它不仅符合产业的一般规定性,而且还由文化产业所提供的文化产品和服务的特殊性所决定。一方面,文化产业由于其所提供的文化产品和服务具有意识形态性,也就是说,文化产品和服务有纯公共物品、准公共物品和私人物品之分。因此,它的供给主体具有多元性,而非一元性。可见,文化事业部门是文化产业中文化产品和服务的供给主体之一。另一方面,文化事业部门所提供的文化产品和服务的价值主要不是通过市场直接实现和补偿的,它的价值实现主要是通过产品和服务对生产力要素中人这第一要素的影响和教化,达到全面提高人的素质,从而促进物质生产,创造更多的社会经济财富来实现的;而它的价值补偿则主要是通过社会总收入的再分配,即政府用公共财政来购买该产品和服务这一渠道来实现的。它有投入,有产出,有产品和服务的价值实现和补偿(虽然是间接性的),毫无疑问,文化事业属于产业的范畴,它是文化产业的有机组成部分。从实践的角度看,西方发达

---

① 柯可.文化产业论.广东经济出版社,2001:42.
② 苑捷.当代西方文化产业理论研究概述.马克思主义与现实,2004(1):104.

国家对于文化产业内容的规定中,我们可以看到中国学者普遍认为应该由文化事业管理的部门或单位赫然列于其中。而我国于2004年出台的《文化及相关产业分类》及2005年1月6日正式开始实施的《文化及相关产业指标体系框架》中,文艺演出、文物及文化保护、博物馆、图书馆、档案馆、群众文化服务、文化研究、文化社团等处于文化产业的核心层。2012年国家统计局公布的《文化及相关新修订的产业分类》也沿用了"营利性企业"的集合内涵,虽然力图将文化事业与文化产业区别统计,但混淆了文化产业的社会属性和社会效益的重要价值。可见,把文化事业排除在文化产业外,认为它们是并列的,或把文化产业包含在文化事业中,无论从理论上,还是实践上都是不恰当的。

笔者认为,要确立文化产业与文化事业的逻辑关系,当前需明确两点认识:一是要正确理解和运用"产业"概念,不能把产业简单地理解为"营利性企业"的集合,产业化不是市场化、商品化。当然,文化产业也就不是"营利性的文化企业"的集合。当前中国的文化体制改革正在进行中,其中相当一部分的文化事业部门开始了市场化运作。但是,在社会主义市场经济条件下,发展有中国特色的文化产业,必须解决好与发展文化事业的关系。二是发展文化产业不等于政府可以放弃对其投资的职责。文化产业是一个特殊的产业,它所提供的文化产品和服务是为了满足广大人民的精神需求,尤其对于公益性的文化,需要政府的继续投入。如文化脱贫问题,有些地区,有些群众,目前还没有经济能力来自己花钱消费文化产品,政府有责任提供他们起码的文化生活,以提高整个社会的文化水平;再如精英文化的保护问题,无论是由于它自身的特性(如学术研究)或者由于观众的欣赏能力(如芭蕾舞、交响乐),精英文化的发展动力都不主要是市场,它既需要有关专业人员的投入、奉献,也要社会公益的支持,需要政府的继续投入。

总之,文化产业与文化事业是"你中有我、我中有你,谁也离不开谁"的关系,主要表现在:第一,文化事业是文化产业的有机组成部分。文化产业是由多系统构成的有机整体。从组织结构上看,它不仅包含以政府行政部门为主的文化事业,还包含以社会民间组织为主的非营利文化组织及以市场为主的文化企业组织。第二,文化产业、文化事业和非营利文化组织三者之间关系密切,缺一不可。从经济角度讲,要解决的基本问题是如何利用有限的资源去有效地满足人类的文化需要。可以说,文化企业、文化事业和非营利组织在有效率配置文化资源、组织文化生产、满足不同的文化需求方面都发挥着必不可少的作用。

第三节 文化产业特征

一、文化产业特征的不同观点

李新家(2006)认为,文化经济的产业特征是文化产业生产总值快速提高,文化资源迅速向各行各业渗透,文化资源成为共享资源,文化经济的发展拓展了企业跨行业经营的空间。[①] 这只是从文化经济的角度,对文化经济活动的表现进行了概括,不足以反映文化产业的实质特征。孙春波(2005)认为,文化产业具有以下特性:文化产业领域与空间的包容性,文化产业的生产方式与消费方式呈现出全球性和地方性特征,文化产业的发展样态呈现出创新性,文化产业的未来形态呈现出风险性,文化产业的传播方式呈现出霸权性。[②] 这虽然从生产、消费、传播、业态、范围对文化产业特征进行了概括,也一定程度上反映了文化产业的一些特征,但还没有全面分析和准确地总结,如文化产业的消费主导、文化生产的文化与技术交互等等。因此,文化产业实践和研究到今天,对文化产业概念和分类没有统一。概念差异,分类不同,不利于比较研究和文化产业实践发展,不利于文化体制形成、政策制定与管理。国际文化产业快速发展,文化不断进入新的领域,新的业态也不断出现,文化产业概念和分类也是动态发展的。文化产业特征分析、发掘、概括不全,不仅文化产业概念与分类缺乏特征作为依据,而且无法全面真正地发现文化产业的发展机理,按客观规律发展文化产业。

---

① 李新家.关于文化经济的几个理论问题[J].思想战线,2006,(1):39~53.
② 孙春波.论我国文化市场与文化产业的互动发展[J].齐鲁艺苑(山东艺术学院学报),2005,(1):87~91.

陈文玲[①](2002)认为,与一般物质生产相比较,文化产业的特殊性表现在六个方面:一是文化产业的产品是满足人们的精神需求的商品。二是文化产品的生产者必须是文化人力资本的拥有者,劳动者必须是具有创作才能的个体。生产文化产品中支付的劳动,主要是脑力劳动。三是文化产业是通过创造供给来培育和创造消费需求的,在文化产品未被生产出来之前,市场对此的需求难以判断,投资文化产品需要承担市场高风险。四是文化产业的生产极具创造性和个性,文化产品的产生是具有自主知识产权的原创性研究和发明的过程,每一件文化产品之间都具有不可重复性、不可替代性和不可再生性。五是文化产业的产品创造的是无形资产,积累的是品牌效应。六是文化产业与其他产业有共生性和融合性。

朱晓青[②](2006)认为,文化创意产业的特点可概括为:一是文化创意产业强调个人的参与,创意就是要求个人参与,要求个人才智的发挥,而不是要求组织或者说是机构,这一点是创意文化产业发展的基本的要求;二是强调了有形产品的生产,传统的文化业认为产品是无形的产品,现在的是要增加一些有形的产品,不再是一个简单的消费行业的一个范畴,一个再分配的范畴,使其具有很强的生产性;三是强调知识产权的保护,文化产品是真正的创意性产业,像工业化生产不具备;四是文化产品的应用,强调了最新技术的应用;五是强调了城市效应,强调文化业对其他产业的影响力和拉动力;六是强调高收益性;七是强调大众化产业,目的就是要把文化业做大、做强。

陈少峰[③](2008)认为,文化产业具有八个方面的内在特性:一是文化产业是面向大众的文化;二是文化产业要不断创新,而不是靠文化底蕴或者文化继承;三是文化产业是产业,也就是工业,是工业化的批量生产,因此它是企业主导的市场行为,是要从消费需求来反向思考的产业;四是文化产业是由许多产业构成的,要求的是工业化生产相互之间的产业关联,不是个人化,艺术家自己

---

①陈文玲.论文化产业的特殊性及市场定位;江蓝生,谢绳武.2001—2002中国文化产业发展报告.社会科学出版社,2002:95~96.
②朱晓青.文化创意产业的特点和发展条件探讨.Http://business.sohu.com‖2006.02.27.
③陈少峰.从文化产业内在特性看商机和商业模式,http://finance.sina.com.cn\2008.01.05.

喜欢的创意和个性化服务;五是文化产业中的各个产业关联性很强,因而具有打通各个产业之间关联的产业链的特点;六是文化产业的内部存在竞争关系,比如说我们现在的新媒体和传统媒体之间存在着竞争关系,产业之间的相互替代出现经常性变动;七是其他产业和文化产业之间存在密切联系,文化产业可以推动制造业的结构升级,也可以拉动其他产业的消费;八是文化产业是人才密集型、技术密集型和资本密集型结合的产业集群。

金元浦①(2008)认为,创意产业的基本经济特点可以从创意需求、创意产品、创意人员等四方面来研究,主要包括需求的不确定性与产业的风险;创意为王与创意产业的精神特质;创意产品的多样性与差异性:纵向区别与横向区别。

李江帆②(2003)提出了文化产业的波及效应特征。他认为文化产业主要沿着三条路线产生波及效应:一是逆向波及,文化产业的发展,会沿着文化产业—生产文化产业中间产品的先行产业—这些先行产业的先行产业的线路,向其先行产业发生逆向波及;二是顺向波及,文化产业的发展,会沿着文化产业—以文化产品为中间产品的后续产业—这些后续产业的后续产业的线路产生倾向波及;三是间接波及,文化产业的发展会沿着文化产业—与文化产业具有消费互补性的产业—这些互补产业的先行产业和后续产业—与这些先行产业和后续产业的直接相关和间接相关产业的线路,对国民经济产生波及。而坎宁安(Cunningham,2005)强调了文化产业的主要组成部分与主要服务性产业之间的相互依赖性。

薛晓源③(2004)从更加宏观的视角归纳出文化产业具有五个本质特征:一是文化产业的领域与空间呈现出巨大的包容性;二是文化产业的消费方式和生产方式呈现出"全球性"与"地方性"的特征;三是文化产业的发展样态呈现出创新性;四是文化产业的未来形态呈现出风险性;五是文化产业的传播方式呈现出霸权性。

---

①金元浦.文化创意产业相关概念研究.http://info.printing.he360.com\2008.01.21.
②李江帆.文化产业:范围、前景与互动效应.经济理论与经济管理,2003,(4)26~30.
③薛晓源.全球华语文化产业研究.转引自林拓,薛晓源等.世界文化产业发展前沿报告 2003—2004.社会科学出版社,7~10.

根据上述不同学者对文化产业特征的阐释,虽然角度不同,但大部分学者对文化产业特征通常有几点共识:一是文化产业所提供的是满足人们精神需求的产品和服务;二是文化产业具有知识经济的典型特征;三是文化产业的生产体系是一个巨大的生产链条;四是文化产业的创意性,日益被认为是国家创新系统的主要推动器之一;五是产业的辐射力和渗透力强。

二、文化产业特征应把握的几个方面

我们认为,文化产业的本质特征体现在以下几个方面:一是文化产业所提供的是满足人们精神需要的产品与服务。文化产业区别于向人们提供物质产品的产业,它所提供的是满足人们精神需要的供人们欣赏和体验的产品和服务,这就使得文化产业具有认识、教化、教育、审美、娱乐等功能。文化产品是创作者对客观外界的评述和感受。虽然它的组成也是物质材料,比如音像制品、图书,但人们消费的不是它的物质外壳,而是里面的精神内涵。人们是为了满足自己的精神需求以及娱乐、休闲和丰富自己的知识与心灵的需要。人们在享受文化产品精神内涵的同时,也受到了感官的刺激,精神的愉悦,心灵的陶冶。与此同时,由于文化产品的内容大都涵盖了人类共同的价值观念、审美观念,所以文化产品经过消费,虽然它的物质载体会被损耗,但它的文化价值永不会被磨损。文化产品通过再版、复制和消费,让更多的人了解、掌握其中的文化价值,使得文化价值更具有永恒的价值。可以说,文化产品与服务的消费需求是一种更高层次的消费需求。一般来说,人们的生活水平越高,人的文化程度越高,文化消费能力就越强,对文化产品的需求也越多。二是文化产业的灵魂核心在于其创意性。"原创性"是文化产业发展的灵魂与根本。技术的发展使文化产品的标准化、规模化和批量化生产成为可能,并使文化产业从中获得极大利润,但这并不是文化产业的本质。"具有精神原创性的文化产业同一般的模仿复制性的文化产业的关系,就如同一幅世界名画的原作同其复制品之间的关系一样。凡·高的一幅《蓝色鸢尾花》的原作曾创下了3.2亿法郎的最高拍卖纪录,而这幅画的复制品用几个法郎就可买到一张"。[①] 这一论述深刻地揭示了文化产业的最本

---

① 邓安庆,邓名瑛.文化建设论.湖南人民出版社,1998.

质特征。一个文化企业只有以"原创性"活动为根本,才能成为文化市场中的主宰和赢家。因此,文化资本的多少,关键在于创意性,而不是仅仅看它拥有多少厂房和机械设备。三是文化产业具有很强的知识产权属性。鉴于文化产业的创意性特征,因此每一个文化产品都应该独具匠心,不能雷同。虽然文化产品的创造者和生产者可以吸收和利用前人的劳动成果,但它不能重复前人的劳动,而必须创造前人和他人所没有的新东西,需要生产者的一种创作激情才能完成。因而,文化产品的产生是具有自主知识产权的原创性研究和发明的过程,每一件文化产品之间都具有不可重复性、不可替代性和不可再生性。文化产业具有很强的知识产权属性和版权属性。"比如像金庸的武打小说,现在许多创作生产机构将它改编成影视剧,有的多达四五个版本,但即使是如此,它的每个版本都具有相对独创性,都有一些别的版本所没有的东西,否则,不仅没有市场,而且还会被有关部门追究侵权、剽窃等法律责任"。① 四是文化产业的产业关联性较强。文化产业是一个关联性极强的产业门类。这主要表现在三个方面,第一,在于文化产业的生产链条很长,不仅包括内容的原创和再造,还包括生产、再生产、营销等环节。第二,文化产业内部本身就包括相互关联的各个子产业门类,这些子产业之间具有一定的相互竞争性和可替代性,这就为生产具有原创性的文化产品的衍生品提供了很好的条件。如在电影工业发达的国家,衍生品收入已经成为了电影收入的支柱。在漫画产业发达的日本,动漫产业已经成为其国内的第三大产业,出口所创造的价值往往是出口钢铁的 3~4 倍,这其中很大的一部分来自于动漫外围产品的销售,包括动画片、电影、海报、玩偶,以及游戏等相关的衍生品。《哈利·波特》所创造的产值已经达到了几百亿美元。其中图书的销售仅仅占到很小的一部分,更多的是来自于电影以及电影音像制品、玩具、服装、游戏等其他领域,而将要建成的主题公园更是将《哈利·波特》的价值延伸到了地产等看起来毫不相干的领域。第三,文化产业对制造业等其他产业具有很强的渗透力和辐射力。如对文化内容为载体的音像设备、录音设备及摄影设备等生产的影响。五是文化产业投资的高风险性。消

---

①赵力平.文化产业特征、功能.中共杭州市委党校学报,2002(4):21.

费者对文化产业所提供的产品与服务的消费需求具有较强的不确定性。虽然随着人们收入水平和教育水平的提高,对文化产品的需求在日益上升,消费的空间不断扩大。但由于文化产品是满足人们精神需要的产品,它具有精神性、娱乐性、审美性等特点,又由于社会环境、文化差异、地域特色及个体嗜好不同,这使得针对每一个具体的文化产品如电影、电视剧、音乐、歌剧等消费来说,这种需求又有很大的不确定性。这就大大增加了文化产业投资的风险。但是高风险往往伴随着高收益和高回报。六是文化产业发展的知识经济属性和集聚性。文化产业是一个高知识和高技术相结合的产业。文化产业从业人员通常受过较好的教育。在欧盟成员国中,文化领域工作者的受教育水平超过整个经济体就业的教育水平。与总体上劳动力中26%受过大学教育水平相比,几乎48%文化工作者已经完成了大学水平的教育。在一些国家,如意大利、捷克、匈牙利和罗马尼亚,文化就业中高等教育人口的比例比总的就业比例高出2.5倍。在许多成员国,大多数在文化领域工作的人是大学毕业生,如法国的比例为53.5%,英国为47.1%,德国为47.8%,这个比例在比利时、爱沙尼亚、立陶宛和西班牙高达60%。[①] 文化产业的知识经济属性也决定了文化产业的集聚特征。从全球范围来看,文化产业多聚集于经济发达的城市,例如,全球性的经济中心伦敦、纽约、东京等等。这些发达地区一般具有良好的产业基础和教育设施。如这些地区具有发达的现代服务业和快捷的信息网络;这些地区是文化的消费中心等。在欧洲,58%的文化产业从业者在城市化程度很高的地区工作。

第四节 国外文化产业投融资经验

一、日本:中央、地方、民间一起投入

企业是日本文化产业发展壮大的主要投资及融资来源,而且所占比例越来越大。在日本,大型文化活动的举办多依赖于企业、公司的投资和资金赞助。

---

①Eurostat.EU Labor Force Survey,2005.

更重要的是在演出界、电影界、出版界、广告界等拥有一支成熟的知名文化企业队伍。日本的文化产业不是由政府"包办"的,文化产业项目都进入市场操作。几乎所有的日本一流大型企业都以各种不同形式支持、参与文化活动,他们将此视为改善企业形象的重要举措。例如,NEC公司举办的中日围棋擂台赛,富士通公司举办的世界围棋超霸赛,丰田公司举办的一年一度的"丰田杯"足球赛等都是世界闻名的文体活动。日本多达800余家民间企业拥有自己的博物馆和美术馆,三得利公司在东京建造的音乐厅、创意协会在东京都八王子市郊建造的富士美术馆等都堪称世界一流。

近年来,日本政府审时度势,在技术开发的"行政指导"方面,对"创新企业"实行较多的政策倾斜和税收扶持,即政府通过信贷、财政补贴、税收优惠等经济手段,促进"创新企业"的建立和发展。如企业开发高新技术可获低息贷款。若开发成功,按低息还本付息,若开发失败,则免除利息。政府还规定对电子信息等高科技产业实行优惠税制与折旧制,对企业的高新技术研究开发给予财政补助,这给日本的信息文化产业创造了良好的发展空间。

此外,文化产业的投资也受到政府的多方重视。一方面,它作为新兴产业,能够享有"研究投资和科学技术投资",另一方面,作为对国民投资,它又享有"文化投资"的经费。日本人在进行文化信息产业的投资中,主要是采取"产学研"的协作体制。这种将有限的技术人员和研究经费集中起来,统一指导开发研究计划,为了共同的目标重拳出击的"官民合作研究"机制,是促进科技创新、加速科研成果转换和实现产业化的有效途径,并且对节约有限的研究经费和宝贵的时间具有十分重要的意义。它有力地推动了日本高新技术的迅速发展,促进了日本的有关产业参与国际竞争的实力。正是由于有了民间企业的大力投入和融资以及日本政府在文化产业上的投资政策的扶持,日本的文化产业才得以普及和发展。

二、美国:多层次的文化产业投资体制

据统计,在全美400家最富有的美国公司中,有72家是文化企业。如迪士尼娱乐业等,已跻身于世界大型企业500强。美国的这些文化企业已成为世界文化市场中名副其实的龙头老大,而这些企业成功的关键在于美国多层次的文化产业投资体制。一是联邦政府投资大。美国联邦政府主要通过国家艺术基金会、国家人文基金会和博物馆学会对文化艺术团体给予资助,州和市镇政府及联邦政府的具体部门也提供一定资助。这种投入面向所有符合政策导向的团体。二是吸收非文化部门和外来投资,来自于各大公司、基金会和个人捐助的数额远远高于各级政府的资助。各种来源的公共基金只占艺术组织运行费用的15%,国家艺术捐助会的拨款占5%左右,单个而言,政府是最大的文化艺术赞助来源。但是,就特定的文化活动来说,私人捐赠者的捐献额是政府来源的2倍或3倍。从20世纪60年代以来,公司捐赠的艺术基金基本稳定在大约36%,但是,它们捐献的绝对数字一直大幅度上升。三是形成了比较完善的融资体制。一些有实力的文化产业集团如美国广播公司、哥伦比亚公司等,背后都有金融大财团的支持。以传媒为例,现在,美国的主流媒体大多由各大财团控股,这些媒体无不依靠其巨大的财力和其他资源。以美国通用电气公司为例,美国国家广播公司(NBC)就是通用电气旗下的一家子公司。NBC作为美国第一家广播电视网,拥有和运营着13家电视台,在美国收视率一直位居前列,而通用电气公司又是由美国老牌财团摩根财团控股的。通过与财团的合作,美国文化产业获得了发展所需要的大量资金。此外,美国政府对于外资进入美国文化产业经营限制不多,文化产业依靠其强大的实力吸引了为数众多的外资进入,加拿大、英国、日本等国家都有大笔资金通过文化产业的跨国公司进入美国。

三、韩国:政府加大投入和鼓励社会各界向文化产业投、融资

政府产业政策的扶持极大地推动了韩国文化产业的发展,政府部门的主要投入有:一是表现在政策法规的制定。政府制定了大量促进产业发展的文化法规和经济政策,尤其是完善有关文化经济政策,如利用税收、信贷等经济杠杆实行的多种产业优惠。奖励政策和措施,如为重点发展的游戏、动画等风险企业,对进驻文化产业园区的单位提供长期低息贷款,减少甚至免除税务负担。在文化产业园区建设中,免除农田、山林、草场转让费和再造费,以及交通设施补偿

费等。二是先后设立各种专项基金。文艺振兴基金、文化产业振兴基金、信息化促进基金、广播发展基金、电影振兴基金、出版基金等若干促进相关文化产业发展的专项基金。此外,在2000~2001年间还分别投入大量资金建立各类文化产业园区(在我国俗称"文化产业发展基地",韩国称之为"文化产业支援中心")。三是运作"文化产业专门投资组合"。这是以动员社会资金为主,官民共同融投资的运作方式,包括多渠道筹措文化产业发展资金,按照"集中与选择"的原则,有目的、有重点地实施资金支持,在经费上确保文化产业的发展。文化产业振兴院2002年通过国家预算拨款、投资组合、专项基金共融资文化产业事业费5000亿韩元,为文化创作和基础设施建设、营销和出口、人才培养,各投入1700亿韩元。其中仅文化产业振兴院在2000年至2001年两年期间,就成功运作"投资组合"17项,共融资2073亿韩元(政府350亿,民间1723亿)。计划以后每年通过"投资组合"至少融资1000亿韩元。由此可见,加大政府投入是韩国文化产业取得成功的重要支撑。并且,政府的大力投入也为吸引和鼓励社会各界对文化产业的投入起到了积极的带动作用。

四、英国:利用社会集资的方式进行文化投资

在英国,文化投资的渠道是多样的,有政府拨款、准政府组织资助、基金会资助等。除此之外,还运用了一种非常规的投资方法,这就是用发行彩票来筹集文化基金。他们在鼓励企业赞助文化艺术的同时,鼓励全体公民自愿支持文化事业。1994年11月19日英国发行了第一期国家彩票抽奖,到2001年上半年,国家彩票累计发行总额已高达314亿英镑,25%用于资助文化艺术、体育和慈善事业,总额超过108亿英镑。在1995年到1999年间,超过1000个艺术项目从"彩票基金"中获得了10亿英镑以上的资助。仅彩票收入一项,一年就可以为文化艺术事业筹集到赞助费6亿多英镑,极大地弥补了政府文化投资的不足,兴建了一批文化设施,支持了优秀的文化人才的培养。在英国众多投资中常常有这样的情况,一种具有负面效应的筹集和投资方式,如果引导得法、调控有力、分配合理,获得了社会的认可,就如同点石成金,释放出巨大的投资能量。关键在于认识它的规律和对这种规律的因势利导。

五、法国：企业和专业协会发挥重要作用

法国政府对文化事业及相关产业给予不同形式的财政支持或赞助。法国对文化产业的投资主要有三种形式：一是中央政府直接提供赞助、补助和奖金等。每一个从事文化活动的企业或民间协会，均可向文化部直接申请财政支持。二是来自地方财政支持。法国的大区、省、市、镇政府都有支持文化事业发展的财政预算。三是政府通过制定减税等规章鼓励企业为文化发展提供各类帮助。有关企业可享受3%左右的税收优惠。统计表明，法国企业为文化发展提供的赞助，多年来一直高于对其他诸如环保行业的赞助。在发展文化产业方面，企业的作用近年来越来越显著，已成为推动法国文化事业与时俱进的重要力量。在一系列大型古文物的修复和重大国际性文化交流活动中，都能见到法国企业的身影。在法国，无论大企业还是中小企业，都能依法参与文化赞助活动，而作为补偿，企业可获得减免税收或者享有冠名权等各种不同的回报。在积极参与文化产业发展的各类角色中，除了政府和代表投资者利益的企业，还有一些代表少数特殊群体利益的组织，即各类专业协会。这些协会的法律地位各不同，但多数是以非营利为目的的，一般是因情趣相投而聚合在一起的文化活动爱好者，如音乐协会、话剧协会、舞蹈协会等等，还有一些准文化类或者说广义上的文化协会等。这些组织的活动经费主要是靠会员缴纳的会费或募捐与赞助，少部分来自地方政府补贴。由于协会以非营利为目的，其资金来源和用途都要受到财务及税务的严格审计，特别是享受政府补贴的协会更是如此。每当全国或地方上举办公共文化活动时，这些协会都会应邀参加，负责组织和服务方面的工作，协会在号召志愿者的过程中发挥了不可忽视的作用。

总之，文化产业的理论研究，是一个跨学科的领域，不仅涉及文学、艺术，而且涉及国际传播学、国际法、国际贸易、社会学、经济学，甚至人类学等许多学科。在文化产业的众说纷纭中，有两个问题值得关注，一是离开文化企业谈文化产业。文化产业首先是一门产业，是文化产品的生产和经营活动以及为这种生产和经营提供相关服务的产业。我国国有和民营文化企业多年来在文化领域的开拓、经营和竞争，已经积累了不少经验和教训。二是离开社会效益谈文

化产业。文化产品不同于物质产品,它还具有一定的意识形态属性,如果片面注重经济效益,这样生产制作出来的文化产品就有可能产生负面的社会影响,背离先进文化的前进方向。我国文化产业发展正处于发展初期,廓清中国文化产业的定义,明确文化产业在先进文化建设中的地位和作用,建立完备的文化产业指标统计体系,理顺文化产业相关政府部门的职能,制订有关文化产业的政策法规,探索文化企业的经营体制和经营方式,实现国有资产的保值增值……这些问题,都不是一窝蜂式的口号、文章、讲话、文件所能一一解决的,需要我们一切从实际出发,认真地调查研究,采取积极有效的措施,在实践中加以回答。

第七章 西部地区文化产业发展状况和发展优势

党的十九大报告指出:"健全现代文化产业体系和市场体系,创新生产经营机制,完善文化经济政策,培育新型文化业态"。大力发展文化产业是实现中国经济由第二产业向第三产业转型升级、推进经济可持续发展的重大战略决策之一。西部地区具有得天独厚的文化资源,发展文化产业拥有很大的优势。改革开放以来,特别是国家西部大开发战略实施后,西部地区文化产业和其他产业一样,抓住发展机遇,得到了较快发展。

第一节 西部地区文化产业发展总体状况

一、文化产业总量较快增长

近年来,西部地区充分利用丰富的文化资源,大力发展文化产业,文化产业增加值总量迅速增长,占 GDP 的比重不断提升。2016 年,云南文化产业增加值达 635 亿元,占云南省 GDP 的比重为 6.11%[1],成为全国文化产业增加值占 GDP 比重超过 5% 的五大省市之一[2]。四川省是西部文化产业增长速度

---

[1] 云南省文化产业增加值稳步提升,云南日报,2017(7).
[2] 文化产业五大城市分别指北京、上海、广东、湖南、云南。

最快的省,从 2005 年到 2016 年,全省文化产业增加值从 116 亿元增加到 1400 亿元,翻了两番多,居于全国第七位、中西部首位,年均增长 33%以上,比全国平均水平高 15 个百分点①。从 2012~2016 年,陕西省文化产业增加值从 500.7 亿元增至 802.52 亿元,年均增速 12.5%,占 GDP 比重达到 4.14%。②。重庆市 2013 年文化产业增加值达到 460 亿元,2016 年文化产业增加值达到了 615 亿元,同比增长 25.7%③。内蒙古 2013 年文化产业增加值达到 269.86 亿元,2016 年,内蒙古文化产业增加值实现 525 亿元,增速达到 20%④。2013 年,青海省文化产业增加值 45.01 亿元,增长 18.58%,文化产业占国民生产总值的 2.01%⑤。甘肃省 2013 年文化产业增加值达到 108 亿元,2016 年实现增加值约 181.71 亿元,同比增长 15.67%⑥。新疆 2013 年文化产业增加值已达 69 亿元以上,占新疆国民生产总值 1.67%⑦。宁夏 2013 年文化产业增加值达到 54.55 亿元,2016 年达到 75 亿元,增长 20.35%⑧。广西 2013 年文化产业增加值 412 亿元,占广西国民生产总值的 4%左右,2015 年达到 424.22 亿元,占 GDP 的 2.52%⑨。贵州 2013 年文化产业增加值 209.72 亿元,占 GDP 比重 2.62%,2016 年文化产业增加值上升到 398 亿元,占 GDP 比重达到 3.39%⑩。西藏 2013 年文化产业增加值达到 24.09 亿元,占 GDP 的 3%⑪,2016 年达到 34.5 亿元,占 GDP3.01%。(见表 7-1)

---

① 四川文化产业发展和文化消费指数进入全国前十.四川经济日报,2017.
② 陕西文化产业发展势头猛.人民日报海外版(北京),2017-11-17.
③ 2020 年文化产业将成为重庆支柱产业.重庆晨报,2017-3-16.
④ 内蒙古:文化产业快车跑出发展"加速度".内蒙古日报,2017-10-20.
⑤ 青海省特色文化产业发展迅速.新民网,2014-1-19.
⑥ 甘肃:文化产业风光正好.甘肃经济日报,2017-12-19.
⑦ 2014~2018 年新疆文化产业投资分析及前景预测报告.
⑧⑨⑩⑪2017 年全国各地文化产业发展大揭底.经济日报,2017-12-29.

表 7-1　2016 年西部 12 省区(市)文化产业增加值

省区(市)	2016 年文化产业增加值(亿元)	占 GDP 比重(%)
云南	635	6.11
四川	1400	4.8
重庆	460	3.61
广西	424.22	2.52
贵州	398	3.39
西藏	34.5	3.01
内蒙古	525	2.82
陕西	802.52	4.14
甘肃	181.71	1.91
青海※	45.01	2.01
新疆※	69.0	1.67
宁夏	75	2.35

资料来源:以上数据根据各门户网站、西部 12 省区(市)2013、2016 年政府工作报告、文化部门年终总结汇总而来。※为 2013 年数据。

从表 7-1 中可以看出,西部地区文化产业整体发展较快,其中,发展最快的是四川省,其次是陕西省。从五个少数民族自治区文化产业发展比较来看,发展最快的是广西壮族自治区,其次是内蒙古自治区,新疆由于近年来疆独分裂分子的捣乱破坏,使新疆旅游产业遭受巨大损失,大量特色鲜明、精美实用的文化产品无人问津,呈现出产业下滑趋势。显然,文化产业的发展是一项系统工程,特别是安全环境对于消费市场的影响巨大,因此,各地党委、政府在大力发展文化产业的同时,要更加注重安全环境,注重构建市场消费发展空间。

二、文化产业结构逐步优化

西部地区在充分挖掘和开发利用各种文化资源的同时,积极调整文化产业结构,加大资源整合力度,突出优势,合理开发。一方面大力推进传统优势文化产业的数字化、信息化改造,实现产业升级,另一方面又积极发展现代传媒、动漫游戏、数字视听、演艺娱乐、文化旅游、网络文化、会展博览等文化产业的新型业态,文化产业呈现出结构不断优化、竞争力不断增强的势头。以陕西省西安市为例,2016年文化产业的"核心层",包括新闻服务、出版发行和版权服务、广播电影电视服务和文化艺术服务等产业,实现增加值492亿元;"外围层",包括以互联网信息为主的网络文化服务,以旅游、娱乐为主的文化休闲娱乐服务和以广告、会展、文化商务代理为主的其他文化服务等产业,实现增加值112.07亿元;"相关层",包括文化用品、设备及相关文化产品的生产和销售活动,实现增加值83.92亿元。统计分析表明,核心层、外围层和相关层实现增加值之比为40.97∶33.53∶25.50[①]。截至2016年,陕西省已经成功建立了旅游、影视、演艺、出版、会展、传播、广告、动漫、游戏、网络、设计等门类齐全的文化产业结构,文化产业体系逐步形成和完善,成为西北五省区文化产业全面发展的省份。

三、文化精品工程不断出现

西部地区在各级党委、政府的领导下,大力实施文化精品工程战略,推出了一批具有西部特色的文化精品,挤进了国际国内市场,取得了良好的经济效益和社会效益。例如,由杨丽萍主创的《云南映象》这部大型原生态歌舞剧,到2013年底,已经演出3000余场,在国内48个城市、海外50多个国家和地区演出,创造了中国舞台阵容最大、巡演时间最长、所到城市最多、演出场次最多、票房收入最好五个第一。广西桂林则利用著名的漓江山水、壮族民歌和传说中的民族歌手刘三姐的品牌资源,通过国内有名的舞美、灯光、编导整合起来,在基于传统歌舞剧《刘三姐》的基础上,成功运作了大型山水实境歌舞剧《印象·刘三姐》,极大促进了桂林市文化旅游业的发展。西安曲江新区以盛唐文化为特色,以资源整合为手段,以重大项目为载体,以国际化为目标,先后投资了130多亿元,开发建设了大雁塔北广场、大唐芙蓉园、曲江海洋馆、曲江池遗址公园、法门寺文化景区、大唐不夜城、唐大明宫国家遗址公园等一批重大文化产业项

---

①2016年西安市宣传思想文化工作巡礼.中国发展门户网,2014-03-04.

目,彰显了古城西安的人文魅力,成长为陕西特色文化资源开发的集大成者。甘肃也先后推出了《大梦敦煌》《丝路花雨》等大型精品歌舞剧。宁夏银川艺术剧院创排的《月上贺兰》已在国内外演出300场,荣获国家舞台艺术精品工程奖"十大精品剧目"、文华大奖特别奖、中国舞蹈"荷花奖"等殊荣。

四、文化产业发展形式多样化

随着文化产业的市场化运作,以公有制为主体、多种所有制共同发展的投资主体多元化的产业格局进一步得以巩固。鼓励和引导非公资本进入文化产业的政策效果明显。如云南省民营文化企业在政府扶持下,发展成为云南省文化产业的一支生力军,涌现出云南映象文化产业发展有限公司、云南吉鑫集团股份有限公司等一大批民营文化骨干企业,带动了云南文化产业的发展。2016年统计表明,云南民营文化企业占全省文化企业的80%以上,成为文化产业的主力。四川省戏剧团得到来自社会各界的大力支持,截至2016年,其民营剧团已发展到260余个,农村演出队和农民剧团达到2422个,形成了国家、集体、个人共同办团的格局。2016年底,在重庆的印刷企业中,近90%为非公有制企业。近年来,在文化管理部门的推动下,重庆市文化产业还以资本为纽带,以项目为中心,国有文化企事业单位与民营文化企业建立起不同层面的合作关系,不仅使民营文化企业得到了发展,而且使国有文化单位的内部活力得到释放[①]。与此同时,西部地区文化的国际化合作也在深入,如《云南映象》在国内国际团队的通力运作下,成功改造成符合欧美主流文化市场需求的作品,取得了良好的市场反应和文化效应。

第二节 西部地区文化产业发展优势

任何产业的发展都既离不开资源禀赋,也离不开外部环境的影响。西部地区发展文化产业既依赖于当地丰厚的文化积淀,同时也少不了国家和地区政策

[①] 宋云璇,杨光明.重庆文化产业发展的知识产权战略保障.人民法院报,2013-12-02.

的扶持。西部地区文化产业的发展优势可归结为文化资源总量丰富、文化特色保存完整、政策扶持力度较大以及文化体制改革推动。

一、文化资源总量丰富

从人文地理的视角出发,我国西部位于世界四大文化区的衔接地带,疆域辽阔,文化内涵丰富,地域特色鲜明;从历史发展的脉络来看,西部地区是中华民族文化的发祥地之一,文化历史悠久,积淀深厚,文化世代传承发展;从文化构成的角度来看,西部地区少数民族众多,文化特色鲜明,文化多样性和文化包容性并存。

在中国的世界文化遗产库中,共包含56个项目,其中有20个项目来自西部地区,四川占了5个,云南和西藏次之,分别占了4个①。中国文化遗产名录数据库中将文化遗产分为物质文化遗产和非物质文化遗产两大子类别(见表7-2)。

表7-2 中国区域物质文化遗产分类数目表

单位:个

项目\地区	东部地区	东北地区	中部地区	西部地区	港澳台地区	全国总数
全国重点文物保护单位	874	131	781	791	30	2607
中国历史文化名城	39	4	29	33	0	105
中国历史文化名镇(村)	33	1	22	24	1	81
国家重点风景名胜区	55	15	47	63	3	183

资料来源:根据中国华夏文化遗产网 http://www.cchfound.cn/2014年公布的数据整理而得。

根据表7-2,我们看到西部地区的物质文化遗产中,国家重点风景名胜区数目居全国首位,超过东部地区、中部地区以及东北地区,占全国总数的1/3左右。全国重点文物保护单位数目、中国历史文化名城以及中国历史文化名镇(村)个数都仅次于东部地区,而高于中部和东北地区,可见西部物质文化遗产

---

① 中国的世界遗产.新华网,www.xinhuanet.com,2014-06-24.

的丰富性。在全国重点文物保护单位中,西部地区的古遗址数达到193处,占全国总数550处的35.1%,古墓葬数达到90处,占全国总数233处的38.6%,石窟数达到101处,占全国总数205处的49.3%。

西部地区的非物质文化遗产数目也十分可观,省级和国家级的非物质文化遗产数都超过了全国总数的1/3,这相对于西部地区人口只占全国总人口的23%来看,反映出了西部地区人文底蕴深厚、文化资源优秀的特点(见表7-3)。

表7-3 西部地区非物质文化遗产数目及占全国比重

地区 项目	西部地区(个)	全国总数(个)	西部占全国百分比(%)
省级非物质文化遗产	541	1570	34.5
市级非物质文化遗产	83	892	9.3
国家级非物质文化遗产	281	812	34.6

资料来源:根据中国华夏文化遗产网中国非物质文化遗产名录数据库系统2014年公布的数据整理得到。

二、文化特色保存完整

西部地区地域的多样性造就了文化的多样性。同时,由于中国少数民族的大部分居住在西部地区,各少数民族创造了多姿多彩的文化,这些都使西部地区的文化资源具有浓厚的地方特色,这种特殊性和不可替代性构成了西部地区发展文化产业的极大优势。

受到地理空间的阻隔、生态承载力的限制和观念制度的制约,西部地区大部分文化资源几乎未受现代工业文明的影响,许多传统的民俗传统活动,外界知之甚少,甚至充满了原始、新奇而神秘的色彩。例如拥有"人类母系社会的活化石"之称的摩梭人,至今保留着传统的母系社会形态,他们生活在以女性为轴心的母系大家庭里,过着男不娶女不嫁的原始走婚生活,对现代社会来说充满了吸引力。宁夏的水洞沟遗址,因其整体保存的完整性,而享誉世界。不仅如此,西部的优秀传统文化仍以其浓厚的乡土气息活跃在当地、全国乃至全世界人们的精神生活和物质生活中。如流传千古的英雄史诗《格萨尔王》依旧在藏族民间传颂,古老的歌舞、服饰仍质朴地表达着人们对美好生活的向往等。现代文明的传播与扩张并没有使这种古老的文化远离人们的生活,而是代代传承,绽放异彩,具有浓重的人性化、情感化的色彩,这正是西部文化最具魅力的一面。

三、政策扶持力度较大

党的十九大报告指出:"健全现代文化产业体系和市场体系,创新生产经营机制,完善文化经济政策,培育新型文化业态。"大力发展文化产业是实现中国经济由第二产业向第三产业转型升级、推进经济可持续发展的重要战略决策之一。2009年8月国务院颁布了《文化产业振兴计划》,国家和各级地方政府不断加大对文化产业的扶持力度,在财政、金融、投资、税收、人才、科技各个方面给予优惠。西部各省区政府也将文化产业作为重要的新兴产业来抓,不断推进文化公共服务基础设施建设,放宽市场准入标准和引进国内外资金、技术及人才,这些都为西部地区发展文化产业提供了良好的政策保障。例如,云南省作为西部的旅游大省,一直对以文化旅游业为主导的文化产业的发展比较重视,已逐步形成一套完整的文化产业保障支撑体系。2010年云南省委、省政府决定,"十二五"期间省级文化事业建设费由此前每年的4500万元增加到8000万元,省级文化产业发展专项资金由此前每年2500万元增加到1亿元,同时建立10亿元规模的文化产业发展引导基金,为全省文化产业的发展提供了良好的投入保障。2016年云南省委、省政府每年为文化产业发展提供5亿元的扶持资金。另外,文化产业发展相对滞后的新疆维吾尔自治区也开始重视文化产业的发展①。从2013到2016年的4年时间里,新疆累计申请中央文化产业发展专项资金1.22亿元,用于大力发展文化产业。有力促进新疆文化产业发展②。与此同时,新疆首个文化产业集聚区将通过140万元资金扶持的"新疆7坊街文化创意产业示范基地建设项目",搭建公共服务平台,为文化企业和从业人员提

---

①云南省文化产业"十二五"发展规划.云南新闻网.2012-08-09;云南省经济社会发展"十三五"规划.云南日报,2016-11-16.

②新疆累计申请中央文化产业发展专项资金1.22亿元,新疆新闻网,2016-01-13.

供技术支持和各类专业服务,带动整个园区的发展和促进就业。新疆共有卡尔罗媒体科技有限公司等4家国家级文化产业示范基地,52家自治区级文化产业示范基地,涵盖演艺、动漫、文化娱乐、工艺美术、创意设计等多个文化产业门类。与其他周边省份相比,宁夏文化产业发展稍显缓慢,在公共文化、园区建设、文旅融合、遗产保护等方面仍需要做很多工作。古老的黄河文化、神秘的西夏文化、光荣的红色文化等诸多优质文化资源的保护与开发,需要更加合理科学的顶层设计。对于像宁夏这样文化起步晚、发展速度慢的地区,文化产业在发展过程中,更需要扎实做好"基本功",注重与当地文化扶贫项目的精准对接。

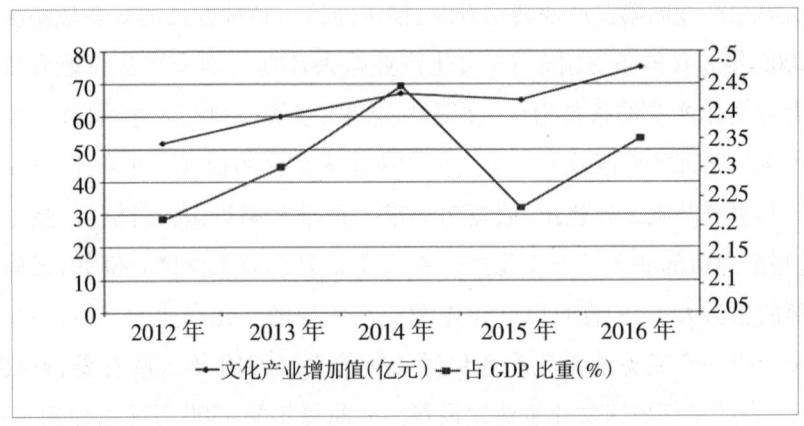

图7-1 近5年宁夏文化产业发展态势

四、深化文化体制改革

在国务院《关于深化文化体制改革的若干意见》和《文化产业振兴规划》等一系列文件的支持和引导下,西部地区文化体制改革全面推进,文化产业发展的宏观环境不断优化,文化产业发展的新格局初步形成,文化企事业单位的活力显著增强,文化创作和文化市场空前繁荣。

例如,陕西省全部省直文化单位已经基本完成了转企改制,陕西文化产业投资控股有限公司等大型文化企业公司相继成立,尤其是在具有深厚盛唐文化历史底蕴的曲江建设了曲江新区,极大促进了全省文化产业的发展。截至2016年年底,陕西省全面完成市县经营性文化单位转企改制任务,改制单位221家,涉及人员7712人,县级财政支付改制资金9138万元。省、市、县三级共改制单位427家,涉及2.9万多人,涌现出了一批文化体制改革先进典型。从2009年起,四川省就确立了"大资源、大产业、大集团、大项目"的文化产业发展思路,通过深化改革,加速推进经营性文化事业单位的改制步伐,积极培育文化市场主体,形成新的有竞争力的文化企业集团,并大力促进文化产业与旅游、工业及其他产业的融合发展,做强做大已改制企业。2009年,四川省文化企业占四川文化产业机构的79%,以公有制为主体、多种所有制共同发展的文化产业格局已初步形成。2011年11月9日,四川省委九届九次全会通过了《中共四川省委关于深化文化体制改革加快建设文化强省的决定》,明确提出要建设与西部经济发展高地相适应的文化强省。181个县(市、区)中已有173个完成了改革任务,余下的8个县、区将在半年后全面完成改革任务。2011年,成都市杂技团转企改制后挂牌为"成都市杂技团有限责任公司",实现北京驻演,巡演全球,截至2016年底,四川省已全部完成文化体制改革任务,文化企业正在全力奔赴市场大显神通①。宁夏是进行文化体制改革较早的省区之一。2011年5月,经宁夏回族自治区党委、人民政府批准,按照"创新体制,转换机制、面向市场、壮大实力"为要求,将宁夏歌舞团、宁夏京剧团、宁夏秦腔剧团、宁夏话剧艺术发展有限公司、宁夏文化艺术服务中心、银川市秦腔剧团、银川剧院、红旗剧院合并组建宁夏演艺集团有限公司。新组建的集团公司按照现代公司法人治理结构运作,面向市场打造出一批精品力作,取得较好的经济效益和社会效益。

第三节 分行业发展状况

一、文化旅游业

西部地区文化旅游资源丰富,随着西部大开发的深入推进和西部文化资源的合理开发,文化旅游业获得良好的发展,在西部文化产业发展过程中起着越

---

① 一场别样的考试——四川文化体制改革10年历程.四川日报,2016-9-16.

来越强的带动作用。

　　近年来,陕西省积极推进旅游业转型升级,加快旅游与文化融合,实现了从资源禀赋到品牌创新、从速度提升到服务更优的巨大转变。2016年,陕西省旅游人数达到44912.92万人次,旅游总收入达到3813.43亿元,旅游总收入占全省GDP的16.04%,占第三产业的比重为32.7%①。云南省2016年全年接待海外入境旅客(包括口岸入境一日游)1199.42万人次,实现旅游外汇收入30.75亿美元,全年接待国内游客4.25亿人次;国内旅游收入4536.54亿元,增长46.22%;全年实现旅游业总收入4726.25亿元,增长44.10%。② 四川省充分利用本地资源发展文化旅游业,2016年全年接待国内游客6.3亿人次,国内旅游收入7600.5亿元;接待入境游客308.8万人次,实现旅游外汇收入15.8亿美元。全年实现旅游总收入7705.5亿元,增长24.1%③。西藏有着多样性的文化旅游资源,在发展文化产业的过程中,文化旅游业起到了带动作用。根据西藏自治区旅游局统计,2016年累计接待国内外游客2315.94万人次,其中,接待国内游客2283.75万人次,接待入境游客32.19万人次,实现旅游总收入330.75亿元,同比增长17.3%④。广西的文化旅游业2016年,接待旅游总人数4.09亿人次,实现旅游总收入4191.36亿元,其中,接待入境过夜游客482.52万人次,国际旅游(外汇)收入21.64亿美元,国内游客人数4.04亿人次,国内旅游收入4047.65亿元,同比增长29.1%⑤。自2010年以来,贵州省2016年全年共接待游客5.31亿人次,旅游总收入达5027.54亿元⑥。2016年甘肃省全年接待国内外游客1.9亿人次,实现国内旅游收入1219.2亿元⑦。

---

①2016年陕西省旅游经济发展统计公报.陕西省旅游局,2017-2-14.
②云南省旅游发展委员会:2013年云南旅游总收入快速增长,云南旅游电子政务网,2014-1-27.
③2013年四川旅游将实现旅游产业多点多极发展,圣才学习网,2013-1-11.
④2016年西藏接待游客超2300万人次 同比增长14.8%,西藏日报,2017-3-10.
⑤2016年广西旅游接待游客超4亿人次,广西日报,2017-1-22.
⑥2016年贵州旅游经济呈"井喷式"增长,贵州日报,2017-2-23.
⑦2016年甘肃省实现国内旅游收入1219亿元兰州晨报,2017-6-15.

二、影视传媒业

西部地区灿烂的历史和民俗文化历来是影视传媒制作的重要题材,西部地区具有发展影视传媒业的资源基础。目前,西部地区已建立了多个影视基地和传媒产业园,日益发展壮大的影视传媒公司正致力于打造具有地方特色的西部影视品牌,这对于西部文化产业的发展具有重大的意义。

截至 2016 年,陕西省共有影视制作机构 196 家,影视剧生产平均年投入 2.6 亿元,政府奖励扶持基金 100 万元。影视传媒业已经成为陕西文化产业的龙头,陕西省也成为全国最重要的影视产业基地之一。四川省影视传媒业也获得了较快发展,四川省电影公司等国有文化单位的实力不断壮大,成为全国八大票房上亿元的院线之一。云南省通过强化品牌、整合优势等一系列措施,进一步加快影视传媒业的发展,相继推出了《云南映象》《丽水金沙》《印象丽江》等一批文艺精品,并着力打造"香格里拉""茶马古道"等文化品牌以及"纳西古乐""丽水金沙""印象丽江""花楼恋歌"等民族演艺品牌,引起了社会的高度关注,取得了较好的经济效益和社会效益。从 2013 年起,贵州电视文化传媒有限公司与海润影视制作有限公司联合注册成立北京经纬星影视文化传媒公司,进一步拓展健康、情感、美食等多档节目的研发。贵州星空影业有限公司快速推进城市电影业务的发展,投资修建恒丰步行街、金阳步行街、六盘水凉都宫等五家城市影院。2016 年,宁夏广电传媒集团公司从成立之初的 2009 年集团年净利润总额只有 2760 万元,增长到 2016 年的 4077 万元,年平均增长率达 10%。集团资产总额从成立时的 7.72 亿元,增长到 2016 年的 16.7 亿元,年均增长率达 17%;年收入总额从成立时的 1.59 亿元,增长到 2016 年的 6.09 亿元,年均增长率达 21%。①。随着文化体制改革的推进,宁夏的文化精品迭出,优秀作品不断涌现,得到社会的高度评价。

---

① 创新引领蝶变——宁夏广电传媒集团的改革创新之路.宁夏日报,2017-5-12.

三、新闻出版业

作为传统的文化产业类型,新闻出版业一直是西部各地区主要发展的文化产业类型之一。随着新兴文化产业的发展壮大,新闻出版业开始加大文化体制改革,打造集团和品牌,力求保持行业竞争力。

重庆市新闻出版业已经成为该市文化产业的主体板块之一。2016年,全市新闻出版业实现年营业收入295.44亿元,全年办理版权登记35000件并公示,同比翻番;备案版权贸易361种,同比增长30%;版权贡献率实现11亿元。利润22亿元,增加值70.43亿元。在全国地方图书出版社中,重庆出版社跃居第1位①。甘肃省认真组织实施《甘肃省新闻出版业"十二五"发展规划》,新闻行业在精品出版、品牌发展、版权产业、数字转型等方面亮点频出。2013年,甘肃省新闻出版业产值达到76.74亿元②。2013年,宁夏报业传媒有限公司实现销售收入5.77亿元、利润4653万元,同比分别增长35%和34%。在增强广告、印务和发行等传统经营业务的同时,公司向会展、房产、物业、信息服务领域进军,走出了多元化发展的路子。仅黄河出版传媒集团2013年就出版图书2876种,比2010年增长21%,实现营业收入3.46亿元、利润3988万元,同比分别增长13.75%和13.11%③。2013年,云南省各出版单位围绕建党90周年、纪念辛亥革命100周年等重大选题,倾力打造了一大批精品出版物,全年出版图书8328种,比2010年增长35.3%,出版音像618种、电子出版物63种④。

四、创意设计业

创意设计是一个新兴的文化产业,其特点在于生产文化产品的过程中,融入了创意的元素,通过人们想象力和智能的充分运用,展现商品的经济价值和文化价值。西部创意设计业的最大特点就是融入了地区和民族的特色,构成了

---

① 数字看重庆2013新闻出版业:国家重点选题达12种.华龙网,2014-02-15.
② 2013年新闻出版产业分析报告.中国出版网,2014-07-10.
③ 宁夏新闻出版业发展情况.宁夏新闻网,2014-05-14.
④ 云南新闻出版业去年销售收入达280亿.云南网,2014-01-22.

其发展创意设计业的优势。

近年来,云南省民间工艺品业在云岭遍地开花,全省登记注册的以生产民族民间工艺品为主的企业已达7000家,涉及金银器、玉器、扎染等多个门类。除珠宝玉石外,云南民族民间工艺品年销售额已达80亿元左右①。甘肃省拥有丰富的民间艺术与工艺品制作传统,塑造"甘肃工艺精品"是甘肃文化产业的重点内容之一。甘肃民间艺术品以陇东庆阳县的香包最具特色,2008年被文化部授予国家级文化产业示范基地称号。目前,当地围绕香包产业组建的各类公司达110多家,年生产能力达500万件以上,从业人员15万人,在国内30多个省区市和美、日、欧等20多个国家及地区建立了销售网络。2013年,四川省创意设计产业保持平稳较快发展,2013年9月,成都东区音乐公园正式开园,成为比肩锦里、宽窄巷子的城市"新名片"。公园改建于建设南支路4号的原成都红光电子管厂工业遗址之上,是目前"国内唯一的音乐体验主题公园"和"比肩世界的音乐产业聚集园区"。

五、会展业

从2011年以来,陕西省提出打造博物馆之都以来,到2016年底,已建成121.98万平方米②。自2010年起,云南省组织实施了文化产业大项目带动战略,连续举办了中国昆明泛亚石博览会、中国昆明泛亚国际民族民间工艺品博览会等大型文化产品推介活动,并获得圆满成功。青海省着力打造"大美青海"文化品牌。从2009年起,青海倾力打造的人文自然风情大型音画史诗《秘境青海》在首都保利剧院连续隆重上演,目前已经成为青海省的文化对外交流名片。重庆市的文艺会展业也发展良好。重庆中国三峡博物馆、重庆科技馆等一座座大型文化设施矗立在城市黄金地段,成为重庆市新的文化地标。目前,重庆市正在建设重庆歌剧院、中国民主党派历史陈列馆、国泰艺术中心等13座大型文化设施,拟建重庆非物质文化遗产博物园等众多文化设施。2010年以来,宁夏

---

① 云南省旅游局 2013 年年终总结报告.云南新闻网,2014-02-12.
② 2017 中国文化统计提要.文化部财务司编著(内部资料):86.

依托国家级会展"中阿博览会",目前已连续举办四届,与阿拉伯国家密切交往,成为西部地区文化产业对外开放的重要窗口。

六、网络服务业

西部地区的网络服务业发展较慢,原因在于西部的网络基础设施不够完善。近年来,西部各省政府加大了对网络服务业的投入,努力搭建公共网络服务平台,为未来西部地区网络服务业更好更快地发展提供了较强的物质保证。

在四川省文化产业中,数字娱乐、动漫游戏在近年异军突起,截至2016年底,已形成12个国家级文化产业示范基地,居全国第一。四川省已成为中国三大数字娱乐、动漫游戏产品消费地区之一。重庆市以网络文化服务和文化休闲娱乐为主的新兴文化产业,及以其相关的文化用品和设备的生产销售为主的产业都实现了高速增长。重庆商报社和腾讯公司以项目合作方式成立了国内第一家地方生活服务类网站"腾讯大渝网",目前已发展成为重庆重要的商业门户网站,促进了当地网络服务业的发展。云南省通过资源整合、政企分开、加快产业结构升级等措施,组建了拥有36亿多元资产的云南广电网络传输股份有限公司,整合了全省131个分支机构的广电网络传输资源,是西部地区网络服务发展较快和较好的省份之一。2016年,贵州省广电网络加快数字电视新业务的发展,与省建行联合推出全国第一张传媒网络金融结算卡,并在全国首家开通了旅游展示的数字电视平台。2006年,宁夏动漫软件园开始建设,到2016年,动漫软件园不但发展成为西北地区最具活力的IBI育成中心,而且每年产值超过1200亿元,广告业、动漫产业等更是异军突起,多个项目获得国家大奖,影响力不断增加。①

---

①IBI育成中心:智慧产业创造梦想.中国新闻网,2013-12-26.

第八章　西部少数民族地区文化资源及其产业化现状

第一节　西部少数民族地区文化研究

一、少数民族文化

少数民族文化是各个少数民族的人民在其历史发展过程中创造和发展起来的,具有民族特色的文化整体。专家学者们对少数民族文化的界定和范围,没有达成统一意见,一般分为广义的少数民族文化和狭义的少数民族文化。广义的少数民族文化是指普遍意义上的少数民族文化,从物质文化、制度文化和精神文化的三个方面,对少数民族的起源、发展过程中创造出来的一切文化的总和。少数民族在生活和生产过程中,创造出来的饮食文化、建筑文化、体育文化、节日文化、服饰文化、艺术创作、语言文字、风俗习惯、礼仪风尚等都是少数民族文化。文化本身是一个动态的概念,是一个历史的发展过程,因此,文化既具有地域特征和民族特征,又具有时代特征。少数民族的文化具有民族性和地域性。随着经济社会的发展,少数民族的文化越来越受到重视,对于发展少数民族文化,是当前发展的一种文化态势。狭义的少数民族文化特指各个少数民族人民群众创造出来的一切精神文明的集合。少数民族文化的精神文化是少数民族文化的内涵,它表达了少数民族在长期的历史发展过程中体现出来的人文精神和艺术文化。少数民族的精神文化是少数民族群众心里状态的描写,在少数民族文化中传递着凝聚力和创造力,在少数民族文化中占有重要的地位。这就要求我们在实践中发挥文化的能动性和不断丰富少数民族的精神文化。

二、少数民族文化产业

国内对西部少数民族地区文化产业的研究起步比较晚,而且倾向于定性研究,在研究对象上具有多样性。张名章(2009)以西部边疆少数民族文化网络构建为研究对象,提出当前西部边疆少数民族文化网上传播存在的问题与不足,如网传播文化缺乏内涵、文化传播结构不平衡,并提出网络发展要着眼全球、加强网络人文精神建设等建议。① 许莉(2011)以文化产业园区模式为支撑,重点探索了三种适合西部文化产业园区发展的模式:特色文化资源带动模式、重点城市增长极模式及联盟带动模式。② 任媛媛(2012)以西部民族文化旅游产业与文化产业的互动发展为研究对象,认为少数民族有着文化产业发展的先天性优越条件,但同时存在着不少问题,如文化品牌老化,缺乏底蕴与内容创新,提出少数民族文化旅游产业要打造自身品牌,挖掘民族底蕴,解放思想等建议以拉动文化产业的发展。③ 王世金,石惠春(2006)以人才创新作为西部文化产业发展的决定因素。④ 陈婕(2007)通过对西部发展民族文化产业的潜在民族文化是各民族在其历史发展过程中创造和发展起来的具有优势与制约因素分析,提出把文化产业的发展与相关产业特别是旅游业的发展结合起来的发展路线。⑤ 唐艾(2010)通过对西部文化产业的深入的分析,提出了因地制宜、地区合作、差异性竞争、走资源整合之路、建立"文化产业特区"的发展模式。⑥ 王雅荣,张璞(2011)通过对少数民族地区文化产业发展中存在的随意性,无特色等

---

①张名章.西部边疆少数民族文化网络建构的问题与创新[J].贵州民族研究,2009,(6):120~124.
②许莉.西部文化产业园区发展模式探索[J].生产力研究,2011,(9):149~153.
③任媛媛.民族文化旅游产业与文化产业的互动发展研究[J].西部大开发,2012,(3):222~224.
④王世金,石惠春.西部文化产业跨越式发展思考[J].技术与创新管理,2006,(12):21~23.
⑤陈婕.西部少数民族文化产业发展探析[J].经济视角,2007,(12):39~40.
⑥唐艾.关于西部文化产业发展战略的思考[J].今日南国,2010,(4):96~97.

问题的深入研究,提出以文化生态观为主,确定特色推进的文化产业发展模式。① 熊正贤,杨艳辉(2011)提出民族文化产业由原始粗放型向规模化集约型转变,由数量扩张型向质量取胜型转变,由低附加值向高附加值转变的文化产业发展方式,是推进民族地区文化产业发展的根本举措。② 马金萍,马文婷(2011)认为只有重视和加强对少数民族传统文化的保护传承和开发利用,才能保护民族文化的多样性和传承性,从而发展少数民族文化产业。③

还有一部分学者通过对东西部地区的差异比较展开研究,并对发展西部少数民族地区文化产业提出对策建议。如赵玲(2001)以西部少数民族地区的政治、经济、文化发展水平与内地汉族地区的差异为研究对象,并建议制定适合其文化产业发展的多元化对策。④ 林艺,李炎(2006)提出由于中国东西部经济基础的差异,决定了文化产业作为新兴产业起步同样呈现明显的区域特征。西部地区在调整经济结构时,对丰富的民族文化资源要素进行整合和新的布局是实施产业调整的必然结果,是东西部文化产业由比较优势向竞争优势转变的重大突破。⑤

从广义的角度来说,少数民族文化产业可以被看作是各个民族的人们共同体所进行的文化生产的活动。我国由 56 个民族组成,少数民族文化产业可以看作一个整体,是全民族的文化产业,从实践角度来说,我们所指的少数民族文化产业,主要围绕西部各省区少数民族文化产业发展去进行分析和理解。

三、西部地区少数民族文化分类

(一)少数民族文学艺术

西部少数民族大多历史久远,民族文化丰富灿烂,许多少数民族都有自己

---

①王雅荣,张璞.少数民族地区文化产业特色推进发展[J].技术经济与管理研究,2011,(9):106.
②熊正贤,杨艳辉.中国少数民族地区文化产业发展方式转变研究[J].民族学刊,2011,(1):28~35.
③马金萍,马文婷.关于西部少数民族文化保护的法制思考[J].政法论坛,2011,(4):102.
④赵玲.西部少数民族地区文化产业发展对策中的多元化问题[J].学术探,2001,(5):156~157.
⑤林艺,李炎.西部地区文化产业向主导产业发展的理论与实践[J].云南民族大学学报,2006,(3):68~73.

本民族的语言和文字,流传至今的文学作品更是举不胜举,例如,维吾尔族的《福乐智慧》、藏族的《萨迦格言》、蒙古族的《蒙古秘史》、纳西族的《东巴经》、彝族的《贝玛经》等都是很有艺术成就、具有典型意义的少数民族文字的作品。特别是少数民族的史诗,数量众多,一些名篇与世界上著名的《荷马史诗》相比也毫不逊色。其中著名的有藏族的《格萨尔王》、蒙古族的《江格尔》、柯尔克孜族的《玛纳斯》和彝族的《阿诗玛》等。音乐方面,许多作品在国外有很大影响。侗族的三部重声合唱在世界都少见;纳西族的古乐在世界一些地区演奏后引起巨大轰动;维吾尔族的《十二木卡姆》是具有统一调式的以歌、舞、乐组合而成的维吾尔族传统古典大曲,具有极高的艺术价值。与音乐相联系的是乐器,西部的少数民族乐器有数百种,有的造型别致,有的音色奇特,有的演奏方法特别。音乐和戏曲关系密切,西部少数民族的戏曲剧种有30种以上,如藏剧、白剧、傣剧、毛南族戏等,各具特色。近年来,在宁夏崛起的作家群引起文化界的关注,石舒清、陈继民、金瓯、郭文斌、了一容、马宇祯等一大批作家发表的作品影响深远。在西部地区,有与众不同的岩画、墓葬壁画、石窟画和寺院画,是西部文化发展的缩影。另外,西部各少数民族都各自流传着大量的民歌、民谣、民间传说、民间故事,是民族文化的重要表现形式。

(二)少数民族纺织服饰

衣着是人们生活的基本条件,又反映这各民族人民生活的不同特点,被称为人类文明的"窗口",民族标识的"印记"。服饰有装饰和御寒的功能,同时又是民族文化的一部分。我国西部各少数民族在自己的历史发展进程中,由于各自的传统观念、生活环境、工艺条件及审美情趣等方面的不同,不同民族甚至同民族不同支系间的服饰呈现出种类多、样式多、色调多彩的特点。如从事畜牧业的蒙古、藏、哈萨克等民族的衣着都用的是牲畜的皮毛,用羊皮做大衣,用羊毛做衣服,用牛皮做靴子。西南的少数民族善于织布、织麻,因此许多民族穿的是以棉、麻、丝等植物纤维为材料的衣服。与衣服相联系的是头饰。少数民族十分重视头部的装饰,有些少数民族可以从头饰上辨别出来。如维吾尔族男女都戴四楞的帽子,简称"小花帽",颜色和图案花样繁多;哈萨克牧民戴色彩鲜艳的缎面羊羔皮或狐皮三叶帽,一些西南民族的男子经常扎头巾,也称头帕,颜色和扎法式样很多。

(三)少数民族手工艺

西部地区各少数民族群众在与自然和谐相处过程中,通过不断积累经验,发挥本民族的智慧,创造了品类繁多的手工艺。这些少数民族手工艺品,不仅是各族群众谋生的手段,同时也是少数民族文化的重要组成。少数民族手工艺品类繁多,按照使用功能,可分为实用类手工艺、欣赏类手工艺,宗教祭祀类手工艺。按产品分类,有陶瓷手工艺、金属加工手工艺(包括铜、锡、铁、金、银等金属冶炼加工)、纺织印染手工艺(包括麻、棉、丝、毛)、挑花刺绣、服饰缝制手工艺、金银首饰加工手工艺、皮革和毛皮加工手工艺、竹藤棕草编织手工艺、木器制作、雕刻及建筑装饰手工艺、大理石加工及各民族石雕手工艺、骨角果壳雕刻及根雕手工艺、制浆造纸手工艺、少数民族民间乐器制作手工艺、烟花爆竹手工艺等。这些技术和产品与其他民族的文化传统紧密联系,使得这些产品具有很强的文化背景,并为世人所喜爱。比如苗族的刺绣工艺及其刺绣产品,壮族、土家族的织锦工艺,云南大小凉山地区的彝族的漆器,藏族的地毯、金器,云南的蜡染,还有竹器、木器、银器等等。

(四)少数民族民居

任何民居建筑都是一定民族在特定的自然生态条件和地理环境下,依据某种观念、意图和目的,既适应自然同时又充分地利用自然和改造自然的产物。因此,以民居为主的建筑文化是民族文化中最为基本、最为直观、最具个性特色的部分。住房与地理环境、气候条件、经济生活、文化心理有着密切的关系,这使得各民族的房屋在造型、材料、工艺等方面都有很大的不同。如北方游牧民族为适应游牧生活和北方的寒冷气候而采用的毡房式建筑,便于拆卸、安装和搬迁,主要形式有蒙古包、毡房、"仙人柱"和"撮罗子"等。而西南少数民族典型的传统住房形式是橄榄式民居,基本造型是分为两层,上层供人居住,下一层饲养牲畜、放置杂物,建筑材料主要是竹木。维吾尔族的住宅一般由院落、住宅(客室、前屋、后屋)组成,院落结合房子的外廊设有炕台和葡萄架,是人们弹唱、休息、餐饮的地方。居住在云南、贵州的哈尼族、布依族等一般住的是取当地的黏性沙土修建成的土掌房。羌族居住在海拔3000米左右的地区,山高谷深,村寨多建在山区或半山区,依山就势,气势雄伟。居住在青海东部的回、土、撒拉等民族,住着一种叫"庄窠"的民居,四周用土筑墙,居室用木构架承重,通过檐廊使院落与房尾连成一体,院内有车棚、草料棚、畜料棚、果院、菜院等,冬暖夏凉,是结合当地气候、环境、材料等发明的一种独特建筑,很具有民族特色。

(五)少数民族节庆

节日是需要纪念或庆祝的日子,少数民族节日是民族传统文化中最充分、最集中的载体。最美的盛装在这里展示,最质朴的情感在这里流露,最真实的礼俗在这里演绎。因此,也是最能引起人的兴趣,最让人神往的活动。西部各少数民族的节日很多,节日活动的内容十分丰富、有趣,各个节日都有着不同的来历。有的节日和时间有关,比如春节是我国的传统佳节,是包括汉族在内的大多数民族都要过的节日。有的节日和生产活动有关,如佤族一年一度的传统节日"播种节"。有的节日和传说有关,云南、四川的彝、布朗、纳西、拉祜等民族的"火把节"就是如此。有的节日和历史有关,如锡伯族的"西迁节"。傣、佤、布朗等民族的关门节、开门节等。民族节日几乎浓缩了各民族传统文化所有层面的内容,并在较短时间将其中最典型的部分集中展现出来,成为富有特色的活的"民俗博物馆"。在民族节日里,有关这个民族的历史传统、神话传说、社会思想、伦理意识、审美观念等,大都充分显露出来,节日服饰、节日饮食、节日歌舞、节日游乐、节日艺术(造型艺术及象征物)以及美丽神奇的风光风物,更是洋洋大观。它们反映了生活在不同历史、地理和文化背景下,不同民族不同的生活习俗、生产习惯、思想观念和社会组织结构等方面的内容,堪称高度形象化、典型化的民族文化的大百科全书。

(六)少数民族饮食

西部不同地区的少数民族食物的品种存在很大差别。生活在草原的少数民族,主要从事畜牧业,以肉食、奶制品为主。从事农业生产的少数民族,则主要以粮食、蔬菜和饲养的家禽家畜为主。从事渔猎的民族,则会更多地食用渔猎物、野菜野果。由于交通的发达,饮食习惯也在发展变化之中。另外,不同少数民族间食用相同的食物,在制作、取用方面也会存在很大差别。以羊肉为例,这是许多民族的盘中佳肴,但吃法各异,维吾尔族爱吃"烤全羊""羊肉串";蒙古族、哈萨克族喜欢"手抓肉",把肉切成大块,盛在大盆大盘里,用手抓着吃;有的民族则喜欢"涮羊肉",把羊肉切成薄片在火锅里涮着吃。除了主食、副食外,各少数民族还制作了各种不同的饮品。如奶茶、青稞酒、盖碗茶等,清香扑鼻,深受人们的青睐,有着产业开发的广阔前景。

(七)少数民族传统体育

现代体育以其激烈的竞争性、竞技性为基本特点,并通过奥运会等形式成为整个人类社会生活的重要组成部分。但体育的特性是多方面的,西部各少数民族有特点鲜明的传统体育活动。这些体育活动既有竞技性,又有观赏性,还有娱乐性,是少数民族生活方式的重要组成部分。少数民族的传统体育有的来自生产,有的源自生活,有的与军事和战争有密切关系,有的与文化传统联系在一起。此外,由于少数民族分布地域广,各少数民族的政治、思想、经济、文化、习俗差别大,因而形成了内容丰富、风格不一,形式多样,各具本民族特色的体育运动项目。即使同一运动项目,所包含的内涵、技艺等均有较大的差异。各类项目大都有鲜明的民族特色和地区特色,有的显示了南方水乡的风情,有的散发着北国草原的芳香,有的带着高原的神奇,有的包藏着谷地的奥秘。几乎一个项目就是一首瑰丽的歌,就是一个引人入胜的传说。如蒙古族的赛马、赛骆驼,藏族的高原登山、射箭、赛牦牛,苗族的八人秋、壮族的抛绣球,布依族的手花包,哈尼族的打磨秋,哈萨克族的姑娘追,高山族的背篓球,柯尔克孜族的追姑娘,塔吉克族的叼羊,回族的武术、踏脚等。许多优秀项目经过数百年、上千年的打磨、提炼,世代相传,魅力无穷,深受群众的喜爱。

第二节 西部少数民族地区文化资源概况

文化资源是指那些具有文化内涵的资源,通过对其进行资本投资可以直接带来经济效益的生产性资本。文化资源是发展文化产业的物质基础,文化资源的产业化开发是发展文化产业的核心内容。西部少数民族地区是中华文化的发祥地之一,民族众多,历史悠久,拥有多层次、多主题、丰富而独特的民族文化资源,对这些文化资源进行科学分类和评价,是将其充分进行产业化开发,并转化为文化资本、文化产品或服务行为的前提条件。

一、西部少数民族地区文化资源的分类

中国除汉族之外的55个少数民族中,绝大多数在西部地区,特色鲜明,文化灿烂,历史悠久,其中的大部分民族文化可以直接形成产业化,具有发展文化产业和文化旅游产业的最佳优势。从全国文化可产业化内容的角度来看,西部民族文化资源的构成可以分为四类:

第一类是自然文化资源。自然文化资源是指名山大川、森林、草原、河流、土地等与人类活动密切相关的自然资源,它是体现自然和文化双重属性的区域特有资源,是外在自然景观和内在文化内涵的紧密结合。由于历史原因,我国西部少数民族大多居住在远离城市之地,交通不利。西部自然文化资源记载着西部地区的文明和生态环境的变迁,具有强烈的象征意义。西部地区土地面积546万平方公里,占全国总面积的57%,其南北跨越28个纬度,东西横贯37个经度,地域非常广阔。广阔的地域孕育了纷繁复杂的自然形态:喜马拉雅山、昆仑山、天山、华山、峨眉山、祁连山等巍峨高山在西部拔地而起;亚洲第一长河——长江、中国母亲河——黄河都发源于此,流经西部九个省份;黄果树瀑布、九寨沟、青海湖、喀纳斯湖、天池等湖泊瀑布神奇瑰丽;呼伦贝尔、锡林郭勒、科尔沁、乌兰察布、鄂尔多斯、乌拉特等大草原和塔克拉玛干、古尔班通古特、巴丹吉林、腾格里、柴达木、库姆塔格、库布其、乌兰布和等大沙漠资源独一无二;汶川地震、玉树地震等地质灾害也在西部留下了震撼人心的自然和人文印记。复杂多样的自然环境孕育着复合多元的区域文化:西北黄土高原地域广大,地势平缓,它孕育的文化在质朴中藏着博大;西南盆地气候怡人,巴蜀文化愉悦洒脱;云贵高原山川纵横,民族众多,这里的文化显得细腻抒情;青藏高原起伏跌宕,庄严静穆,它的文化则处处透着神秘和诱惑;北方草原浩瀚辽阔,一望无垠,促使游牧文化崇尚自由奔放。

第二类是历史文化资源。历史文化资源是人类社会生活过程中的遗存,这种遗存可以为人类现在及今后的社会生活所利用,包括大量的实物遗存和文字遗存。其中,实物遗存以古代和近现代遗留下来的历史文物、历史遗址或文化遗址及墓葬等为代表。历史文化资源是对一座城市或一个区域发展过程的记载,是城市品位的体现,也是区域文化产业发展的特色和亮点。就古代历史文化资源来看,西部少数民族地区是中华文化的发祥地之一,历史悠远,古迹众多,著名的有敦煌莫高窟、秦始皇陵和兵马俑、丽江古城、古丝绸之路、西夏王陵、楼兰古国、交河古城、三星堆、大足石刻、都江堰等。截至 2013 年 6 月,西部地区已被列入世界遗产名录的就有 14 处(包括"中国丹霞"等多地区捆绑项目),共有国家级历史文化名城 3 座,国家级重点文物保护单位 722 家。

第三类是民俗文化资源。民俗文化资源是指西部地区在久远的历史长河中创造并形成的具有地域特色和民族特色的物品、习俗、观念等文化内涵和形式。其中,物品类民俗文化资源包括生产渔猎交通工具、民居建筑、服饰、生活器皿,以及丧葬用具、工艺织物、民间乐器、饮食等;习俗类民俗文化资源包括日常生活习俗、节日庆典、婚丧嫁娶、礼节礼仪、饮食习惯、语言、建筑、杂耍娱乐、人际交往等;观念类民俗文化资源包括民族文学与艺术、价值取向、审美情趣思维方式、文化典籍、语言文字等。以广西壮族传统文化为例,壮族的服饰和纺织业发展历史悠久,以方格纹、字纹、水波纹、云纹等为代表的壮锦图案精巧色彩绚丽,既是精美的工艺品,又具有很高的使用价值;壮族的铜鼓从古代被用作祭神的法器、礼器逐渐发展成权力地位象征以及贫富贵贱的标志,至今仍然在壮族流传使用;壮族至今还保留着歌圩活动的传统,节日性歌圩、临时性歌圩在民间依然盛行;著名的扁担舞、春堂舞、采茶舞、插秧舞、捞虾舞、绣球舞、铜鼓舞、戽水舞、凯旋舞、蜂鼓舞、板鞋舞等,至今还是壮族生产活动、爱情和生产生活的真实写照;《姆洛甲》《布罗陀》等神话作品以及《农事季节歌》《喜雨歌》《苦旱歌》《车水歌功》《送苗歌》《播小米歌》等农事歌体现着壮族人民农耕文化的细节。这些散落在民间的文化资源异彩纷呈,无不体现着浓郁的民族个性,使人遐想悠远。开发这些民俗文化资源,把人们对它们的广大想象转化为可消费的文化产品,将给西部地区带来巨大的收益。此外,西部少数民族中还有一些宗教性文化,就不是本文探讨的对象了。

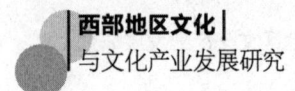

二、西部少数民族地区文化资源特征

西部少数民族地区文化产业是西部地区文化产业的重要组成部分,是西部地区文化的重要内容之一,可以说,没有西部地区少数民族文化,就没有西部文化产业的发展,从这个意义上来说,西部少数民族地区文化产业已经与西部地区文化产业交融到一起,形成"你中有我、我中有你"的相互交融局面。根据对西部少数民族地区文化资源的归类和细分基础上,可以总结出西部少数民族地区文化资源具有以下特征:

（一）原生形态完整

受地理空间的阻隔、生态承载力的限制和观念制度的制约,西部少数民族地区大部分文化资源几乎未受现代工业文明的影响,许多传统的民俗传统活动,至今外界了解不多,知之甚少,甚至充满了原始、新奇而神秘的色彩。例如拥有"人类母系社会的活化石"之称的古老民族——摩梭人,至今保留着传统的母系社会形态,他们生活在以女性为轴心的母系大家庭里,过着男不娶女不嫁的原始走婚生活,至今90%左右的男女仍然实行走婚,有60%以上的家庭为母系父系并存的家庭,纯父系的家庭尚不足10%,有近20个自然村以一座座独具建筑风格的摩梭人母系家庭院落为主体形成一大天然而难得的原始民俗村景观,对现代社会来说充满了好奇心和吸引力。又如新疆的喀纳斯湖仍然保持着未被开发的纯净气息,为哲罗鲑、细鳞鲑、江鳕、阿尔泰鲟、西伯利亚斜鳊等珍稀鱼类提供了绝无仅有的生长繁衍环境。流传千年的英雄史诗《格萨尔王》依旧在藏族民间传颂,古老的歌舞、服饰仍在质朴地表达着对生活的向往,现代文明的传播与扩张并没有使这种古老的文化远离人们的生活,而是代代传承,绽放异彩。西部文化资源大部分历经千百年始终保持着最初的原生形态,表现出原生态的特点,具有浓重的人性化、情感化的色彩,这正是西部少数民族文化最具魅力的一面。

（二）多元文化交汇

西部少数民族地区既是中华文明的重要发祥地,又是中国革命的重要发源地之一,还是绝大部分少数民族的聚居地,因而拥有大量的历史文化遗存和丰富多彩的文化资源。西部地区世代居住着众多的少数民族,在久远的历史长河中创造并形成了包括语言、宗教信仰、自然崇拜、神话传说、故事、歌谣、舞蹈、节目、服饰、建筑、手工艺、礼仪习俗以及生存理念、生活和生产方式等在内的少数民族文化。这些内容有的在不同民族中是相近或相似的,有些则相去甚远。即便是同一民族因为部落不同或居住地不同,在许多方面也有很大差异,少数民族文化由此更显丰富多彩。不仅如此,西部少数民族地区文化资源还将许多外来文化转化吸纳为自己的成分,从而变得生机勃勃。古丝绸之路、唐蕃古道、茶马古道除了带来了贸易和人民之间的交往,更传播了文化。中原汉文化源源不断传入西部,古欧洲地中海文化、古阿拉伯文化、古印度文化、中亚文化等等也纷纷汇集这里,多种多样的文化形态与各个民族的生活方式、观念、习俗、宗教、艺术以及悠久历史、生存环境紧密相连,形成了西部特有的文化集合现象。

(三)少数民族文化风情浓郁

西部少数民族地区的文化资源是在特定的历史条件和文化背景下形成的,反映了其特定的地理环境和历史背景,具有浓郁的地方特色和民族特色。中国55个少数民族中,有将近50个世居在西部地区,除了5个民族自治区外,其余各省市也都有大量的少数民族人口和民族自治区域,以青海省为例,少数民族人口占全省总人口的45.5%,民族自治区域面积占全省总面积的58%。在云南省生活着25个世居民族,其中有十多个民族是云南独有的。各民族在其悠久的历史长河中创造形成了包括语言、自然崇拜、神话传说、故事、歌谣、舞蹈、节目、服饰、建筑、手工艺、礼仪习俗以及生存理念、生活和生产方式等在内的少数民族文化,仅舞蹈一项就有1095个品种6718个套路。这些文化资源犹如个巨大的民族民间文化艺术宝库,使西部地区富有浓郁的地方文化魅力。

(四)自然人文融合

地域的广阔和文化的多元,促使西部少数民族地区文化资源在保留与传承的过程中呈现出明显的融合性特点。系统地来看,这种融合不是多种文化资源简单的机械相加,而是一种新的文化的组合方式或新的文化体系。西部少数民族地区文化资源的融合主要表现在两个层次,首先是多种文化内容的融合。例如,在辽阔的青藏高原上,多种民族历史和文化交汇丛生,本土文化、中原文化、印度文化和西亚文化在此长期碰撞交融,相互交织,最终形成了藏传佛教文化、汉文化和伊斯兰文化等多种文化共生并存的多元文化形态。这三种文化在始终保持自身的文化特质和稳定的精神结构的同时,相互交流,相互吸收,既你中有我,我中有你,又特色鲜明,不容混淆,从而使得青藏高原文化资源具有神秘、奇特、古老、宗教色彩浓郁和民族特性鲜明等文化特质。其次是自然与人文的融合。20世纪初,美国文化地理的伯克利学派认为,文化景观既有自然景观的物质基础,又有社会、经济和精神的作用。同样以青藏高原为例,藏族传统文化中的青藏高原自然面貌与人文景观和谐地组合为一体,成为相互依存的完美整体。

(五)全球开放共享

西部少数民族文化不是一种完全封闭和孤立的文化,西部少数民族文化资源的开放性体现在两个方面,首先是文化内涵形成的开放性。历史上有三条重要通道贯穿西部,将西部向东与中原地区紧密相连,向西与更加广阔的地域沟通。一条是穿越大西北并一直延伸至欧洲地中海沿岸的古丝绸之路,一条是贯通黄土高原和青藏高原的唐蕃古道,另一条是穿过西南云贵高原并经青藏高原通往尼泊尔、印度甚至更远方的茶马古道。这三大道路除了带来了贸易和人民之间的交往,更传播了文化。中原汉文化源源不断传入西部,古欧洲地中海文化、古阿拉伯文化、古印度文化、中亚文化等等也纷纷汇集这里。佛教、伊斯兰教、基督教在西部的发展就是由此而来,其中最为独特的文化现象就是佛教在青藏高原的本土化——藏传佛教。因此,西部少数民族地区文化资源是在融汇本土文化的基础上,将许多外来文化的因素转化吸纳为自己成分而形成的,文化内涵显得生机勃勃。此外,西部少数民族地区文化资源还具有开放性品格。有形的西部少数民族地区文化资源具有明显的地域特点,但部分无形的文化资源和文化元素可以跨越地域地被利用和改造,从而被全球广泛共享。例如美国派拉蒙影业公司利用大熊猫形象,开发了系列电影《功夫熊猫》,在借助中国风吹遍全球的同时,直接带动了全球超过10亿的票房和不计其数的相关产业产值。

第三节 西部少数民族地区文化资源产业化现状

党的十八大以来,西部少数民族地区文化产业总量结构不断提升,一批优秀企业通过实施一批精品优质的文化项目,大大提升了区域文化产业的知名度。然而,西部少数民族地区在文化资源产业化开发方面仍然存在着掠夺式开发、集聚度不高、开发企业竞争力不高等问题,与东部地区的发展差距十分明显。这些问题的存在主要是受到西部少数民族地区创新观念落后、市场化程度不高、政策扶持力度不强、人才缺乏等深层次原因的制约。

一、文化产业总量迅速扩大

近年来,西部少数民族地区充分利用自身丰富的民族特色文化资源,大力发展文化产业,文化产业总量迅速增长,占 GDP 的比重不断提升。例如 2009 年广西文化产业实现增加值 198.69 亿元,占广西地区生产总值的比重为 2.56%,到 2013 年增长到 412.0 亿元,翻了一番还多,文化产业已经成为推动广西经济社会发展的支柱产业之一。陕西省文化产业 2010 年实现增加值 285.96 亿元,到 2013 年增长到 643.4 亿元,增加了 357.44 亿元,年均增长 31.25%,比同期 GDP 年均增速高出 15.5 个百分点,比同期第三产业增加值增长速度高出 17.1 个百分点。同时,文化产业体系日益完善,已经形成了包括新闻出版、广播影视业、演艺业、音像业、网络文化业、艺术培训业、图书报刊业、文化旅游、文物和艺术品业、会展业等文化生产和文化服务行业,文化旅游、演艺等行业在全国已经具备一定竞争优势。总体看,文化产业正逐步成为西部地区经济发展新的经济增长点。2013~2016 年西部省区文化产业增加值占本地 GDP 比重详见表 8-1。

表 8-1 2013~2016 年年西部地区 12 省区市文化产业增加值占 GDP 比重

省份	文化产业增加值（亿元）		占 GDP 比重（%）		省份	文化产业增加值（亿元）		占 GDP 比重（%）	
	2013	2016	2013	2016		2013	2016	2013	2016
重庆	460.0	460.0	3.4	3.61	青海	45.01	45.01	—	2.01
四川	452.0	1400	2.10	4.80	内蒙古	269.86	525	3.12	2.82
贵州	230.0	398	1.36	3.39	西藏	24.09	34.5		3.01
云南	635.0	635	6.89	6.11	宁夏	54.55	75	2.35	2.75
陕西	643.4	802.52	6.24	4.14	新疆	69.0	69	1.45	1.67
甘肃	108.0	181.71	1.71	1.91	广西	412.0	424.22	2.03	2.52
全国	2.1万	3.08	3.77	4.14					

资料来源：根据各省、市、自治区历年文化产业蓝皮书及文化产业报告数据整理得出。

以上西部少数民族地区文化产业增加值大部分都是发展文化产业、特色文化产业取得的，由于我国统计局在统计文化产业过程中，尚未将少数民族文化产业单列进行统计，因此，至今我们无法对我国西部少数民族地区文化产业发展状况进行一个准确的评估，只能笼统地概说、估算西部少数民族地区文化产业发展状况。

二、产业结构不断优化

西部少数民族地区在充分挖掘和开发利用文化资源的同时，积极调整文化产业结构，加大资源整合力度，突出优势，合理开发。既大力发展对少数民族传统优势文化产业的数字化、信息化改造，实现产业升级，也在积极推进现代传媒、动漫游戏、数字视听、演艺娱乐、文化旅游、网络文化、会展博览等新业态文化产业的发展，文化产业呈现出结构不断优化、竞争力不断增强的势头。以云南为例，2013 年文化产业的"核心层"，包括新闻服务、出版发行和版权服务、广播电影电视服务和文化艺术服务等产业实现增加值 60.84 亿元；"外围层"，包括以互联网信息为主的网络文化服务，以旅游、娱乐为主的文化休闲娱乐服务和以广告、会展、文化商务代理为主的其他文化服务等产业实现增加值 53 亿元;"相关层",包括文化用品、设备及相关文化产品的生产和销售活动实现增加值 32.62 亿元。统计分析表明,核心层、外围层和相关层实现增加值之比为 41.54∶36.19∶22.27。

三、精品文化工程不断呈现

西部少数民族地区在当地党委和政府的主导下,大力实施文化精品工程战略,推出了一批具有西部特色的文化精品挤进了国际国内市场,取得了良好的经济效益和社会效益。例如,由杨丽萍主创的《云南映象》成功演出。这部大型原生态歌舞剧已经在国内巡演超过 1500 多场,其上座率和购票率高达 100%,创造了中国舞台阵容最大、巡演时间最长、所到城市最广、演出场次最多、票房收入最好等 6 个第一。广西桂林则把利用著名的漓江山水、壮族民歌和传说中的民族歌手刘三姐的品牌资源通过国内有名的舞美、灯光、编导整合起来,在基于传统歌舞剧《刘三姐》的基础上,成功运作了大型山水实境歌舞剧《印象·刘三姐》,极大促进了桂林市文化旅游业的发展。如果进行细分,广西打造的《印象·刘三姐》就是典型的民族文化产业发展的缩影,是西部民族文化产业发展的典型代表。

四、体制改革初显成效

国务院《关于深化文化体制改革的若干意见》和《文化产业振兴规划》等一系列文件的支持和引导下,西部少数民族地区文化体制改革全面推进,文化发展的宏观环境不断优化,以公有制为主体、多种所有制共同发展的投资主体多元化的产业格局初步形成,文化企事业单位的活力显著增强,文化创作和文化市场空前繁荣。如陕西省全部省直文化单位已经成功完成了转企改制,陕西文化产业投资控股有限公司等大型文化企业公司相继成立,尤其是在具有深厚盛唐文化历史底蕴的曲江建设了曲江新区,极大促进了全省文化产业快速发展。新区并没有沿用国内常见的经济开发区模式,而是按照西安市发展文化产业的总体要求,确立了以文化产业为主导产业的新区定位,借助于市场化手段,先后建成了大雁塔周边园林景区、大唐芙蓉园、大唐不夜城、曲江遗址公园、寒窑遗址公园等重大项目,促进了文化资源的快速提升与市场转化。2007年8月，曲江新区与深圳华侨城一起被命名为全国首批国家级文化产业示范园区。又如云南省民营文化企业也在政府扶持下，发展成为云南省文化产业的一支生力军，涌现出云南映象文化产业发展有限公司、云南吉鑫集团股份有限公司等一大批民营文化骨干企业，带动了云南文化产业的发展。同时，西部少数民族地区与国际相关文化企业合作也在深入，如《云南映象》在国内国际团队的通力运作下，成功改造成符合欧美主流文化市场需求的作品，取得了良好的市场反应和文化效应。

第四节 西部少数民族地区文化产业发展重点

西部少数民族地区地域范围广，少数民族众多，区域内部差异较大，因此西部少数民族地区文化产业的发展也存在较大的差异性，这里重点介绍在西部少数民族地区部分省份已经获得一定发展，取得一定成就，具有较好发展前景的行业。

一、文化旅游业

从广义上讲，文化旅游业是文化产业的重要内容，是指以文化为内容、以旅游为依托的综合性产业。其基本特征是具有综合性、延展性、载体性、体验性、创意性、精品性、民族性与国际性等。旅游与文化紧密相连，因为旅游业本质上就具有异域性，而地域上的变化必然带来一种由地理差异等造成的文化上的新的感受和体验。而从狭义上讲，文化旅游主要是探寻新的文化体验。从行业发展的实践讲，文化旅游业的核心在于不断开发、拓展、丰富旅游资源的文化内涵，提升旅游业发展的层次和水平，实现可持续发展。

旅游业常被称为"无烟产业"，是依托自身在自然、人文等方面的资源优势发展起来的一种集土地、劳动、消费密集型的产业，同时也是一种辐射面广、带动作用强的产业，对于解决就业、扩大消费、带动投资等均具有很大的作用。

（一）西部少数民族地区文化旅游业发展现状

一是西部少数民族地区文化旅游资源丰富。我国西部地区横跨西北、西南，包括12个省（区、市），面积占全国2/3，人口占全国的约30%；我国5个省级民族区域自治区全部在西部地区;地区级民族自治地方74个,占全国总数(77个)的96%;县级民族自治地方638个,占全国总数的91.3%,占全少数民族人口的70.9%。①在生态上,西部地区可以划分为黄土高原区、青藏高寒区(含江河源区)、西北干旱区、长江中上游地区等4大生态经济类型区。丰富的自然资源和丰厚的文化底蕴,使西部少数民族地区发展文化旅游业的资源优势明显。

二是西部少数民族地区的文化旅游业已经获得了一定发展。旅游业是西部少数民族地区在改革开放以来发展较快的行业,特别是随着我国经济发展水平的不断提高,交通运输等基础设施不断改善,特别是人民群众休闲旅游的意愿不断高涨,西部少数民族地区的旅游业普遍获得了较快发展。第一,从接待人数和经济效益上看,2016年西部少数民族地区接待入境旅游人数达到11062.2万人次,占全国的13.2%,其中在西部少数民族地区居首位的云南省接待入境旅游人数2840.5万人次,在全国居第9位;从2013~2016年,西部少数民族地区旅游外汇收入累计达到143.3亿美元,占全国的约10%。同时,根据相关统计资料,西部地区有半数以上省份的旅游总收入占GDP的比重接近或超过10%,②成为拥有较大发展潜力的支柱性产业,西部少数民族地区丰富的旅游资源优势正在逐步转化为经济发展的优势。第二,西部少数民族地区文化旅游已经初步形成了一些品牌性产品。如云南省形成了大理、丽江、香格里拉;新疆的吐鲁番、喀什等;内蒙古的呼伦贝尔大草原、那达慕大会等;宁夏的西夏文化等;广西的"刘三姐"、桂林山水游等;西藏的佛教文化等都是以少数民族文化为魂,以自然环境、音乐等为载体的世界性的文化旅游品牌。第三,西部少数民族地区,特别是五个少数民族自治区以及云南、陕西、四川、贵州等省已经形成了较为完善的文化旅游产业体系和开发模式。

三是西部少数民族地区发展文化旅游的自觉性在不断提高。适应我国经济发展方式转变的需要,党中央国务院实施提出了鼓励发展文化产业的相关政策,2009年国务院发布《文化产业振兴规划》,文化部推出《关于加强文化产业发展的

---

①根据2010年第六次人口普查计算得出。
②根据西部12个省区历年文化旅游产业统计资料计算整理而来。

指导意见》和《文化部文化产业投资指导目录》等文件,把文化旅游业列入鼓励投资类目录,并提出"促进文化与旅游相结合,以文化提升旅游的内涵,以旅游促进文化的传播和消费"。早在2005年,云南省政府就提出要在"十一五"期间投资500亿元开发建设300多个旅游项目,还决定把旅游发展专项资金从以前的每年2000万元增加到5000万元,其中500万元用于宣传促销。从2005年开始每年注入5亿元政府信贷资金,"十一五"期间政府共注入30亿元资金,并吸引和争取更多社会资金投入,力争每年投入旅游开发建设资金100亿元。2010年,《云南省国民经济和社会发展第十二个五年规划》提出文化产业提升计划,并提出了文化产业发展的重点,致力于把文化产业培育成云南省发展较快的新型支柱产业。

四是西部少数民族地区发展文化旅游的自觉性在不断提高。西部各省区为响应2009年国务院发布《文化产业振兴规划》、文化部推出《关于加强文化产业发展的指导意见》和《文化部文化产业投资指导目录》等文件,先后制定了适合本地区把文化旅游业列入鼓励投资类目录,并提出"促进文化与旅游相结合,以文化提升旅游的内涵,以旅游促进文化的传播和消费"(见表8-2)。

表8-2 2016年西部地区旅游总收入、国际旅游(外汇)收入、接待入境过夜游客情况

地区	旅游总收入(亿元)	旅游总人数(亿人次)	国内旅游总收入(亿元)	国内旅游总人数(亿人次)	接待入境游客总收入(亿美元)	接待入境游客(万人次)
云南	4726.25	4.31	—	4.25	—	1199.42
陕西	3813.43	4.513	3658.92	4.51	23.38	338.2
广西	4191.36	4.09	—	—	—	—
重庆	2645	4.50	—	—	16.87	316.58
内蒙古	2714.78	0.98	2635.56	9.63	11.39	177.91
四川	7705.5	6.30	—	—	15.80	308.8
新疆	1400	0.81	—	—	—	—
贵州	5027.54	5.30	—	—	—	110.6
西藏	330.75	0.24	318.8	0.29	1.94	32.19
甘肃	1220	1.90	—	1.80	0.66	10000
青海	310.30	0.288	307.24	0.287	0.442	7.10
宁夏	205	0.21	—	—	0.41	20.72

资料来源:根据2016年中国旅游业统计公报(国家旅游局政策法规司2014年9月24日公布)整理而来。

从表 9-4 中也可以看出,在第一方阵中的云南、陕西、广西、四川旅游收入连年增长,旅游环境不断好转,形成良性发展环境;而处在末端的青海、宁夏收入偏低,发展后劲不足,措施方法不利。以 2016 年春节旅游接待能力为例,西部地区除了西藏、青海、宁夏之外,春节小长假的几天中,西部各省的收入都有不同程度的增长,带动了相关产业的发展。(见表 8-3)

表 8-3 2016 年春节全国各省区市旅游收入排行榜

名次	省市区	旅游总收入（亿元）	同比增长	接待游客（万人次）	同比增长
1	广东	315.40	14.30%	4252.18	10.23%
2	四川	282.27	25.10%	5793.22	14.50%
3	江苏	204.20	14.10%	1772.90	10.80%
4	浙江	157.45	20.50%	1806.90	18.90%
5	山东	137.90	14.20%	1653.70	11.70%
6	安徽	126.98	9.40%	2344.63	11.39%
7	陕西	115.34	26.55%	2497.95	23.32%
8	海南	112.77	19.55%	371.22	19.15%
9	黑龙江	107.46	13.61%	901.14	31.18%
10	湖南	104.50	27.35%	1830.85	26.95%
11	福建	103.74	23.50%	1542.81	20.60%
12	重庆	85.77	12.78%	3289.11	11.83%
13	云南	79.44	13.21%	1389.56	9.84%
14	江西	76.18	44.75%	1639.87	38.62%
15	吉林	75.69	22.44%	889.77	15.42%
16	湖北	75.16	11.36%	1810.19	10.07%

续表

名次	省市区	旅游总收入（亿元）	同比增长	接待游客（万人次）	同比增长
17	辽宁	69.20	11.10%	980.10	10.50%
18	贵州	67.42	32.70%	1548.78	30.20%
19	河南	67.21	16.80%	1593.26	15.50%
20	广西	53.50	35.52%	1157	22.88%
21	北京	49.20	2.90%	918.60	1.90%
22	河北	40.70	26.60%	792.80	17.30%
23	上海	40.43	7.90%	401.56	5.60%
24	甘肃	40.30	23.30%	641.90	22.50%
25	天津	37.62	—	441.26	—
26	山西	37.05	31.24%	749.29	25.00%
27	内蒙古	16.54(景区)	27.88	334.18	11.90%
28	新疆	13.20	19%	126.1	16.5%
29	青海	5.60	20.20%	53.20	13.34%
30	宁夏	—	—	28.04	22.69%

资料来源：国家旅游局规划财务司 2016 年 3 月 15 日发布。（中国网旅游频道制图）

（二）西部少数民族地区文化旅游产业发展存在的主要问题

首先，基础条件比较落后。所谓基础条件既包括硬件方面，也包括软件方面。硬件方面主要是交通等基础设施建设不能适应西部少数民族地区文化旅游业快发展的需要。由于西部在经济上属于欠发达地区，在旅游方面存在投资方式单一、融资渠道狭窄的缺点，因而在发展旅游产业的同时，旅游投入的不足严重制约着旅游产业基础设施建设，目前这种情况随着我国经济的较快发展，特别是近年来国家加大对交通基础设施投入大幅增加而有所改善,特别是在部分旅游业发展较好的西部省份,但这种改善的情况与西部广大地区的现实需求仍存在较大差距。如贵州省在自然景观和人文景观等方面均独具特色,资源丰富,但受交通条件的制约,很多地方均没有得到较好的开发,软件方面,主要是相关产业配套能力不足。西部地区近年来虽然在文化旅游等行业发展方面取得了一定成绩,但是除了旅游本身提供的基本服务之外,旅游所涉及的行业如文化创意、相关工业产品加工等领域则相对落后,不能形成完整强大的产业链条,影响了西部少数民族地区旅游文化产业带动经济发展的整体效果。

其次,行业发展环境有待改善。一是行业竞争的主体旅游企业实力较弱,存在"小、散、弱"的特点,企业发展的空间被激烈的同质化的价格竞争不断挤压,不能形成有效的力量空间支持其发展壮大形成差异化经营。二是市场准入门槛低,政府对企业的市场行为监管和规范不力。目前,与全国多数行业的市场监管相类似,受客观条件和自身行政惰性等因素影响,以罚代管仍是目前文化旅游市场的主要管理模式,这种粗放型的管理模式虽然降低了行政成本,但是也直接或间接地造成了目前市场秩序混乱,丛林法则横行的市场乱象。在这一市场链条中,本应各层次、各部门相互协作完成的服务职责被从旅游主管部门、旅游公司逐级简单下放给处于相对弱势的导游,导游则进一步将其向游客转嫁,结果导致了正常文化旅游服务和消费关系的紊乱。三是旅游产品开发同质化问题突出,简单重复的项目较多。四是文化旅游开发的规划性、可持续性较差。受到利润和政绩等因素影响,目前在西部少数民族地区出现了旅游开发过度短视的现象,集中表现就是商业化程度太高,直接破坏了旅游景点的人文和生态结构和内涵。

再次,西部少数民族地区文化旅游宣传促销力度有待提高。近年来,西部不少省区都纷纷展开宣传促销攻势,加强了向国内其他省份及境外的宣传促销力度,在吸引国内游客的同时,也使境外游客数连年上升。但整体上看,西部地区旅游宣传促销过程中对于如何打民族牌、特色牌手段不多、思路不清、促销形式单一、宣传空间狭窄等缺陷,因此还很难产生具有实质性的长远影响。

最后,旅游区域合作滞后。现代旅游产业发展的重要方式之一,就是旅游资源的共享利用、联合开发,使其能够形成具有规模化的旅游板块,从而发挥整体性旅游功能,以产生更多、更好的经济效益和社会效益。西部各省区已经重视合作旅游,如滇、桂、渝、陕、川等周边省份与境外进行各种合作,宁蒙陕甘四省区毗连区文化旅游"一站式"合作等,对扩大本地影响、吸引更多游客、招商引资等方面都产生了较好影响。然而,传统的条块分割、各自为政观念根深蒂固,使表面上看来轰轰烈烈的旅游合作,有些仅仅是意向性的,有些也只是处于某种外在形式上的需要,真正能够进行实质性合作、共同挖掘资源求发展的并不多见。

(三)西部少数民族地区文化旅游市场开发对策

西部少数民族地区旅游业的发展首先要遵循以下原则:一是民族性原则。西部少数民族地区文化旅游业既要为旅游者提供观赏多样化的自然景观的良好条件,也要为旅游者提供真正感受多民族文化魅力的便利。二是生态性原则。尽力保持自然原生态,保护自然平衡;注意挖掘、保护和传播西部独特的少数民族文化成果,保持文化生态平衡;通过确立自然、文化生态观,促使人们在生活、工作及旅游活动中充分认识人与自然平衡关系的重要性。三是可持续原则。在遵循上述原则的前提下,西部少数民族地区要积极寻求旅游产业全面发展的有效对策:一是强化产业意识,变资源优势为市场优势。旅游产业化很重要的一环是资源的"精加工",西部少数民族地区要在确定旅游目标、建构旅游品牌的前提下,重点在精细化旅游资源上设计旅游项目、确立旅游线路、组织旅游营销、强化旅游特色等方面下功夫;同时,要根据西部少数民族地区自然旅游资源的季节特征,确立不同旅游项目和旅游方式。二是提高服务质量,塑造旅游形象。服务往往是有形产品之外的最主要的附加价值,服务质量的优劣、服务效果的好坏既关系到企业声誉和形象,也关系到消费者满足感的高低。旅游活动是对旅游资源这种特殊产品的消费,也包括对旅游服务的消费,这些都在很大程度上影响旅游形象。旅游形象既包括旅游组织者(旅行社)形象,也包括旅游地形象,前者是在具体活动中表现出来的动态形象,后者则是在旅游地景观组成、环境优劣、商品价格等方面显示的静态形象。提高服务质量既有利于组织者形象的塑造,也有利于旅游地形象的提升。三是拓宽融资渠道,加强基础设施建设。目前我国旅游基础设施建设中的资金投资主要是以政府为主导的方式,这种方式虽能保证资金的及时到位,但财政拨款的使用常常在监管上难度很大;同时,在某种程度上也限制了多渠道融资的可能。对西部少数民族地区而言,在政府主导下,还要充分拓宽融资渠道,优化资本结构,促进旅游资本投入的多元化格局,全面促进旅游基础设施建设。四是完善旅游规章,规范旅游市场。我国旅游业中普遍存在的问题在西部少数民族地区也有一些表现。目前西部各省区大多制定了相应的旅游行业规范准则,但由于存在监管不严的漏洞,一些旅游中介组织和一些导游还存在不遵守、不执行的现象,对少数民族地区的文化旅游产业带来一定负面影响。旅游业的有序化,不应只是表现为制定了多少规章制度,更在于旅游组织者应具有较高的职业道德素质,同时还要加强对旅游从业人员的职业教育和监督管理,使旅游规章制度能够真正落到实处。五是强化旅游促销,拓宽旅游渠道。西部少数民族地区旅游产业要想真正实现"走出去"的目标,就既需要打造以资源为基础的旅游精品,在原有品牌基础上做好精品文章,还需要在国际视域中以新颖、有效的手段展开多样化的旅游促销,争取更多的国际旅游者"走进来",只有更好"走出去",才能保证更多"走进来"。六是加强旅游合作,凸显特色旅游。西部少数民族地区旅游业的协作联合要从西部各省区市之间的合作、与周边非西部省份之间的合作、与其他省区市之间的合作、与境外其他国家和地区之间的合作几方面考虑。就国内合作关系看,西部各省区市之间的合作是基础,与周边其他省份之间的合作是关键,与其他省区市之间的合作是基本目标,这些合作是国际合作的前提,只有搞好国内合作,再寻求国际合作,只有占据国内旅游市场,西部少数民族地区的文化旅游产业才能繁荣昌盛。

表8-4 文化旅游业发展目标和政策支持

发展目标	加快文化与旅游深度融合,提升少数民族地区文化旅游产业知名度和影响力,加快世界旅行目的地、国内外文化旅游集散地、国家级文化旅游实验区建设。加快制定"少数民族地区休闲旅游发展纲要",大力发展休闲游、体验游、自驾游等旅游项目,充分发挥少数民族地区高质量、无污染环境,与"两宜"城市建设紧密结合,推动养生、宜居、休闲、旅游、文化、美食共同发展。
主要措施	鼓励演艺进景区、进大型卖场,打造若干部科技含量高、互动性强、雅俗共赏、短小精悍、特色鲜明、震撼力强的演艺节目,活跃演艺市场。
	大力推行演艺项目制建设,根据不同景区特点和需要,编排有针对性演艺节目,实现文化与旅游深度融合。大力实行惠民政策,建立"演艺补贴专项资金",院团在景区、剧院、大型卖场每演出一场,补贴5000~8000元不等的专项资金,以降低门票价格,提高观众入座率。
	以少数民族文化为抓手,以旅游体验为平台,面向国内外消费人群,在坚持传统旅游项目同时,大力开展少数民族康体保健游、养生休闲保健游等新型旅游业态,丰富文化旅游内涵。
	做强做大少数民族文化产业园等优势文化旅游景区,不断充实景区文化内涵,增强景区竞争力。
	明确特色文化旅游发展目标,根据市场前景和游客需求整体布局线、点、景文化旅游功能。
	加强基础设施建设,提升服务水平,强化服务水平,注重服务人员的培训和素质。
政策支持	统筹文化与旅游发展,破除条块分割、区域分割、管理分割弊端,探索建立融合发展、相互促进的体制机制。实现包容性增长政策,鼓励景区滚动式增加旅游项目,建立文化旅游研究中心,综合研究规划制定、项目制定、资金监管、景区建设、产品研发、学术研讨、人才培养等事项,不断增强景区的吸纳性和竞争力。
	采取财政扶持、信托融资、股份融资、土地质押等方式,破解文化旅游业融资难问题。
	大力发展文化旅游产品,鼓励景区建设大型卖场、大型演艺舞台,扩容文化旅游整体内涵。

二、文化演艺业

演艺是文化产业的重要内容,最能体现一个民族的文化精神,最能贴近人民群众,最能经久不衰,最能繁荣文化市场的产业形态;是不断推动社会主义文化大发展大繁荣的重要力量,是不断满足人民群众日益增长的文化需求的重要支撑,在国民经济各项事业发展中具有十分重要的作用。党中央、国务院和西部地区12个省区历届党委和政府对演艺产业给予高度关注,对于演艺发展和改革给予高度重视。从产业的角度看,文化演艺是指营业性或商业性的演出,主要包含这样一些基本含义:首先它是以盈利为目的,通过市场化的运作获得经济利益;其次它是面向公众的现场演出活动。文化演艺业的商业性决定了其在市场经济条件下的主体地位,同时因为文化演艺是最具有精神影响力的活动,因而在文化产业中是最具有特殊性的产业门类。20世纪90年代开始,我国开始进行文化体制改革的探索,文化演艺单位由此前的事业性质转为企业性质,文化演艺业也从此开始逐步形成和壮大起来,文化演艺的经营管理方式也日趋多元化,文化演艺的市场属性为社会所认识。随着各类演艺公司、经纪公司(包括经纪人)的涌现,文化演艺市场的主体日益丰富和多元,文化演艺市场也日趋成熟,文化演艺业的市场化进程不断推进,西部少数民族地区文化演艺业也正是在这个大的时代背景一下形成和发展起来的。

西部少数民族地区文化演艺业具有极强的民族文化内涵,特色鲜明,题材丰富,感染力强。发展的思路总体上实行两条主线和两种模式:一是随着文化体制改革,文化演艺单位转企进程的推进,以及随着我国经济社会的快速发展,人民群众在精神文化需求不断壮大,西部少数民族地区文化演艺业的市场化在曲折波动中不断向前发展。二是在文化体制改革和产业化市场化大潮之下,西部少数民族地区文化演艺业受包括旅游业在内的其他产业的拉动获得可喜的发展(详见表8-5、表8-6)。

表 8-5　2016年西部少数民族地区艺术表演团体、艺术表演场馆演出情况

地区	艺术表演团体		艺术表演场馆			
	国内演出场次(千场)	国内演出观众(千人)	演出场次(千场)	艺术演出场次(千场)	观众人次(千人)	艺术演出观众(千人)
内蒙古	17.48	16302	5.49	1.26	1828	414
广西	12.34	12563	16.22	1.60	1527	844
重庆	12.36	17937	26.64	1.92	4319	527
四川	47.42	37769	13.01	7.96	4368	2351
贵州	6.40	5438	0.76	0.45	346	133
云南	17.41	20695	9.02	2.48	1613	843
西藏	1.14	1918	0.68	0.40	313	134
陕西	20.41	24193	5.66	2.62	2266	1199
甘肃	15.55	20432	4.08	0.74	941	430
青海	2.76	1982	6.13	0.45	452	132
宁夏	4.70	4710	1.41	0.81	663	134
新疆	12.66	7203	17.90	0.40	12.79	259

资料来源:《中国文化产业年鉴2016》,中国经济出版社,2017年5月整理而来。

表 8-6　2016年西部少数民族地区文化演艺业总产出情况

单位:千元

地区	艺术业	艺术表演团体	艺术表演场馆
内蒙古	297597	267194	28334
广西	252285	225185	26816
重庆	173197	150471	19774
四川	583604	433437	132686
贵州	140403	126701	10188
云南	345640	267264	78242
西藏	87106	81083	6023

续表

地区	艺术业	艺术表演团体	艺术表演场馆
陕西	368084	276484	91600
甘肃	242102	211418	20085
青海	98613	84052	14561
宁夏	124125	72994	49593
新疆	245751	214516	28788

资料来源:《中国文化文物统计年鉴2016年》,中国统计出版社,2017年3月整理而来,下面以宁夏回族自治区、贵州省民族演艺为例说明文化演艺业的发展历程。

(一)宁夏演艺产业发展情况

2009年以来,为了推动宁夏演艺产业的快速发展,不断激发演职人员的创作热情,适应日益竞争激烈的演艺市场需要,宁夏回族自治区党委、政府在深入调研和总体把握的前提下,以宁夏话剧团为文化体制改革试点,在全国话剧界率先进行企业化改革,成立了宁夏话剧艺术发展有限公司。在积累一定经验后,2011年5月,又将宁夏歌舞团、宁夏京剧团、宁夏秦腔剧团、宁夏话剧艺术发展有限公司、宁夏文化艺术服务中心、银川市秦腔剧团、银川剧院、红旗剧院等8家全区最优势的文化院团合并组建宁夏演艺集团有限公司。集团公司组建后,按照自治区党委办公厅、人民政府办公厅关于印发《宁夏演艺集团有限公司组建方案》的通知(宁党办〔2011〕19号)精神,一是基本建立起企业法人治理结构,明确了身份位置。核销了演艺集团事业编制,注销事业单位法人,完成了企业法人工商注册。二是理顺人事关系,解决遗留问题。先后解决了234名符合退休人员和66名辞职人员的补偿金问题;积极筹措资金,为255名在编职工办理18个月基本养老保险,基本稳定了队伍,明确了发展方向。三是规范用人用工办法,实行了全员聘任上岗,企业管理和专业队伍初步形成。四是注重后备人才的培养和使用。演艺集团成立后,由于各种原因,一大批有较深演艺造诣、学识水平较强、具有一定影响力的演职人员纷纷退休或改行,仅副高级职称以上的专业技术人员就减少了70%以上,队伍基本不成形态,演艺核心人才迅速流失,市场竞争力越发弱小。面对这种不利局面,集团公司启动了艺术人才孵化工程,先后在全区举办了多期宁夏演出经纪人培训班、演艺经营管理人员学习班等;积极与知名高校对接,先后将话剧、秦腔、京剧等方面具有领军人物的6名优秀人才选送到北京等相关艺术院校深造学习,逐步解决院团人才极度缺乏问题;按照市场需求,委托宁夏艺术职业学院在宁南山区生态移民子女中招收60名具有一定发展潜力的杂技学员,量身定制学习科目,毕业后直接进入演艺集团杂技团就业,可以直接登台演出,在一定程度上缓解了宁夏演艺瘫痪的局面。五是坚持送戏下乡等公益活动。在演艺改制面临诸多困难,人才大量流失的不利情况下,集团公司统筹协调,深挖潜力,将不断满足人民群众特别是农村看戏困难问题作为头等大事来抓,先后启动送戏进农村、送戏进社区、送戏进校园、送戏进军营、送戏进工地等文化惠民工程,每年公益性演出不少于800场次,是经营性演出的3倍还多,极大丰富了人民群众的文化生活,扩大了演艺产业的社会影响力。

近年来,宁夏演艺市场按照自治区党委、政府提出的"突出文化惠民、加快文化大发展大繁荣、加快建设文化强区"的要求,以红色文化、黄河文化、西夏文化为载体,大力实施文化精品工程,坚持面向市场、面向观众,不断丰富文化产品供给,取得明显的社会效益和经济效益。

1. 主要成就

一是积极创排新编剧目,提升传统剧目。大力实施精品文化品牌工程,努力在创排新剧目上实现新突破,为实施"特色文化强区"目标奠定基础。宁夏演艺集团创排的话剧《丝路天歌》《花儿声声》《沟底村移民纪事》《萧关道》《黄河金岸》等在区内外演艺市场上有很高的知名度,产生了较好地社会效益和经济效益。对于近年来涌现出的优秀剧目《铁杆庄稼》《村医》《农机站长》《宁夏花儿美》等传统剧目进行了整体提升改编,观众好评声如潮。

二是好戏连台,精品不断,硕果累累。从2011年以来,宁夏演艺集团创排的《金色汤瓶》荣获文化部颁发的群舞金奖;话剧《计生专干》获得了"中国小剧场优秀剧目参演奖"和"中国人口文化奖";秦腔《庄妃与多尔衮》,荣获"2010~2011年度国家舞台艺术精品年度资助剧目",柳萍同志获得宁夏第一个全国中青年德艺双馨文艺工作者称号;青年秦腔演员侯艳同志获得了"第二十五届中国戏剧梅花奖"。2012年,话剧《工会主席》获得中国戏剧文化奖话剧金狮奖;秦腔《庄妃与多尔衮》获国家舞台艺术精品工程资助剧目。2013年,秦腔《花儿声声》获第十四届"文华大奖"。秦腔剧院梅花奖获得者柳萍荣膺第二十六届中国戏剧梅花奖"二度梅";秦腔演员屈连英同志荣获第二十六届中国戏剧梅花奖。杂技《耍花坛》获文化部举办的第九届全国杂技比赛"文华奖"杂技铜奖、编导奖。

三是大力实施文化"走出去"战略,对外文化交流效果显著。为提高宁夏艺术作品在国家的影响力,加快宁夏"走出去"步伐,反映宁夏的文化艺术成果,宁夏演艺集团创排的具有浓郁少数民族特色的歌舞节目,先后到塞舌尔、毛里求斯和土耳其、韩国、埃及等国家进行友好访问演出。杂技团应台湾高雄关帝庙委员会邀请,演出26场。银川市杂技团演出足迹已遍及世界53个国家和地区,年平均演出500场(次)以上。

四是文化公司遍地开花,影视异军突起。经过10年发展,仅银川地区已注册成立文化公司108个、各类文化娱乐经营单位2800多个,约占全区总量60%以上。全市各类文化娱乐经营场所共有从业人员2.7万人、总资产16亿元、销售额20亿元、年上缴利税2亿元。

2006年8月,银川市与大连万达集团合作成立了国内一流的五星级影院——银川万达国际电影城,目前已突破票房收入1500万元大关,跻身全国城市影院"30强"。此外,银川金凤凰电影院、华谊影院等一批院线式剧院迅速成长,市场经营前景看好。

2. 存在问题

一是文化消费方式短期内难以改变,赔钱赚吆喝现象严重。与全国发达省区相比,宁夏演艺市场起步晚,文化消费市场发育不成熟。1999年银川市成立了全区首家演艺公司——汉唐文化传播公司,截至2013年,宁夏各市县已发展到15家演艺公司,其中国营文化演艺公司仅有1家,其他演艺公司大多是在市县国有剧团的基础上改制而来。由于宁夏演艺尚未建立起市场发展机制,公司与地方政府之间、演员与地方官员之间还存在着"扯不断理还乱"的关系,因此,每每一场商业演出,增票、送票、人情票等等花样翻新,不一而足,真正实现票房收入的比率很小。以 2012 年 12 月 30 日在宁夏体育馆举行的"2013 宁夏新年音乐会"为例,进场的观众有六成以上是赠票。这样一种奇特的文化市场消费现象,严重阻碍了宁夏演艺市场的健康发展,演职人员的辛勤劳动没有得到基本尊重和肯定,造成宁夏演艺市场繁而不荣、效益低下的状况。

二是经营性演艺收入偏低,自我造血功能不强。以宁夏演艺集团所属的4 个院团为例,2013～2016 年的全部经营性收入(含房租)仅有 1273.27 万元(见表 8-6),需要供养 448 名演职人员以及外聘演职人员 164 人,人均年工资 20805.07 元,月平均工资 1733.76 元,还不及中档餐厅服务员的月工资水平,国有大型演艺企业如此,其他中小演艺企业就可想而知了。长期经营性收入偏低,与演职人员的辛勤付出不相一致,与舞台塑造的形象不相一致,无法调动演职人员的创作热情,演出的积极性不高,无法从市场获得演艺企业正常运转的资本,造成自我提高、自我造血能力渠道狭窄,已经严重制约了宁夏演艺市场的发展。

表 8-7　宁夏演艺集团 2013～2016 年经营性收入一览表

单位	2016 经营收入(万元)		2016 年经营收入(万元)	2013 年经营收入(万元)	增长值(万元)	增长比例(%)
	对外演出收入	房租收入				
歌舞剧院	121	—	121	105.6	15.4	15
秦腔剧院	135.95	25	160.95	200.57	-39.62	-20
京剧院	22		22	19.2	2.8	15
话剧艺术公司	89.1	29.4	118.5	103	15.5	15
合计	368.05	54.4	422.45	428.37	-5.92	-1

资料来源:根据宁夏演艺集团历年统计资料整理而来(内部资料)。

三是叫好不叫座,票房收入偏低。宁夏演艺集团和其他演艺团体创作的精品节目每年都能在全国性和文化部等部门评比中获得大奖,但墙里开花墙外红,奖杯奖状拿回来不少,但在宁夏演艺市场上却很难有多少人自愿掏腰包观看这些演职人员辛辛苦苦打造出来的精品节目。此外,宁夏演艺团体至今没有实质性、可用性的演出场所,红旗大厦、京歌大厦由于种种原因,还没有投入使用,目前还处于名义上的场馆。仅有的宁夏人民会堂,由于运行成本高,进场使用费高等原因,一些中小型的经典演艺剧目只能望而却步,无力展示自己辛勤劳动果实。

四是政府保障性扶持资金偏低,演艺创作积极性不高。2009年宁夏演艺集团成立后,所有演职人员的身份由国家事业单位人员转变为企业身份,按照转企时的政府承诺,在资金扶持、工资保障等方面给予一定的政策倾斜,但至今没有落实。一是开办经费至今没有落实。根据宁党办〔2011〕19号文件中关于"自治区财政给予演艺集团一定开办经费"的精神,在公司转企后,5年之内给予一定的开办经费,但由于种种原因,至今没有落实任何开办经费,也使企业正常的办公经费、舞台道具更新、演职人员的基本补贴失去了着落,出现了"坚守岗位的不如退休人员的待遇""上台演出的不如台下当观众的"的尴尬局面,给企业发展带来巨大的负面效应。二是社会保障没有落实。根据宁党办〔2011〕19号文件中关于"事业编制人员转制时符合国家规定的连续工龄视同缴费年限,不再补缴基本养老保险费"和"为职工建立企业年金和补充养老保险,并通过企业年金等方式解决转企后退休人员的养老待遇问题的精神。自治区财政对建立企业年金给予支持,以解决社保接续、事业待遇差、转企改制遗留问题"。但至今企业年金、补充养老保险金没有落实,在职人员的基本养老金每月从工资中按照42%的比例扣除,也就是说,改制之前,演职人员不需要考虑缴纳养老保险金问题,工资按月发放,人心基本稳定。单位改制后,人员身份转变了,待遇随之发生巨大变化,相应的待遇连年减少,类似于其他单位每年发放的"民族团结贡献奖"等国家性奖励,演艺集团612人也无法享受,造成人心不稳,演出热情不高,人才流失严重的局面。三是集团下属单位债务剥离不清,偿还能力弱。演艺集团成立以前,银川剧院累积债务505万元,红旗剧院200万元。这些债务形成复杂,自身偿还能力弱。集团建立后,这部分不良资产依然延续,给集团公司造成巨大负担。四是艺术人才孵化工程资金缺口较大,人才队伍后继乏人。按照演艺集团的发展整体规划,每年计划委托宁夏艺术学校(现更名为宁夏艺术职业学院)委托培养杂技、歌舞、秦腔、京剧等类学员,学费按照宁政发〔2013〕78号文件《自治区人民政府批转自治区财政厅教育厅扩大中等专业教育免学费政策范围进一步完善国家助学金制度意见的通知》、宁财发〔2013〕78号文件规定精神执行。经过核算,培养一名演艺人才每年学费在4500元左右,享受国家免学费扶持资金每生每年2000元,由于培训经费缺口较大,造成人才培养经费每年缺口在400万左右,人才培养举步维艰,只能举债度日。

总之,由于宁夏演艺集团改制是新鲜事物,是全国31个省区中首家进行转企的演艺院团,体制机制建设处于探索阶段,政策扶持还不完善,在一个演艺市场发育不完全时期进行了一场不完全的改革,带来的直接后果就是大批演艺人才流失,队伍解体,资金支持渠道狭窄,核心凝聚力下降,现有的演职人员积极性不高,精品力作推陈乏力,无法适应快速发展的演艺市场需求,无法与周边省区竞争市场,无法满足人民群众对演艺文化日益增长的需要。

(二)贵州省演艺产业发展情况

贵州文化演艺集团有限责任公司成立于2011年6月,是贵州省文化厅直属的国有独资有限责任公司,集团公司实行董事会领导下的总经理负责制,现有职工501人,其中,具有正高职称15人,副高职称74人;目前,下辖11家单位,其中,9家国有独资公司,1家国有独资企业和1家代管事业单位(黔剧院),经费主要来源于财政核拨的正常事业费。

1. 发展现状

一是转企彻底,人心稳定。集团公司成立后,根据改革方案,注销了4家院团、4家剧场以及省演出中心的事业法人资格,除退休人员外,按照"老人老办法,新人新办法"的原则,全部核销了事业编制。为了进一步稳定转企改制后的演职人员,维护演艺队伍的完整性,贵州省委、省政府给予演艺集团最大的灵活性,做到几个不变:首先是事业工资待遇不变。全部人员包括退休人员保留事业工资待遇,由省财政核编核发。其次是在职演职人员工资不变。在职演职人员工资随着事业单位增长而增长,退休后进入社保专户,工资待遇按照事业待遇核发。最后是其他待遇不变。重大节庆公休、疗养、国家性福利待遇等与其他事业单位一同享受。通过这些办法,极大维护了广大演职人员的基本权益,改革总体方案不留后遗症,稳定了人心,稳定了队伍,甚至文化厅一些工作人员自动放弃公务员身份,将个人档案转入到集团中来,说明集团公司的吸引力在增强,感召力在提升。

二是面向市场,多元发展。集团公司成立后,在保证公益性演出的前提下,围绕贵州省众多的非物质文化遗产内容,面向市场进行策划和创作,首先是在演艺方面,先后推出了《天地文通》,参加"全国优秀剧目展演",获得全国优秀剧目奖;花灯剧《枫染秋渡》获"第十届中国艺术节"文华剧目奖;此外,围绕"多彩贵州""爽爽贵阳·原生态音乐之夏"等大型文艺活动,编排了《侗歌声声(嘎老)》等5台原生态剧目,市场好评如潮,社会效益和经济效益显著。其次是市场化进一步增强。通过公开招标方式,与万达演艺集团合作推出歌舞魔幻剧《海棠·秀》,目前已在全国巡演40多场,黔剧院推出的本土喜剧《开心剧场》,儿童小剧场推出的《霹雳猪梦境奇遇记》、话剧团推出的《周末这里有戏》等每周演出一场,场场爆满,票房收入可观。最后是产业链不断延长。依托贵州茅台酒享誉世界的品牌形象,推出由贵州文化演艺集团监制的"艺酒",不但酒文化得到发扬,而且进一步增强了演艺集团市场发展影响力。

三是项目建设,融合发展。积极谋划,主动出击,首先是综合体建设提上日程。主动与大型上市投融资公司合作,推出"贵州文化广场"建设项目,重点打造成为贵州省少数民族文化旅游产业、少数民族文化演艺业、少数民族民间工艺品业、动漫等多业融合的,在全国具有一定影响力的综合项目,目前已经列入贵州省重点打造的文化项目中。其次是加快启动大剧院等阵地建设。充分发挥集团子公司优势地产,与房地产商合作,打造演艺、排演、艺术培训、工艺产品生产综合体,目前项目已经处于启动阶段。

四是壮大一线,注重人才培养。首先是注重特色人才培养。与中国戏曲学院、云南文化艺术职业学院、成都市文化艺术学校联合办班,有针对性地培养贵州地方文化特色的演艺人才,目前已有上百人接受培训,成绩合格者全部进入集团各院团工作。其次是注重高端人才使用。与"北上广"发达省区合作,大力实施"高级演艺管理人才交流计划",使发达省区的高端人才通过驻点方式,带动集团公司总体人才提升。

2. 存在问题

一是演艺产业规模小。演艺集团组建后,在资产重组、组织机构建设、人员调配等方面投入较大精力,人员关系还不顺,组织架构的作用尚不明显,特别是一大批经验丰富、造诣深厚的演职人员纷纷离岗或退休,使原有的院团人才队伍结构基本瘫痪,新的演职人员一时还无法发挥作用,其结果是演艺产业直线萎缩,无论是演出场次还是新编剧目与改制前不可同日而语,造成贵州演艺产业规模越发缩小,基本失去与东部省市的竞争力。

二是公共文化服务能力弱。文化体制改革的直接后果就是由原来的"等米下锅",转变为"找米下锅",由原来的财政扶持转变为"财政部分扶持,其他依靠市场补充"的新的发展方式。由于事业单位转制为企业后,相关配套政策还很不完善,加之文化市场很不发达,长期养成的"看戏要赠票、演出靠补贴"的消费形态并未改变,因此,除了依靠政府购买文化服务渠道如"送戏下乡"方式外,目前尚未探索出其他适合政府出资购买文化服务的途径,致使改制后的贵州文化演艺集团公共文化服务能力还不能满足社会发展需要,距离政府对文化的要求还有一定距离。

三是文化市场发育缓慢。贵州文化演艺集团成立时,现有的演出场馆除了在地理位置还有优势外,场馆大多老化,甚至处在危房状态,可使用价值急剧沉降,无法为新组建的演艺集团发挥作用。无奈之下,集团只得与房地产商合作,通过让地、让利等方式,谋求取得发展空间。而这样的发展路径又进一步压缩了演艺集团未来的发展空间,使演艺场馆更加狭小,一些大型剧目无法展开演出,市场发展举步维艰。

四是文化精品少。由于改制转企并未赢得广大演职人员的支持和拥护,因此,一大批技艺精湛、德艺双馨的艺术人才纷纷提前退休或辞职转岗,造成贵州演艺队伍人才大量流失,演艺队伍基本不成形态。在这种情况下,实施演艺精品战略难上加难。近年来一些演艺产品连年获得国家级大奖,但市场并不认可,出现了"叫好不叫座"的现象,归根到底,就是这些获奖的作品得不到市场认可,得不到广大人民群众的欢迎,已经出现了演艺文化精品越来越少,演艺作品的关注度越来越低的现象。

(三)西部少数民族地区演艺产业发展对策

1. 落实相关政策,加大扶持力度

由西部少数民族地区党委、政府会同发改、财政、文化等部门,针对当地演艺市场存在的问题,召开专题协调会议,认真落实国办发〔2008〕114号、财税〔2009〕31号以及各项相关文件,对于历年欠账该补齐的一定补齐,该落实的政策一定落实。同时,对于演艺市场今后发展,给予更多关注,加大扶持力度,努力打造充满活力、竞争有序的演艺市场。

2. 鼓励建立演艺发展基金,提高自我发展能力

以国有演艺集团为核心,组建民族、特色演艺联盟,通过资产评估、土地质押、信托担保等形式,筹措5亿~10亿元资本金,由银行整体打包运作,将每年衍生的利息作为少数民族演艺发展基金,用于剧本创作、人才引进、演出排练、道具更新、评比奖励等事项,使民族地区演艺团体更加贴近市场,增强自我发展能力。

3. 实行惠民政策,积极探索托底式演艺扶持政策

积极探索政府购买、财政托底等方式,鼓励演艺团体将经典演艺、获国内外大奖的演艺作品面向大众定期演出。大力实行文化惠民政策,通过财政补贴方式降低门票价格,可以考虑每演出一场财政补贴2万元以上的托底政策,让门票真正降下来,让更多百姓走进剧院观赏演艺节目。

4. 制定更加优惠政策引进、稳固人才

按照当地人才引进办法,对于引进的演艺、创作等方面的领军人才,给予不少于20万元的安家费;对于自我培养的演艺拔尖人才,实行特别优惠政策,解决事业编制身份、待遇;其他方面的优秀人才由政府财政出资,购买"五险一金",解决社会保障问题,使人才各得其所,各有所用,真正发挥专业特长,真正没有后顾之忧,为民族文化演艺产业发展作出应有贡献。

表 8-8　演艺业发展目标和主要政策措施

发展目标	打造一批具有地方民族特色、在全国有较大影响、深受人民喜爱的文艺精品，支持引进丝绸之路经济带沿线国家的演艺精品，支持中亚、阿拉伯国家演技团体长期驻场演出；大力扶持具有少数民族特色的演艺作品，形成经常性演出；大力拓展农村演艺市场，支持农村影剧院建设，到"十三五"末基本形成每个乡镇有一所农村影剧院的目标，基本满足城乡居民对演艺的消费需求。
主要措施	加快国有演艺院团改革步伐，通过"财政托底"方式引进一批国内外知名演艺人才，通过"定向培养"方式储备一批人才，通过"竞聘上岗"方式使用人才，形成机构合理、较为稳定的演艺队伍。鼓励民营资本进入演艺领域，培育一批有较强竞争力的骨干演艺企业。
	组建由财政统一托底的演艺集团，发挥市、县、区会堂作用，以股份制形式由演艺集团统一管理，形成覆盖全市的文艺演出院线。
	积极推进全市文化票务网络建设，打造文艺票务平台。
	实施艺术名家推介工程，大力宣传推广在全国有影响力的名家及艺术作品。
	加大艺术人才培养力度，和国内外各类艺术院校合作办学，对有一定基础、有发展潜力的艺术人才进行有计划、有目标的正规培训。
政策支持	制定支持演艺产业发展的经济政策，重点在金融、财政、人才培养等方面给予扶持。
	建立"文化产业发展专项基金"，发挥其他各类文化资金的作用，鼓励创作优秀演艺作品。对于获得国家级、省（区）级奖项的作品及人员，一次性奖励 20 万~50 万元。瞄准国际市场，采取作品委托式、预约式、招标式等办法，打造若干部票房收入上千万的精品力作。
	坚持每年确定公布全省（区）重点扶持剧目，并从资金上给予保证。
	鼓励社会资本进入演艺业，定期拿出一定专项资金扶持民营演艺团体，形成良性健康的发展机制。

三、广播电影电视业

（一）西部少数民族地区广播电影电视业发展现状

我国少数民族题材电影发端于 20 世纪 30 年代，50 年代开始在全国盛行。如 20 世纪以云南少数民族生活为背景的电影《五朵金花》《阿诗玛》《山间铃响马帮来》等，都深受人们的喜爱。随着国内电影产业的发展，特别是以少数民族为题材的电影,在质量上也达到了新的高度。比如彝族电影《花腰新娘》,半剧情半记录的苗族电影《开水要烫,姑娘要壮》,水族的电影《水凤凰》,讲述侗族文化的电影《我们的嗓嘎》,以蒙古族文化为背景《嘎哒梅林》《图雅的婚事》,以藏族文化为背景的电影《静静的嘛呢石》等一批优秀的电影都受到了国内外的关注,并在国际上获得奖项。值得一提的是,宁夏电影制片厂与香港影视公司合作,实行票务分成方式拍摄的《画皮Ⅰ》《画皮Ⅱ》是探索影视制片厂如何商业合作的一次有益探索,虽然在收益分成上经验还不成熟,收入比例较低,但却对西部影视产业来说注入了新的发展思路。

在文艺演出方面,以少数民族文化为题材的演艺在国内外引起巨大反响,好评如潮。比如蒙古族的《安代舞》,彝族《铜鼓舞》,藏族的《雪山魂》《三江秀》,土族的《土乡情》,撒拉族的《天池梦》等一批优秀的表演深受人们的喜爱,并对少数民族文化传播起到了积极的作用。近年来,党中央、国务院高度重视西部少数民族地区文化发展,专门设立了鼓励藏、羌、彝文化产业发展的专项资金,西部少数民族地区党委、政府也大力鼓励当地民族文化特色文艺演艺发展,例如内蒙古自治区新编历史剧《嘎达梅林》《鄂尔多斯婚礼》,宁夏编排的《丝路天歌》,广西编排的《绣球飞》《美丽壮锦》《壮族大歌》,新疆编排的《达坂城的姑娘》、《洒满阳光的新疆》,西藏编排的《美丽西藏》《西藏风》等在中国民族文艺舞台上都堪称经典佳作,连获大奖,取得既能叫好也能叫座的佳绩。

在广播方面,西部少数民族地区地域辽阔、交通不便、社会经济文化发展相对滞后,各种媒体的传播途径、传播范围、传播效果都受到了一定影响。而广播电视作为一种大众传媒,少数民族地区各种文化水平的群众都可以看懂本民族语言的电视节目,能听懂本民族语言的广播。特别是通过"村村通广播电视"工程后,广播电视在少数民族地区的覆盖率得到了大幅度提高,各地广播电视节目在内容和质量上都有很大的提高。比如西藏人民广播电台采用藏、汉、英三种语言每天播音80小时,自办节目98个,西藏电视台藏汉语三套节目,每天播出65.5小时。新疆电视台每天用维吾尔语、汉语、哈萨克语、柯尔克孜语、英语五种语言制作播出各类节目累计达267小时。内蒙古广播电视台精心打造了《行风热线》《广播实录》《今日观察》《蔚蓝的故乡》等一批蒙古语汉语广播电视品牌栏目,其间共有9套节目,全年播出65011小时。云南广播电视经过一系列的整合,也得到了快速发展,截至2016年底,云南全省有25座省、州、县广播电台,并开办了多个深受各少数民族群众喜爱的广播节目,节目以不同少数民族语言进行广播。青海少数民族与西海民族音像出版社近两年来先后译制了《红楼梦》《水浒传》《西游记》《三国演义》等影视剧,译制完成了十余部儿童影片。拍摄、出版、发行了《青海藏传佛教建筑与艺术》《五彩神箭》等一批电视片,其中一些音像制品还制成汉语、藏语、英语多音轨DVD,深受藏族群众欢迎,译制的藏语影视节目还发行至甘肃甘南,西藏昌都、那曲等周边藏区,共覆盖200多万藏区少数民族观众。

(二)西部少数民族地区广播电影电视产业发展问题

一是人才培养难度大。西部少数民族地区广播电影电视业曾经拥有比较雄厚的人才实力,到21世纪初期,西部包括少数民族地区的12个省区的广播电影电视产业在全国都具有较强的影响力,竞争力较强。但市场经济的特点决定了人才资源作为最易流动的生产要素,向社会选择条件最优化、利益最大化的地区流动,这使西部少数民族地区的广播电影电视产业人才储备日益减少。如陕西影视创作曾在西部乃至全国占有重要地位,少数民族题材的影视作品一度在全国形成引领地位。但随着其他地方提供的条件更为优越,一大批具有相当实力的民营影视企业及相关人才选择撤离陕西而另走他乡。"资金、合作机制等问题造成了以陕西为代表的西部影视人才的大量流失。影视业中最活跃的因素人才严重匮乏,直接导致西部地区影视作品质量、数量难以得到保证"。[①]另外,西部不少民营影视企业多从事与影视关系不大,甚至与广播电影电视没有关系的他他业务(如医疗、房地产等),这些企业原本就无影视人才,大部分只是因为看好影视的"钱景"而"触电",一旦发现影视生产并非想象的那样容易带来财富时,便成为徒有虚名的空壳,或关门歇业。因此,有效解决人才问题是关乎西部影视未来发展的关键。

二是市场化进程仍需推进。在电影方面,西部影视集团化以西影、峨影集

[①] 何华生.西部影视产业的三大瓶颈[J].电影画刊,2006(6).

团的组建为标志;广电方面,西部目前有四川广播电视集团、重庆广播电视集团(总台)、甘肃广播电视总台(集团)、宁夏广播电视总台4家。西部各省区广电集团的组建主要是非市场化操作的结果。"西部电视产业化进程是通过集团化这一形式着手进行的,其特征是以行政级别确定广电业的管理,并在以行政区划为前提的条件下进行媒体行政控制权的改革。与市场经济发达国家的媒介并购举措相比,西部地区的产业化进程中政府行政干预的色彩较多,在媒介合并中无偿划拨占了很大的资源,并且跨地区、跨行业受到部门所有制、地区所有制的壁垒限制。因而就其本质而言并未实现资本扩张,也并未从根本上盘活资产存量。相反,这种以行政垄断为特征的文化经济关系新格局,在政策和管理系统的层面从根本上排斥了资本力量在这些领域的市场准入的可能性"。① 正因如此,西部各省区影视集团既有资本市场不活的问题,又有市场自主权不足的尴尬,同时也造成西部各省区广电集团(电视台)在具体运作中,形成了较突出的频道设计趋同化、栏目内容雷同化现象,区域特色渐行渐远,文化产业引领作用不明显。

三是在管理上,西部各省区影视集团采取的是国有事业单位的企业化管理,以政府为主导完成的集团整合,在表面上看似被整合为一,但在实际运行中则受制于行政机构。因此,有一些被整合集团的原有机构与集团貌合神离,很难成为一个整体运行系统;有些被整合进集团的原有机构本身经营业绩很差,使集团背上了沉重的经济负担。这种集团作为非市场化"机构联合"的产物,无疑忽略了市场需求,管理运作往往与市场规律相悖,正如已故的张贤亮先生所说:"我们的文化事业单位由行政力量进行重组,往往是强扭的瓜不甜,组成的大型文化企业表现出的不是1+1=2而是1+1=1.5……在文化体制改革中应该特别注意遵循市场经济法则,通过市场机制来重组我们手头的资源。"因此,西部影视产业化必须以市场为导向,尽量减少非市场因素的影响。

(三)西部少数民族地区广播电影电视产业发展对策

一是高度重视少数民族地区广播影视人才的培养。有计划地针对少数民

---

① 曾励.西部电视产业化的发展战略初探广播电视[J].广播电视信息,2003(4).

族语言、少数民族文字、少数民族艺术等方面人才进行系统培养,并成为少数民族语言、文化、非遗等方面的主持人。在广播、电视中进行专有时段进行播送,达到逐步让全社会认知少数民族文化的理想程度。只有将少数民族文化普及了,让更多的少数民族群众对本民族的文化了解掌握了,少数民族文化产业才有可能发展起来。

二是制定少数民族广播电影电视发展规划。西部地区少数民族党委、政府有计划、有目标地结合本地区、本民族的文化发展实际,制定中长期发展规划,在广播节目、影视制作、内容展示等方面有步骤、有计划地进行整体安排,从而不断推进民族地区广播影视产业形成常态化发展进程。

三是注重编写、制作少数民族题材的剧本、文案,聘请国内外知名导演,拍摄一批具有少数民族题材鲜明、内容惊险刺激、文化内涵丰富的影视作品,不但可以使用本民族语言播出,而且使用汉语在中央电视台以及各大院线影院播出,从而提高少数民族在影视产业的话语权和知名度。

表8-9 广播影视业发展目标和主要政策措施

发展目标	力争每年制作广播和电视节目分别达到8760小时和8000小时以上;电视剧年产量保持在20部集以上,小微电影年产量达到30部,纪录片年产量50部集。充分体用中央电视台国际频道面向阿拉伯国家播出的覆盖域境优势,专题开通《民族风光》等节目,力争到"十三五"末,少数民族地区公共服务体系进一步完善。广播电视人口综合覆盖率达到100%,实现每个少数民族行政村1月放映2场数字电影的目标。数字化网络化进一步推进,基本实现城乡有线电视数字化双向化,移动多媒体广播电视、网络广播电视、高清电视等加快发展。产业发展水平进一步提升。到"十三五"末,力争当地广播影视经营收入翻一番,达到50亿元左右,基本实现城镇多厅数字影院建设改造任务。
主要措施	加强主流媒体建设,构建广播影视舆论引导体系,坚持新闻立台,推进新闻宣传内容、形式、载体、手段和方法创新,统筹安排重大宣传报道,增强广播影视的亲和力、吸引力、感染力。继续实施广播影视品牌化战略,培育一批导向正确、少数民族文化鲜明、效益显著的品牌频率频道和节目栏目,增强广播影视的传播力、影响力和竞争力。加快发展移动多媒体广播、网络广播电视、手机电视、公共视听载体等新媒体,拓展广播影视宣传新阵地。

续表

主要措施	提高广电惠民实效,构建广播影视公共服务体系,大力实施广播电视全覆盖工程,提高广播电视入户率。积极培育发展多种所有制的农村电影院线公司和农村电影放映队,逐步推进从流动放映向固定场所放映、从室外放映向室内场所放映的转变,基本实现每个学期为中小学生放映4场爱国主义教育影片的目标。坚持公共服务优先,加快少数民族乡镇广电站设备设施更新改造,强化县、乡(镇)广播影视公共服务职能,建立健全以县为中心、乡镇为基础,增强自我发展能力、面向广大基层群众的广播影视公共服务体系。
	推进数字化网络化,构建广播影视现代传播体系,加快广播电视台数字化、网络化应用,构建全省(区)互联互通、分发交换的广播影视节目内容资源库。基本完成有线数字电视整体转换和网络双向化改造,基本实现数字化双向化。推进电影数字化发展,实现电影制作、发行、放映、存储、监管等环节的数字化装备。
	提高少数民族文化产业发展能力,构建广播影视现代产业体系,做强做优广播影视广告业务,提高经营水平,大力发展广播影视动画产业,力争每年有5部作品在全国产生重大影响,有1~2部获得"飞天奖"或"金鹰奖"等国家级奖项。积极打造小微电影拍摄基地建设,定期举办"民族杯"全国小微电影节。
	高质量制作"丝绸之路上的少数民族""外国人在中国""西部——欧亚大陆桥上的重要节点"等影视专题片,力争每年制作5部以上中外合拍的影视剧。
政策支持	深化广播电视台内部机制改革,稳妥推进制播分离改革和人事、收入分配、社会保障制度改革,探索建立事业单位法人治理结构。
	创新视听评议工作,建立事前预警、事中审议和事后监管评议体系,探索试行收听收看情况向社会公示制度。推动县对乡镇广播电视垂直管理运营体制。
	建立健全财政投入保障机制,加大公共财政对公益性广播影视事业的投入。以国有资本为主,放宽市场准入,鼓励社会资本参与,加快广播影视产业发展。支持广电总台通过上市、发行企业债券及股权置换等途径发展壮大。
	围绕广播影视改革发展任务,重点加强管理、采编播、工程技术、产业经营等骨干人才的培养,选拔一批广播影视名家和青年创新人才。完善职称评定、成果评奖等政策,提升广电队伍专业素养,积极选拔、培养少数民族、汉语播音、主持人,定期开通少数民族语言专题频道。

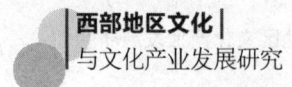

四、少数民族艺术品

(一)少数民族艺术品发展现状

少数民族艺术品形式多样,美观实用,特别是少数民族手工艺制品更是少数民族文化的重要组成部分,这些技术和产品反映了各少数民族的传统智慧。例如,蒙古族工艺制品历史悠久、品种丰富,马头琴、民族服饰、饰品、毛毡、毡子画、靴子等等,造型别具特色、做工精良,极具少数民族特色和地域特征,是游牧文化浓缩的体现。回族的手工艺制品有女士用的纱巾,礼拜用的拜毯,还有壁挂工艺品、服饰、刺绣、剪纸等等。维吾尔族的桑皮纸制作技艺、手工制陶等。藏族的藏刀,天珠、绿松石或红珊瑚的项链、手链、耳串、唐卡、披肩、藏香、藏银手镯等。我国西南少数民族的工艺品非常多,如苗族的刺绣工艺其刺绣产品,彝族的漆器,土家族的织锦工艺,阿坝州藏族的木雕石刻、药泥泥塑,贵州等地的仡佬、苗、布依、侗、土家等民族的傩堂戏面具,云南少数民族的蜡染,竹器、木器等。

(二)少数民族艺术品生产存在问题

一是少数民族艺术品在市场的占有份额太小,且主要集中在当地市场,科技含量较低,文化品位不高。二是少数民族工艺品的制作与生产过程中,受到其他环境的影响,逐步消融了本民族工艺品特色,不利于传承与继承。三是少数民族工艺品与文化旅游的融合度较弱,不利于为消费者所了解和认识。

(三)发展对策

民族地区的手工艺品种类齐全,少数民族特色突出,极具观赏性,开发的价值极强。一是对一些濒临失传、后继无人的传统工艺,通过组织专人学习、办培训班、以师带徒等多种措施,开展有针对性的培训,今后的发展思路应是保持少数民族特色、提高产品的深加工、增强产品附加值、加大宣传力度、大力开拓国内国外市场、形成规模化集约化经营。二是鼓励少数民族特色传统工艺产品经营销售,可以从家庭作坊式开始,逐渐发展为适应市场需求的公司加农户、零售批发、团体会展等销售模式,使民族传统工艺产业逐渐成为文化产业中重要的组成部分,增加农民收入的渠道。三是大力实施少数民族特色工艺产品进景区工程,生产出美观实用、特色鲜明、市场接受度较高的工艺产品,成为旅游景区消费的"景区非基本收入"的主要来源。四是通过会展等展示性活动,不断展示少数民族艺术品的文化内涵,让更多人了解和喜爱民族艺术品。

表 8-10　民族艺术品发展目标和主要政策措施

发展目标	以文化产业园区或基地为中心,打造成为具有辐射带动作用的艺术品和工艺美术为主业的文化产业园区,形成一批知名艺术品品牌,鼓励工艺美术品进景区、进大型卖场,鼓励企业设计、生产具有少数民族特色、地方特色、美观实用的工艺品。发挥文化部门主阵地作用,进一步理顺管理关系,明确文、产、城一体化发展格局。
主要措施	定期举办艺术品和工艺美术作品交易大会,积极培养本土拍卖师、交易员,形成市场拍卖制度;支持企业采用新工艺,研发新产品,加大宣传推介力度。
	依托丰富的少数民族文化、特色文化资源,重点研发具有少数民族特色、附加值高、有一定市场占有率的艺术品和工艺美术产品。鼓励非遗传承人、农村示范户做强做大手工艺品、美术作品加工基地,培育 2~3 个集展示、生产、销售于一体的特色村镇。
	组织艺术品与工艺美术企业积极参加国内外文化产业博览会和文化产品交易会,定期举办全国性文物艺术品展销会。
	打造诚信度高、交易便捷、品种丰富的工艺美术品交易平台。
政策支持	落实国家对少数民族特色工艺美术行业的税收优惠政策,依托文化产业发展专项资金大力支持工艺美术品行业发展,建立适应工艺美术品行业发展的投融资体系。
	对参加国内外重大文化产业博览会和文化产品交易会的企业给予摊位或交通补助;对于获得国际大奖的作品给予一次性 10 万元的奖励,获得国家大奖的作品给予一次性 5 万元奖励。
	注重培育工艺美术品制作领军人才、艺术家、鉴赏人才和经纪人才。提升产品知名度和市场认知度。
	加强少数民族传统工艺美术技艺整理传承、人才保护、技艺保护工作,在产品认定、职称晋级等方面实行"绿色通道"制度。

第九章 西部地区文化产业发展的路径及对策

第一节 当前较为成功的路径

西部地区文化产业的发展,必须立足于西部地区的实际情况,进而确定合理的可实现路径。西部地区文化产业发展的路径是由西部文化资源的多样性决定的,西部地区在发展文化产业的同时,要注重利用当地文化资源的比较优势,制定具有区域特色的产业开发模式。

一、"曲江模式"路径

西安是历史悠久的世界文化名城,在我国区域经济和文化格局中占据着特殊的地位。据统计,西安有国家级重点文物保护单位23处,省级重点文物保护单位81处,主要以历史文化遗产、民俗文化遗产等文化资源为主。近年来,西安市大力开发文化资源,将文化产业纳入五大主导产业加以扶持发展,近五年文化产业平均增速超过20%。曲江新区是西安文化资源开发的核心载体,其位于西安城区东南部,是以文化产业和旅游产业为主导的城市发展新区,核心区域面积40.97平方公里,同时辐射带动大明宫遗址保护区、法门寺文化景区、临潼国家旅游休闲度假区和楼观台道文化展示区等区域,发展区域总面积近150平方公里。曲江新区2007年被文化部正式命名为"国家级文化产业示范区",2010年10月,曲江新区被国家环保部授予"国家级生态示范区"称号。2016年曲江新区实现文化产业增加值82亿元,综合产值突破180亿大关,园区文化企业突破1500家,从业人数达5万余人。①

曲江模式可以概括为"文化+旅游+城市",就是把文化资源经过创意后变成旅游产品,从而提升城市价值。曲江新区在开发文化资源的过程中,将文化资源的旅游业开发做到了西部甚至全国领先水平。2002年以来,曲江以盛唐文化为特色,以打造中西部第一文化品牌为目标,先后投资230多亿元,深度开发文化资源,建成了大雁塔景区、大唐芙蓉园、曲江海洋世界、曲江池遗址公园、唐城墙遗址公园、唐大慈恩寺遗址公园、大唐不夜城等一批重大文化旅游项目。通过这些文化旅游项目,使曲江文化景区不断完善,旅游人气不断上升。据统计,景区游客量由2013年的3500万人次增长至2016年的8500万人次以上,旅游年综合收入由25亿元增长至120亿元。2010年12月,"中国导游大赛总决赛"在曲江新区成功举办,曲江新区全年的旅游工作完美收官。2011年初,西安曲江景区顺利通过国家5A景区评定,成为全国首个区域性、多景点整体打包晋级5A的文化景区。

二、"镇北堡——西部影视城"路径

镇北堡位于宁夏回族自治区银川市,由两座古代城堡遗址组成,现为西部影视城所在地,被誉为"中国一绝"。镇北堡西部影视城正是在原始古堡的基础上修建的。在这里保持并利用了古堡原有的奇特、雄浑、苍凉、悲壮、残旧、衰而不败的景象,突出了它的荒凉感、黄土味及原始化、民间化的审美内涵,为电影艺术家们在此淋漓尽致地发挥他们的想象力和创造力提供了条件。作为中国的三大影视城之一,西部影视城摄制了大量精彩的影视作品,并获得了许多国内外大奖,例如《红高粱》《黄河绝恋》《大敦煌》《牧马人》《大话西游》等著名影视作品就是在这里诞生的。

可以说,西部影视城是融合了历史遗迹的人文景观与现代影视艺术相结合的产物,是享誉海内外的中国西部题材和古代题材的电影电视最佳外景拍摄基

---

①梁学成.文化产业与城市经济融合发展的路径探究——以西安曲江新区为例.城市观察.2017(2).

地。镇北堡西部影视城在发展过程中,不断地"借影视艺术之体,还民俗文化之魂",再现了祖先们的生活方式、生产方式和游乐方式,现已逐步成为中国古代北方小城镇的缩影。利用这一特点,西部影视城复制了在此拍摄过的著名电影电视的场景140多处,配套完善了多项基础设施,大力发展文化旅游产业,相继建设了内容丰富的文化展厅、古代家具陈列室、艺术摄影展览厅、个性化海报展厅,成立了茶艺、点心、足浴、客房、网吧、棋牌服务一体化的"马缨花"休闲中心,增加了旅游纪念品设计、古装摄影、骑射、姓名作诗等多种娱乐活动,并开发了捏面人、皮影、拉洋片、糖画、草编、泥塑、剪纸、活字印刷、烫画、布艺、刺绣、魔术表演、杂耍等民间艺术表演,使游客"在游乐中增长历史知识、在玩耍中领略古人生活"。现在的西部影视城正不断向多功能的娱乐型旅游区发展,其最突出的服务是让游客充当明星自由表演,录制成碟,在个人的家庭影院中欣赏,这种集旅游休闲与影视制作于一体的文化产业发展模式在世界各地影视城中是独一无二的。

三、"映象云南模式"路径

依托文化资源优势,突出少数民族文化特色,是云南文化产业快速发展的科学选择。云南旅游演艺产品具有深厚的文化内涵和地方特色,具有很高的内在品质、公众知晓度和社会认可度,已经成为旅游演艺的知名品牌,不仅成为赴云南旅游者必选的精神大餐,而且通过文化输出,在全国乃至国际舞台上都占据了一席之地。《云南映象》是云南省旅游演艺的标志性精品,由我国著名舞蹈艺术家杨丽萍出任艺术总监和总编导并领衔主演倾情打造的艺术精品,是我国首部大型原生态歌舞集,是一台融传统和现代于一体的舞台新作,将原生的原创乡土歌舞精髓和民族舞经典全新地加以整合重构,展现了云南浓郁的民族风情。

《云南映象》的成功之一在于其注重和企业合作以及把作品推向市场,从而既挖掘和保护了民族文化的宝贵资源,又在市场竞争中站住脚跟,最终获得了社会、经济效益双丰收。《云南映象》在云南积极建设文化大省和大力发展文化产业的背景下顺势而出,适应了文化进入市场成为经济支柱的大趋势,并按照经济发展和社会进步的规律来经营,成为文化产业发展的精品项目。

另外,"原生态"少数民族歌舞对《云南映象》的品牌定位注入了最具地方特色和市场竞争力的文化内涵,突出了少数民族文化的多元性和丰富性。一方面,不加过多修饰的"原生态"歌舞把民族现实生活中活形态的文化艺术搬到了舞台上,给观众带来了新奇和震撼的体验,切合了现代文明冲击下人们渴望体验朴素和真实的精神消费需求,另一方面,它在艺术手法和风格上坚持了"原汁原味"。服装道具原型都来自于民间现实生活,舞蹈元素保持田间地头、宗教信仰的本来面目,70%以上的演员是本土少数民族且保留了其自然古朴的形象。不过在舞美灯光设计上则采用了国际最先进的技术,这使得古朴的少数民族文化内涵和现代化的舞台技术完美结合了起来,无论在直观视听上还是在精神内涵上都给观众和文化产品消费者们带去了震撼。

以上西部地区文化产业发展成功范例有以下几方面特点:一是主要依托城市发展带动产业发展,形成鲜明的城市文化产业内容。二是少数民族文化元素较为淡化,却突出了大众娱乐性的消费内容,以市场需求为发展的目标,因此,产业发展出现多元性和融合性的特征。三是这些发展模式以文化旅游为发展目的,快餐式的旅游元素较多,恒久性的文化元素退居其次,因此,缺乏提升空间。

第二节 西部地区文化产业发展对策

一、转变思想观念,制定文化产业发展战略

一是要处理好文化产业发展和经济发展的关系。首先要认识到文化产业在推动经济发展方面的重要作用,彻底摈弃重经济、轻文化,先发展经济,后发展文化的错误观念。对于经济发展程度相对较低的地区,完全可以超越产业升级规律,从以农业为主的阶段直接发展到以服务业(文化产业占较大比例)为主的阶段。其次要转变消费观念。文化产业发展要满足当地人民群众的消费需求,必须先引导大众的消费观念,才能逐步扩大文化消费市场。

二是要处理好文化资源与经济增长的关系。文化资源大省并不一定就是文化产业大省,文化资源必须经过创意、创造后才能转换成产品、产业,甚至本地区的资源还会被其他地方挖掘利用,因此,一定要转变观念,提高认识,充分利用市场规律,使文化资源优势真正变成产业竞争优势。

三是要处理好文化产业与文化事业的关系。坚持公益性文化事业与经营性文化产业相结合,要对公益性文化产业和经营性文化产业做一个明确的界定,推动西部地区文化全面协调发展。对于公益性文化事业要继续增加政府投入,转换运行机制,增强自身活力,不断改善服务,为人民群众提供基本文化产品(加大文化基础设施建设)。对于经营性文化产业,要创新机制,面向市场,充分发挥市场的资源配置功能,形成规模化、产业化,为人民群众提供更加丰富的文化产品。

二、进一步加大国家和区域产业政策的扶持力度

运用产业政策引导文化产业的发展,完善文化生产和文化管理政策,消除资源配置的体制性、区域性壁垒。在国家层面,一是要完善文化产业振兴政策。对于选定的重点文化产业要确定更为具体的产业振兴政策,将文化科技、音乐制作、艺术创作、动漫游戏、影视内容制作、发行播映、数字出版、高新技术印刷和特色印刷、连锁演艺、动漫产品开发和动漫外围产品开发等作为重点发展的子行业,对于组织结构、所有制形式、产品质量等问题予以充分研究,制定有针对性的政策。二是要以《文化产业振兴规划》为依据,将文化创意列为重点支持产业,文化创意除了关注文化产业内容的原创之外,还强调了文化产业与相关制造业的交叉领域,因此,文化产业与相关产业的融合政策也应成为政策制定的对象。三是要打破进入文化市场的壁垒,建立更加开放的文化市场准入机制。允许国有经济成分之外的其他经济成分进入,鼓励竞争,但要防止无序竞争与过度竞争;依法整治文化市场秩序,加强文化市场的管理,为文化产业核心竞争力的培育,提供一个更加公平、规范、统一的文化产业市场。在区域层面,重点解读《文化部、财政部关于推动特色文化产业发展的指导意见》(文产发〔2014〕28号),"发挥比较优势,明确发展重点,把文化资源优势转变为产业优

势,构建具有鲜明区域特色的文化产业体系,促进多样化、差异化发展"。目前,西部地区虽然都制定了相应的文化产业政策,但没有形成完整的政策体系。下一阶段,应在进一步完善总体战略和发展规划的基础上,制定配套的产业结构政策、产业技术政策、产业布局政策和产业外贸政策以及金融政策,增强政策的可操作性。开展对跨区域文化产业政策的清理,废除制约区域合作的政策障碍,消除西部地区文化产业领域内的区域分割和部门分割,切实加强文化产业企业之间的横向联合。

三、制定文化产业人才培养计划,扩充文化人力资本

文化产业是高智能密集产业,人才是发展的关键。而西部地区由于经济水平、用人理念和用人机制等原因,各类文化产业人才十分紧缺,因此必须尽快建立新的人才引进培养机制,为西部文化产业提供强大的智力保证。

一是创新思维,建立健全人才培养机制。文化产业的特性要求文化企业人员必须既懂文化又懂经济,既熟悉文化自身发展规律,又精通市场运作和市场经济运行法则。因此,文化产业人才的培养应着重培养高素质的管理人才、新兴文化产业的专业人才、科技创新人才和文化国际合作人才。二是对于专业技术人员和创作人才的培养,要遵循人才成长规律。创新需要社会的宽容和较长的独立时间和良好的机制。三是要展开与高校的全方位合作,建立专门的文化产业学院或开设相关院系。充分利用高等院校培养高素质人才的教育优势,鼓励有条件的院校机构参与文化产业管理人才的培养。与国内一流文化产业研究机构合作,开展对文化产业从业人员的系统化培训,提升其整体素质和工作能力;造就和引进一批在全国具有影响的文化领军人才和学术带头人,形成服务西部文化产业发展的高端智库。四是遵循市场规律,强化文化产业创新机制。文化产业除了具有一般产业的规律性属性外,还具有一般产业所不具有的意识形态属性,因此,对于推动一般产业发展的要素、手段、条件,既要引以为鉴,又不能盲目照搬。例如对于文化产业的营销运作,固然要符合一般产业发展的市场规律,提高产品品牌效应,加大宣传力度,才能取得高额的经济效益,但同时,文化产品创新又区别于其他产业,不是单单加大投入就可以做到的。

文化产业发展贵在创新,而西部地区文化资源丰富,文化创新却相对匮乏,这与文化创新体制有很大关系。要逐步探索新的文化人才评价机制,逐渐把文化创新与市场反应结合起来,把文化创新与创作的人才经济回报结合起来,对于创作周期长(如文学精品、音乐精品等)的文化项目要给予更加宽松的创作环境和必要的经费支持。

四、建立多元投资体系,培育文化市场主体

一是要完善金融机构信贷管理体制,提高金融服务的灵活性。针对文化创意等不同行业中小企业的实际特点,创新商业银行内部信用评级制度、员工考核激励制度和信贷审批制度。紧密结合文化企业有形资产少、无形资产多的突出特点,积极探索版权、知识产权等无形资产抵(质)押贷款办法,推动文化产业融资取得实质性突破。

二是要健全金融服务配套政策与机制,推动信贷资金进入文化产业。可考虑由财政设立担保扶持基金、贷款贴息基金、贷款风险补偿基金和风险投资引导基金,激发银行、担保、风险投资等各方面支持文化产业发展的积极性,增强政策引导效果。同时,建立健全无形资产评估、登记、流转体系,抓紧制定完善包括著作权在内的无形资产评估、登记、流转和托管等管理办法,培育规范高效的流转市场,消除银行业为文化企业提供融资支持的制度障碍。

三是利用多层次资本市场体系,拓宽文化产业的融资渠道。积极培育和引进风险投资基金,从根本上解决高风险行业融资过于依赖银行贷款的现状。对于成熟的大中型文化企业应扶持其上市融资;对于中小文化企业,应大力支持其通过创业板实现融资;同时,应引导和支持文化企业充分运用企业债券、短期融资券、中期票据以及中小企业集合债等融资工具,以解决文化企业资金渠道单一、总量不足的矛盾。

五、加快文化产业园区和特色文化小镇发展

西部地区建设文化产业园区,一是要统筹规划,合理布局,走特色化、品牌化发展之路。要依托于当地的文化资源特色,充分发挥比较优势,经过严格审

批和筛选,扶持或规划一批符合地方实际、有鲜明区域特色、发展前景良好的重点文化产业园项目。二是要激励创意、创新发展,建立健全文化企业科学的评价体系。"原创"是文化产业的核心生命力,因此,在西部地区文化产业园的建设过程中,应当采取多种措施,鼓励原创,激励创新。三是引导企业跨区域合作,促进兼并联合发展。让发达地区或国际资本进入西部地区,使西部文化资源得到较好的保护与开发。四是加快产业聚集,完善产业链,提高竞争实力。西部文化产业集聚要着眼于提高产业关联度,通过入园企业不断向创意价值链的薄弱环节扩展,如创意设计、生产制作、市场营销、广告宣传、人才培训等各环节企业间的合作联盟,进而提升相应产业的价值增值空间,将对文化创意产品形成更大的市场需求,从而实现关联产业的良性互动。

西部地区要因地制宜大力发展特色文化小镇:一是要加强政府的引导扶持,有序理性地开发文化资源。各级政府部门要在认真贯彻"保护为主,抢救第一,合理利用,加强管理"的工作方针的基础上,从宏观的角度对文化特色小镇的传承发展制定保护政策和长远发展规划。二是做到传统与时尚有机结合,实现产品定位多样化。三是探索符合地方特色与时代潮流的文化产业发展模式。例如在产品设计体现现代感与时代感的同时,通过开设网上店铺,推广和销售旅游产品及手工艺品,或者尝试将文化特色小镇与文学作品、影视作品联系起来。四是保存文化生态土壤,使文化特色小镇可持续发展。要提升小镇村民的文化自觉意识,以此实现本土传统文化的深层次的保护。要通过技艺传承和产业化发展实现文化资源的生产性方式保护,同时注重保护文化生态,维护文化资源生存和发展的根基。

六、拓展文化形态,协调发展虚拟文化和实体文化

文化产业是产业密集、信息密集、技术密集的领域,各种先进的高科技正与文化整合成高新文化产业形态,数字化、网络化已成为必然发展趋势,许多发达国家都借此壮大自己的文化产业。20世纪90年代以来,各种形式的数据向数字传送转换的步伐明显加快。文化产业正在与信息产业形成互动,文化为网络充实了内容,网络为文化穿越国际疆界提供了载体。面对文化产业数字化的必

然趋势,西部地区必须适时对原有网络资源进行整合,发展先进数字技术,加速虚拟技术领域的发展。

因此,西部地区在发展文化产业的过程中,要注重协调好虚拟文化和实体文化的关系。一是有效地收集和整合民间非物质文化资源,并转换成可保留的物质形式。二是最大限度地对物质文化遗产加以开发利用,在保留其原貌的同时又转化为现实的生产力。三是如何最广泛地扩大传统文化的影响范围,打造其知名度和影响力。西部地区文化产品的开发应注重对科学技术的应用,用先进的技术手段再现传统文化的精华,积极发展创意工业、数字电视、数字电影、网络游戏和动漫高新文化产业。发展连锁经营、物流配送、电子商务等现代流通组织形式和经营业态,不断创新文化传播的方式,从而提升西部文化产业的竞争力。

七、加强文化保护,塑造民族文化产业品牌

一是西部地区拥有丰富的物质文化资源和非物质文化资源,加大对这些宝贵的文化资源保护,不但能够有效保护地区的文化资源,而且对于发展地区文化产业具有重大意义。我国目前对文化保护被列为文化事业范畴,但从文化产业发展角度来说,市场化运作将成为未来发展趋势。二是西部地区文化遗产在发展文化产业方面具有很强的优势,发展文化产业、特色文化产业就是更好地保护和使用文化资源。三是要努力推动西部地区文化产业和我国中东部地区及其他国家文化产业方面的合作,努力与国际经营模式和运行机制接轨,采取有效措施开展对外文化交流,鼓励对外文化交流中的市场经济运作方式,发展文化贸易产业。四是以西部地区文化为"原点",努力挖掘特色文化资源,通过品牌开拓市场。充分挖掘现有文化品牌的潜力,努力培育一批新的知名品牌,以资源优势保障品牌开发,以品牌开发推动市场开放,采取"请进来、走出去"的方式,把着力点放在积极开拓国际国内市场上,积极融入国际市场,提高自身竞争力和知名度,带动西部地区文化产业全方位发展。

参考文献

[1] 刘魁立.非物质文化遗产及其保护的整体性原则[J].广西师范学院学报(哲学社会科学版),2004,(4):1~8.

[2] 乌丙安.非物质文化遗产保护中文化圈理论的应用[J].(江西社会科学),2005,(1):102~106.

[3] 贺学君.关于非物质文化遗产保护的理论思考[J].(江西社会科学)2005,(2):103~109.

[4] 黄涛.论非物质文化遗产的情境保护[J].中国人民大学学报,2006,(5):67~72.

[5] 陈勤建.当代中国非物质文化遗产保护[N].解放日报,2006,(3).

[6] 李和平.论历史环境中的非物质形态遗产的保护[J].城市规划学刊,2006,(2):64~66.

[7] 徐萍.我国区域文化产业的发展水平及特征[J].统计与决策.2007,(1):75~76.

[8] 金元浦.文化研究:西方与中国[J].中国社会科学,2006,(6):141~144.

[9] 解学芳.文化体制改革:文化产业的一项制度安排[J].学术论坛,2007,(8):138~141.

[10] 胡惠林.关于区域文化产业战略与空间布局[J].山东社会科学,2006,(2):5~14.

[11] 王毅.文化产业竞争力评价方法与测度分析[J].求索,2007,(2):39~40.

[12] 祁述裕.国际文化竞争力与中国文化产业的发展[J].国家行政学院学报,2001,(5):66~71.

[13] [英]贡布里希.《艺术发展史》,天津人民美术出版社,2000.

[14] [德]格罗塞. 艺术的起源. 商务印书馆,2002.

[15] [日]绫部恒雄. 文化人类学的十五种理论. 贵州人民出版社,1999.

[16] [美]威廉·A.哈维兰. 文化人类学. 上海社会科学院出版社,2003.

[17] 孟慧英. 文化圈学说与文化中心论[J]. 西北民族研究,2005,(1).

[18] 孙慕天,刘玲玲. 文化圈的规定和东北亚文化圈的研究[J]. 学术交流,1991,(6):1~6.

[19] 刘敏中. 文化结构论[J]. 学术交流,1990,(1):138~142.

[20] 陈华文. 文化学概论[M]. 上海文艺出版社,2001:120.

[21] 史洁,冀伦文,朱先奇. 校园文化的内涵及其结构[J]. 中国高教研究,2005,(5):84~85.

[22] 李照修. 论高校校园文化与社会主义先进文化[J]. 河南理工大学学报(社会科学版),2009,(4):723~727.

[23] 李凤英,周庆华. 融医学道德精神于校园文化建设的途径探析[J]. 中国医学伦理学,2009,(2):113~114.

[24] 中共中央十八届三中全会. 中共中央关于全面深化改革若干重大问题的决定. 2013.10.

[25] 财政部. 关于支持文化企业发展若干税收政策问题的通知(财税〔2009〕31号). 2009-3-27.

[26] 财政部. 关于文化体制改革中经营性文化事业单位转制为企业的若干税收优惠政策的通知(财税〔2009〕34号). 2009-4-10.

[27] 国务院. 文化产业振兴规划(国发〔2009〕30号). 2009-7-22.

[28] 财政部. 关于扶持动漫产业发展有关税收政策问题的通知(财税〔2009〕65号). 2009-8-19.

[29] 中国人民银行. 关于金融支持文化产业振兴和发展繁荣的指导意见(银发〔2010〕94号). 2010-3-19.

[30] 中国保监会. 关于保险业支持文化产业发展有关工作的通知(保监发〔2010〕109号). 2010-12-29.

[31] 文化部. 国家重点京剧院团保护和扶持规划(文艺发〔2011〕22号). 2011-6-6.

[32] 中共十七届六中全会.中共中央关于深化文化体制改革推动社会主义文化大发展大繁荣若干重大问题的决定.2011-10.

[33] 文化部.文化部关于加强非物质文化遗产生产性保护的指导意见(文非遗发〔2012〕4号).2012-2-2.

[34] 国务院办公厅.国家"十二五"时期文化改革发展规划纲要.2012-2-15.

[35] 文化部."十二五"时期文化产业倍增计划(文产发〔2012〕7号).2012-2-23.

[36] 文化部.文化产业发展专项资金管理暂行办法(财文资〔2012〕4号).2012-4-28.

[37] 文化部.中国杂技艺术振兴规划(2011—2015)(办艺函〔2012〕149号).2012-5-3.

[38] 文化部."十二五"时期文化改革发展规划(文政法发〔2012〕13号).2012-5-8.

[39] 文化部."十二五"时期国家动漫产业发展规划(动漫办发〔2012〕1号).2012-6-26.

[40] 文化部.关于鼓励和引导民间资本进入文化领域的实施意见(文产发〔2012〕17号).2012-6-28.

[41] 科技部.国家文化科技创新工程纲要(国科发高〔2012〕759号).2012-8-24.

[42] 文化部."十二五"文化科技发展规划(办科技发〔2012〕18号).2012-9-13.

[43] 马萱.我国区域文化产业竞争力研究.社会科学文献出版社,2010.

[44] 张佑林.区域文化与区域经济发展.社会科学文献出版社,2007.

[45] 江蓝生,谢绳武.中国文化产业蓝皮书.社会科学文献出版社,2002.

[46] 叶朗.中国文化产业年度发展报告(2010).北京大学出版社,2010.

[47] 祁述裕.中国文化产业国际竞争力报告.社会科学文献出版社,2004.

[48] 张平.2011国家西部开发报告.浙江大学出版社,2011.

[49] 叶朗.中国文化产业年度发展报告(2009).北京大学出版社,2009.

[50] 向勇.面向2020,中国文化产业新十年.金城出版社,2011.

[51] 张晓明,胡慧林,章建刚.文化蓝皮书:2011年中国文化产业发展报告.社会科学文献出版社,2011.

[52] 王维平.经济政策创新与区域经济协调发展.中国社会科学出版社,2006.

后 记

  本书是作者主持的国家社科规划项目和国家级软科学面上项目的合集,上篇由周泽超撰写,下篇由周榆涵撰写,经过作者三年潜心研究,形成现在的著作。由于文化产业统计数据公布的特殊性,只能更新到2016年,书中的观点、研究视角、理论要求更新到党的十九大以后。由于作者水平有限,研究视角、方法、数据来源与使用等存在仁者见仁、智者见智的现状,观点肯定不一而同,难免还存在这样或那样的问题,请专家和读者提出宝贵意见。